王登佐 著

盐城县域民俗文化建设研究
——以盐都区图书馆的探索为例

苏州大学出版社
Soochow University Press

图书在版编目(CIP)数据

盐城县域民俗文化建设研究:以盐都区图书馆的探索为例/王登佐著. —苏州:苏州大学出版社,2020.6
 ISBN 978-7-5672-3148-1

Ⅰ.①盐… Ⅱ.①王… Ⅲ.①俗文化-文化研究-盐城 Ⅳ.①G127.533

中国版本图书馆 CIP 数据核字(2020)第 090828 号

书　　名:盐城县域民俗文化建设研究
　　　　　——以盐都区图书馆的探索为例
　　　　　Yancheng Xianyu Minsu Wenhua Jianshe Yanjiu
　　　　　——Yi Yanduqu Tushuguan de Tansuo Weili

著　　者:王登佐
责任编辑:周凯婷
装帧设计:吴　钰

出版发行:苏州大学出版社(Soochow University Press)
社　　址:苏州市十梓街1号　邮编:215006
印　　装:宜兴市盛世文化印刷有限公司
网　　址:www.sudapress.com
邮　　箱:sdcbs@suda.edu.cn
邮购热线:0512-67480030
销售热线:0512-67481020

开　　本:718mm×1000mm　1/16　印张:16　字数:305千
版　　次:2020年6月第1版
印　　次:2020年6月第1次印刷
书　　号:ISBN 978-7-5672-3148-1
定　　价:56.00元

凡购本社图书发现印装错误,请与本社联系调换。服务热线:0512-67481020

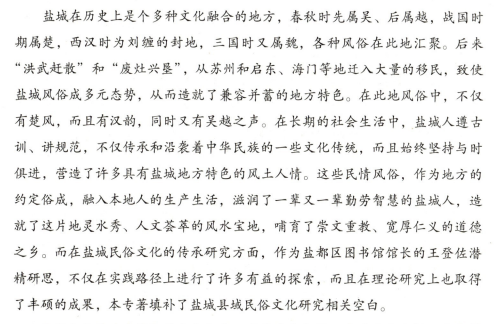

盐城在历史上是个多种文化融合的地方,春秋时先属吴、后属越,战国时期属楚,西汉时为刘缠的封地,三国时又属魏,各种风俗在此地汇聚。后来"洪武赶散"和"废灶兴垦",从苏州和启东、海门等地迁入大量的移民,致使盐城风俗成多元态势,从而造就了兼容并蓄的地方特色。在此地风俗中,不仅有楚风,而且有汉韵,同时又有吴越之声。在长期的社会生活中,盐城人遵古训、讲规范,不仅传承和沿袭着中华民族的一些文化传统,而且始终坚持与时俱进,营造了许多具有盐城地方特色的风土人情。这些民情风俗,作为地方的约定俗成,融入本地人的生产生活,滋润了一辈又一辈勤劳智慧的盐城人,造就了这片地灵水秀、人文荟萃的风水宝地,哺育了崇文重教、宽厚仁义的道德之乡。而在盐城民俗文化的传承研究方面,作为盐都区图书馆馆长的王登佐潜精研思,不仅在实践路径上进行了许多有益的探索,而且在理论研究上也取得了丰硕的成果,本专著填补了盐城县域民俗文化研究相关空白。

民俗文化作为中华民族文化之本、现代文化之源、先进文化之根,是在普通人民生产生活过程中形成的一系列物质的、精神的文化现象。民俗文化是中华文明的文化基因,具有增强民族认同,强化民族精神,塑造民族品格的功能,是社会发展进步的不竭动力。

历经几代甚至几十代人反复实践积累、积淀而成的民俗文化一旦形成,就会以特定的途径被后代沿袭继承。民俗文物、民俗语言、民俗活动发挥着延续民俗文化传承的作用。其中,民俗文物分为生产工具、生活器具、民居建筑、服饰穿戴、仪仗用具、游艺道具六大类。有学者也提出民俗文物除了物质类民俗文物外,也包括文献类民俗文物(即民俗文献);民俗语言是经约定俗成、获得广泛认知、涵化有民俗要素的语言材料；民俗活动是民俗文化的活态演艺，包括人生礼仪、岁时节日、衣食住行、信仰禁忌、民间游艺等。就传承途径而言，有口头传承、行为传承、心理传承和书面传承等。口头传承是以口耳相传、口传心授的形式为传承人所理解、记忆、传播和发展；行为传承是在人生礼仪、岁时节日、衣食住行等民俗活动中，以被传承人对传承人行为模仿的方式，使被传承人的日常生活行为打上民俗文化的烙印；心理传承是以生活体验的方式，潜移默化地影响被传承人的情感取向，使被传承人对民俗文化产生依赖性和认同感；书面传承以文字、符号的方式记录民俗事象，通过记录的民俗资料传播民俗文化，还原民俗事象的历史原型。

现阶段民俗文化传承语境发生变迁，市场经济、都市化、人口流动等社会变动导致民俗传承的生活空间发生变化。这一方面促使民俗文化传承寻找新途径，另一方面扩大了地域性民俗文化的传播范围和受众范围。因此，除书面传承的民俗文献外，口头传承、心理传承、行为传承等动态化的传承途径需要在民俗文化的传承保护过程中引起特别重视。

随着现代化快节奏的生活方式，民俗文化的社会空间和精神空间受到严重压缩，保护民俗文化已经是时代赋予我们的使命。公共图书馆作为地方文化机构，在保护民俗文化、延续民俗文化的传承方面有着义不容辞的责任。

盐都区图书馆近年来在县域民俗文化保护方面进行了积极的探索，该馆利用报告厅、研讨区、展厅、共享工程支中心等服务设施场所为民俗文化提供展示服务，利用节日活动、读书会、展览、论坛、讲座、民俗文化研讨等形式，加深公众对民俗文化的了解和认识。先后在《东方生活报》《盐都日报》开辟专栏，宣传民族民间传统文化保护、非物质文化遗产保护等，调动了全社会参与民俗文化保护的主动性、积极性。王登佐馆长善于发现和捕捉县域民俗文化信息，并能进行理论研究和实践。他对大量的本区地方文献中有关民俗文化的资料信息进行发掘整理，并从多角度查找有关民俗文化的材料加以佐证。盐都区图书馆参与了全区民俗文化普查工作，奔赴全区所有镇村进行地毯式、拉网式排查，搜集线索1462条，共涉及17个门类，100余个种类，205个民俗文化项目，摸清了全区民俗文化种类、数量和分布状况，并运用文字、录音、录像、照片等多种手段进行全方位、立体式记录。盐都区图书馆还牵头成立了区民间文艺家协会，聘请民俗文化研究专家、学者当顾问，吸引有一定学识技艺或研究能力的民间人士到研究会来。会员一边开展民俗文化研究工作，一边深入农村、社区，协助区图书馆采集、整理民俗文化文献，实施研究与整理资料相结合。盐都区图书馆争取区财政每年拨出专项民俗文化保护资金，并通过多渠道筹措资金，开展了民俗文化普查与保护成果展示活动，让人们了解民俗文化保护利用价值，先后组织参加深圳国际文化产业博览会等大中型文化活动，宣传、推介盐都民俗文化保护项目，扩大了盐都民俗文化保护项目的知名度和影响力。区图书馆《和悦讲坛》推出了民俗文化专题讲座，组织全区民间艺人绝活现场制作、展示，举办民俗文化大型图片展，农民歌会，发行盐都区首批非物质文化遗产保护项目个性化邮票，开展民俗文化进校园等活动，有力地促进了民俗文化的保护和传承。出版《盐城民俗》《丰瑞盐渎》《盐都区非物质文化遗产资料汇编》等学术著作，从而使该区民俗文化保护工作不断向纵深推进。盐都区以非物质文化遗产保护工程为抓手，带动民俗文化保护工作的整体开展，已逐步建立起比较完备的民俗文化保护制度和保护体系。目前，该区已有1项民俗文化列入国家级非物质文化遗产保护名录，有5项民俗文化列入省级非物质文化遗产保护名录，有21项民俗文化列入市级非物质文化遗产保护名录，有27项民俗文化列入区级非物质文化遗产保护名录。该区建立了民俗文化资料数据库，对盐都区内具有历史、文学、艺术、科学价值的民俗文化采取记录、建档、展示、传承等措施予以保护。虽然各级公共图书馆民俗馆藏的结构和数量不尽相同，但是，依托全国文化信息资源共享工程、数字图书馆推广工程等公共数字文化建设的大好机遇，随着总分馆体系、区域性图书馆服务网络建设、图书馆联盟等资源共享模式推进，将扩充各级公共图书馆的民俗馆藏，更大发挥民俗文献的价值，为传承民俗文化带来新契机。作为收集、保存和传播知识信息的机构，图书馆员在资源建设、知识服务方面具有得天独厚的优势。图书馆员可以与民俗研究者、民俗团体、民俗协会合作，发挥各自的优势，针对口头传承、行为传承、心理传承途径开展田野调查和民俗资源数字化建设。随着数字图书馆的发展和图书馆用户需求的个性化，公共图书馆积极引进现代技术设备，进行数字资源建设和自建数据库，信息技术促进了公共图书馆与用户之间的互动，利用图书馆的平台，不仅可以传播民俗文化，提高图书馆员和用户的民俗素养，而且可以向社会广泛征集民俗文化资源。

民俗文化保护工作是一项系统工程，涉及面广，各级图书馆更应积极主动参与其中，发挥自身优势。相信本专著的出版会给大家以更多的启发，促进图书馆的民俗文化保护职能得以深化。

是为序。

黄兴港

2020 年 5 月 18 日

Contents 目 录

- **绪 论** / 1
  - 第一节 选题背景 / 2
  - 第二节 研究现状 / 2
  - 第三节 研究价值 / 8
  - 第四节 研究内容 / 9
  - 第五节 研究思路 / 9

- **第一章 民俗基本概论** / 11
  - 第一节 什么是民俗 / 12
  - 第二节 何谓民俗学 / 15
  - 第三节 民俗的特征 / 17
  - 第四节 民俗的功能 / 21

- **第二章 盐城县域民俗研究** / 27
  - 第一节 岁时节日民俗研究 / 28
  - 第二节 生产劳动民俗研究 / 75
  - 第三节 日常生活民俗研究 / 86
  - 第四节 人生礼仪民俗研究 / 99

第三章 盐都区民俗文化保护传承 / 157

第一节 盐都区图书馆简介 / 158
第二节 盐都"非遗"普查报告 / 159
第三节 出台"非遗"保护政策 / 172
第四节 盐都"非遗"保护项目 / 179
第五节 盐都文物保护单位 / 181
第六节 盐都"非遗"场馆建设 / 183
第七节 民俗文化系列活动 / 184

第四章 探索县域民俗文化建设新路径 / 193

第一节 县域民俗文化保护探索 / 194
第二节 县域文化遗产保护开发 / 200
第三节 县域民间收藏保护开发 / 204
第四节 县域书法艺术保护开发 / 210
第五节 县域地方剧种保护开发 / 215
第六节 盐城地方语言保护开发 / 220
第七节 盐城海盐文化生态保护 / 225

参考文献 / 240

后记 / 243

绪 论

第一节　选题背景

2019年9月8日，习近平总书记在给国家图书馆的8位老专家回信时指出，图书馆是国家文化发展水平的重要标志，是滋养民族心灵、培育文化自信的重要场所。希望国家图书馆坚持正确的政治方向，弘扬优秀传统文化，创新服务方式，推动全民阅读，更好地满足人民的精神文化需求，为建设社会主义文化强国再立新功。这是习近平总书记首次就图书馆事业专门做出的重要论述，其中特别指出图书馆要弘扬优秀传统文化，这充分体现了以习近平同志为核心的党中央对图书馆事业和弘扬优秀传统文化的高度重视，也为新时代我国图书馆事业发展和弘扬优秀传统文化提供了理论指导和行动指南。民俗文化是中华优秀传统文化的重要组成部分，民俗文化建设可以推动中华优秀传统文化创造性转化、创新性发展。县域民俗文化建设有利于高举中国特色社会主义伟大旗帜，以习近平新时代中国特色社会主义思想为指导，增强"四个意识"，坚定"四个自信"，做到"两个维护"，大力弘扬以爱国主义为核心的伟大民族精神，讲好中国故事，讲好中国共产党故事，讲好新时代中国特色社会主义故事，促进早日实现中华民族伟大复兴的中国梦。

第二节　研究现状

一、国外民俗文化研究现状

（一）政府高度重视民俗文化保护

法、英、日、韩等国家普遍重视本国的民俗文化，为民俗文化遗产的保护和发展提供了有力的财政支持,开展了大量工作。20世纪60年代,法国开展了大规模的文化遗产普查,发现了大批重要民俗文化遗产,并进行了登记和详细说明,专门规划出一部分传统民居保护区,对被保护的建筑和区域,政府给予建筑维修补贴。英国对民俗文化遗产给予充分重视,很多古老的民俗习惯得以保存和继承。苏格兰对传统民俗文化的保护工作做得尤为突出,因为其独具民族特色的音乐、舞蹈和服饰中蕴含着英国古老而又鲜活的历史。苏格兰短裙和风笛已经成为苏格兰民族的两大标志并享誉世界,政府每年拨付巨额保护资金。日本政府对于民间戏曲、音乐、工艺、民俗节祭等"无形文化财"及其传承者的保护都高度重视。1955年,日本开始了对掌握重要无形文化财的民间艺人的指定工作,一旦他们获得"人间国宝"的认定资格,国家就会拨付专项资金,录制和保存他们的技艺和作品,改善其生活和从艺条件,并对其商业经营给予税收优惠。国家对指定的"重要有形民俗文化财"提供资助,对于未能获得指定但又需要特殊记录的民俗文化财,政府也会选择性地进行记录,或资助民间团体进行保护。正是因为政府的重视,日本的漆器、织锦、和服、手工伞和净琉璃等古老民俗工艺都得到了很好的保存。韩国在民俗文化学者的积极推动下,采取了多种措施保护自己的文化之根。1981年,韩国政府举办了历时一周的大型民俗活动"民族之风——1981",媒体进行了大规模宣传。韩国对民俗文化财产展开大规模调查,启动了"人间国宝"工程。各种民俗活动和活动时的服装、器具等民俗资源都被划入重要无形文化财的范畴。获得认证的无形民俗文化财,都可以得到政府的保护和财政支持。

(二)不断完善民俗文化保护的相关法律法规

为应对现代化所造成的民俗文化危机,一些发达国家在保护民俗文化方面出台了大量法律法规,为民俗文化保护提供了有力的制度和机制保障。法国的《历史街区保护法》及以此为基础的《城市规划法》,是法国保护传统民居和历史街区的重要法律依据。按照法律规定,一旦被指定为民俗文化遗产,就不允许随意对其进行改造和买卖。日本对传统民俗文化的立法保护已有一百多年的历史。日本的《文化财保护法》将民俗资源作为文化财的一项重要内容单列出来,将之分为有形和无形民俗文化财两种形式。该法对有形民俗文化财的管理、展示和维修做出详细规定,同时注重对无形文化财的田野调查和记录保存。很多民俗文化项目如"歌舞伎""茶道"等都获得了法律保护。在相对成熟的法律框架下,日本逐渐形成了民俗文化遗产指定制度、重要无形文化财保持者和保持团体的认定制度、文化遗产登录制度及保存地区选定制度。美国在1976年制定了《美国民俗保护法案》,充分肯定了民俗对建设强国的重要作用。该法律规定，在国会图书馆建立"民俗保护中心"，利用现代化手段开展民族民俗资料的搜集、整理等抢救和保护工作。

（三）民俗文化的保护与市场化开发有机结合

很多国家把经济发展和民俗文化有机结合起来，将民俗文化作为重要的旅游资源加以开发，形成了独具地域特色的旅游文化、旅游项目和旅游景观，为当地带来了巨大的经济效益。在英国，旅游与民俗文化保护相互促进，形成了良性循环。民俗文化的强大吸引力，使得旅游业成为英国重要的支柱产业之一，其产值一直排在世界前列。日本政府十分注重发挥民俗文化遗产在振兴地方文化、突出地方特色方面的作用，对地方民俗文化遗产进行保护性开发，形成了具有地域特色的民俗文化产业。韩国依托民俗资源开发民俗观光旅游，很多民俗村受到了游客的热烈欢迎。

（四）民间组织和公众的广泛参与

在国外，很多民间组织致力于民俗文化遗产保护，在筹集资金、教育宣传、组织活动和培训、制定政策和法律等方面发挥着积极作用。美国的民间组织很早就参与到民俗文化的保护活动中，民间组织、社区居民和政府共同形成了紧密联结的民俗文化保护网络。意大利的民间组织可以直接参与历史文化遗产保护的决策过程，成为政府的专业咨询机构。法国很多民间组织如法国传统宅院促进会等，都在积极配合政府从事历史文化遗产保护工作。日本保护民俗文化遗产的专业组织覆盖全国，凝聚和组织了千万民俗文化艺术的传人，从事乐舞表演和传承活动，保护民俗文化成为政府和民众的共同职责和任务。

（五）注重宣传教育，从娃娃抓起

一些发达国家十分注重通过教育和宣传提高民众的文化保护意识，使民俗文化保护得到群众的拥护和支持。一些国家从娃娃抓起，让他们从小接受民俗文化的熏陶，使得民俗文化的传承有了深厚的土壤。国外很多民间组织在校园开辟遗产园地，邀请民俗文化专家为年轻人开设民俗文化遗产保护课程，并利用民俗遗产陈列室开展生动形象的现场教学。意大利政府从1997年开始，每年5月都会举办"文化遗产周"活动。文化遗产部举办各种民俗歌舞演出活动，帮助公众了解民俗文化知识。意大利政府十分注重培养年轻人对于文物维修和传统民俗工艺技术的认识和掌握，在大学中开设了相关专业和课程。罗马的一些民俗博物馆也是学生学习民俗文化遗产的重要场所。日本地方政府与社会各界都热心参与民俗文化遗产的宣传教育活动，按照日本的法律，文化遗产必须向社会公开展示。日本教育大纲中明确要求"教育孩子尊重和维护日本传统文化"，社会各界也积极举办促进青少年体验文化遗产和乡土艺术的各种活动。日本还十分注重民俗艺术专业人才师资队伍的培训和建设。各民俗乐器流派每年要举行数次免费的传统曲目演奏会，让民众领略传统民俗技艺的魅力。日本政府还采取多项措施，使民俗文化与居民的日常生活息息相关，得到活态保存和充分利用。韩国政府自1985年起将每年5月第3周的周一定为"成年日"，在首尔庆熙宫举行成人节，学生身穿传统服装在仪式上接受民俗礼仪教育。为确保传统文化后继有人，韩国政府还特设奖学金以资助有志于学习研究无形民俗文化财的青年。

（六）注重民俗文化的调查研究

很多发达国家开展了大规模的调查和细致的研究工作，为全面掌握民俗文化资源、开展科学性保护和可持续利用提供了学术基础。韩国多年来进行了非物质文化遗产的记录工程与数码档案的建设。从1968年到1981年，文化财管理局委托韩国文化人类学会按地域进行民俗调查。国立文化财研究所从1999年开始启动民俗文献资料集成工程。从2002年开始了以"传统礼仪与饮食"为主题的传统技艺调查，拍摄了大量照片并发行了调查报告。韩国政府还开展了一系列民俗艺术竞赛和指定无形文化财的公开活动。目前，韩国文化财厅正着手进行数码化档案建设。日本也很注重民俗调查和科研工作，政府和学术界多次组织全国范围的农村、山村和渔村民俗调查，如"民俗资料紧急调查""民谣紧急调查"等。自《文化财保护法》修改颁布以来，全国开展了文化财调查，形成了大量的民俗文化财调查报告，促进了文化遗产保护工作。对被认定的民俗文化遗产，政府部门进一步开展田野调查和记录工作，对其历史与现状、价值和特点、传承方式等予以全面记录，形成田野工作报告。

（七）设立专门机构负责保护工作的落实

保护民俗文化遗产必须有相应的机构专门负责，这是提高保护效果的重要组织保证。从一些发达国家的情况看，他们一开始就非常注意机构的设置并在实践中不断完善。意大利将保护包括民俗文化在内的历史文化遗产置于国家利益的高度，把文化遗产保护作为中央政府的重要职责，实行中央政府垂直管理制度。国家遗产部向各地派驻代表负责所在地区的保护工作，由中央政府垂直领导，统一核发工资。意大利还有专门的业务部门负责对民俗文物的维修保护工作进行技术指导。日本保护民俗文化遗产的机构随着《文化财保护法》的几次修订而逐步完善。日本现设有文部科学省，下设文化厅。1968年，日本在国家文化厅内设置了"文化财保护审议会"，会内设"无形文化课"，专门负责日本传统民俗艺术的保护和发展。地方政府同样也设置"文化财保护审议会"，与民间团体共同保护当地的民俗文化财。日本还成立了国立文化财研究所和奈良国立文化财研究所,下设无形文化财研究室,负责民俗资料的调查和分析工作。韩国1962年成立了文化财委员会,设有形文化财、无形文化财等8个分科,各科均由各文化财保护团体、大学、研究机构的专家组成。除专职专家外,韩国政府还聘请了多名各界文化财专门委员,设立了专门的研究机构,如韩国文化财研究所等。

二、国内民俗文化研究现状

(一)民俗学机构的建立

1949年前,中国民俗学的研究者和爱好者在不同的时期、不同的地区,曾先后建立过民俗研究的机构,其中,比较著名的有北京大学的歌谣研究会和风俗调查会,中山大学的民俗学会,杭州学者们所建立的中国民俗学会等。1950年3月,国家成立了中国民间文艺研究会,各省、市也相继成立了同性质的学会,之后,又建立了中国民族音乐研究所。这些机构对民俗学中的民间文学、民间艺术等,做了有益的收集与研究。1976年,由于政策的宽松、现实的需要和学界有识之士的迫切要求,这方面的活动机构迅速地成立起来了。1983年,中国民俗学会成立,各省、市、自治区也相继成立了分会,或同性质的地方学会。中国民俗学会成立不久,就致力于学科知识的传播和人才的培养,开设了民俗学(包括民间文艺学)讲习班,并且连续办了几期,有的地方学会也办过这类讲习班,培养了一批收集者、研究者和有关的工作干部。这些工作的开展,有力地推进了中国民俗学的发展。

(二)民俗学科的兴起

一门新兴学科要在一个国家站住脚,并能取得比较广泛和迅速的发展,必须要在学校里占有一定的位置,尤其是高等院校及研究院等。1949年前,民俗学虽然在一些大学里得到过提倡和推动,有些热心的教师还开过这门课,但是,作为一门学科,中国的民俗学始终没有在高等学校成为固定的、必修的科目。1949年后,情况有了较大的转变,在文科大学或师范院校,比较广泛地开出了"人民口头创作"(即"民间文学")课。在其他一些艺术类的院校,也开设过民间艺术等课程。但是,作为学科整体的民俗学,却还是被搁置着。

1976年后,一些大学(如武汉大学、辽宁大学和中央民族大学等)的教师勇敢地开出了民俗学这门新课,并受到了学生们的欢迎。有的大学还设立了这门学科的硕士、博士培养点,成为高等院校的国家级重点学科(如北京师范大学)。近年,有些社会学、人类学的教学、研究单位也设有这方面学科的研究课题和研究生的培养点(如北京大学社会学人类学研究所)。1997年,国家教育部把民俗学列入了国家二级学科,隶属于社会学学科,这是中国民俗学史的一件大事。

(三)民俗研究硕果累累

自20世纪80年代以来,民俗学发展较快,这体现在集录和研究成果的方面硕果累累。首先是集录资料的成就。作为集录成果的风土志和民间文艺作品集成,正是这一成果中的重要部分。它不仅是进一步从事研究工作的依据,而且是优势相对独立的文化财富,是人民的文化历史文献和国民精神教养的宝贵资料。因此,它的成果正是民俗学不可缺少的部分。最显著的例子是已经编纂出版了一百多卷的民族民间文艺十套志书和集成。此外,近年来,各省市编刊的地方志书中的民俗志和方言志,也大多可说是这方面的成绩。自20世纪80年代以来,民俗学的搜集、记录和整理工作,成绩是远远超过以往任何时期的。

80年代之前也产生过一些优秀的成果,例如顾颉刚的《孟姜女故事研究》、茅盾的《中国神话研究ABC》、江绍原的《发须爪》等著作。然而,一门学科的发展是有过程的。我国的民俗学研究的发展脚步,大体上是伴随着时代和社会的发展步伐而前进的。这些年来,我国的民俗学学术团体和活动场所都明显地增加了,除了常设的教育机构或研究所外,还包括那些临时性的各种研讨会。这些学术研讨会,有全国性的,也有地区性的;有的所讨论的论题范围广泛(有些研究对象甚至是我们平常想不到的),也有的相对集中一些(如关于各民族的神话、民间文学的性质、范围等专题的讨论)。这些研讨会所讨论的大多是科学研究的成果,此外,还有其他方面一些学者所撰写的关于民俗事象的研究著作。

出版方面来说,书刊的发行状况,也是现代有关学术旺盛与发展的标志。近年来,出版的中国民俗学类书刊大量涌现。从内容深浅看,有供专家使用的学术著作,也有面向一般读者乃至儿童的读物;有成套的丛书,也有单本;有一般书籍,也有定期刊物;还有国外专业名著,如泰勒、弗雷泽、汤普森、邓迪斯、柳田国男等学者的著作,已大多有了中译本。这不仅丰富了专业学者的书架,也有利于促进学科理论研究的深入。在20世纪30年代前期,中国就曾跟德国、日本等国的学者交流书刊,互通学术信息,并在彼此的刊物上发表文章等。但这毕竟是比较个别的事。现在中外民俗学交往地域的广阔、交流情况的频繁和交流内容的深广,都不是过去所能比拟的。这说明,在中国,民俗学正在与世界众多同行做亲密的对话与相互补益。

(四)民俗文化保护的相关法律逐步完善

我国的民俗文化与民事司法建设密切相关,在我国,尤其是中华人民共和国成立以前的几千年里,民族地区和少数民族中的诸多社会关系都处于风俗习惯的调整之下,这说明,民族风俗习惯具有某种约束力。清朝末年和民国七年(1918)前后,全国的"民事习惯调查"就是为"变法修律"和为民国的民事立法做准备的。中华人民共和国成立以后,在民事立法的过程中,我国的许多法律条文也都是直接来源于民族风俗习惯的,是对人们普遍遵守的风俗习惯采取法律的形式由国家予以认可的。

《中华人民共和国民法通则》第151条规定:"民族自治地方的人民代表大会可以根据本法规定的原则,结合当地民族的特点,制定变通的或者补充的单行条例或者规定。"《中华人民共和国文物法》《中华人民共和国非物质文化遗产法》《中华人民共和国公共文化服务保障法》《中华人民共和国图书馆法》《中华人民共和国合同法》《中华人民共和国物权法》《中华人民共和国老年人权益保障法》等也有相关规定。我国是联合国《保护非物质文化遗产公约》的签约国,也是向联合国教科文组织申报非物质文化遗产项目成功率最高、批准项目数量最多的国家。这些法律法规的制定和实施,为民俗文化保护提供了有力的法律、制度和机制保障。

第三节 研究价值

一、学术价值

民俗文化是中华优秀传统文化的重要组成部分,县域民俗文化建设可以推动中华优秀传统文化创造性转化,创新性发展。县域民俗文化建设,从政治角度讲,是维护社会稳定的需要;从文化角度讲,有利于开展社会主义核心价值观教育,为构建县域公共文化服务体系提供新的平台;从社会角度讲,是构建和谐社会的战略措施;从经济角度讲,为城市发展提供了强大动力;从生态文明角度讲,为生态县域建设添砖加瓦。该课题为打造县域文化、城市品牌,进一步提高县域文化遗产保护开发的科学性,彰显县域城市个性,为建设美丽县域提供理论依据。

二、应用价值

县域民俗文化是人类智慧的结晶。县域民俗文化建设不仅在于丰富城市的文化底蕴,而且促进文化和旅游融合,可以成为城市发展源泉和新的经济增长点。迈进新时代，我国社会主义市场经济发展，现代化水平逐步提高，文化产业的功能与作用日益显现出强大的社会效益。通过县域民俗文化开发，可以为县域经济发展开辟新的投资项目和市场空间。这些文化事业项目带来经济效益的同时，促使民俗文化影响力不断增强，对县域经济发展产生促进作用，为城市发展做出贡献，民俗文化成为县域对外交流的一张靓丽名片。对延续县域文脉、打造县域城市文化品牌、提升城市竞争力、增强城市魅力、促进城市发展，意义重大。

第四节 研究内容

民俗，即民间风俗。民俗的发生源自普通民众的生活，因某种需要而起，习以成俗。民俗是自发形成的，它初始源于人们的一种直接的生活目的，此后人们不断赋予它许许多多的文化内涵；民俗是大众的，是百姓对生活感知的结果；民俗是变化的，是在漫长的历史过程中逐渐积淀起来的；民俗是直观的，是民间实践而非逻辑的总结；民俗是有特性的，不同国家、不同地域、不同民族各有自己的民俗风情。本专著以盐都区图书馆为切入口，对盐城县域民俗文化建设进行探索和实践，传承民间习俗，展示盐渎风韵，彰显城市个性，弘扬传统文化，践行核心价值。本专著分三个部分。第一部分为绪论，主要介绍了专著的选题背景、研究现状、研究价值、研究内容、研究思路；第二个部分为第一章，主要研究民俗的基本理论，研究什么是民俗、何谓民俗学、民俗的特征、民俗的功能等；第三部分为第二章到第四章，主要研究盐城县域民俗，盐都区民俗文化保护传承弘扬，探索县域民俗文化建设新路径。

第五节 研究思路

本课题按照前期调研→课题论证→制订方案→实践研究→出版专著→申请结题→推广应用的步骤进行。以盐都区图书馆为切入口，带领课题组成员从课题研究的背景，核心概念的界定，国内外研究现状、选题的意义与研究价值，研究的目标、内容、假设和拟创新点，研究的方法、技术路线，研究的实施步骤及保障措施等方面逐一落实。直至出版专著，申请结题，推广应用。通过文献研究法、田野调查法、跨学科研究法、探索研究法、比较研究法、经验总结法等，对盐城县域民俗文化建设进行实践和探索，助推盐都区民俗文化建设向纵深推进，为盐都区生态文旅高地建设添砖加瓦，为建设强富美高新盐都做出新的贡献。

第一章 民俗基本概论

第一节 什么是民俗

民俗，即民间风俗，指一个国家或民族中广大民众所创造、享用和传承的生活文化。民俗起源于人类社会群体生活的需要，在特定的民族、时代和地域中不断形成、扩步和演变，为民众的日常生活服务。民俗一旦形成，就成为规范人们的行为、语言和心理的一种基本力量，同时也是民众习得、传承和积累文化创造成果的一种重要方式。

"民俗"一词很早就已出现。如《礼记·缁衣》："故君民者，章好以示民俗"[1]；《史记·孙叔敖传》："楚民俗，好痹车"；《汉书·董仲舒传》："变民风，化民俗"；等等。此外，还有不少意义与其相近的词，如"风俗""习俗""民风""谣俗"等。

民俗除了新奇之外，更是启迪心智、启迪灵感的钥匙；因为每一个民族的民俗，都是这个民族经过千百年积淀才保留下来的，是整个民族智慧的结晶，是这个民族的文化代表之一。

民俗反映了先祖的生活印迹，反映了他们对世界的理解，表达了他们驱避灾难、贫穷、疾病，追求富足、美好生活的愿望。它经过不断地衍化和一代代人的传承，历经千百年流传至今，是历史的积淀、文化的存储。民俗，其特点就是源自百姓生活，源自百姓需求，突出实用性，体现百姓心理，它是一种常见的却又特殊的文化现象。民俗文化对于人的性情的涵养、习惯的培养有极大的影响，我们从不同地域、不同民族的人们的言谈举止、衣食住行的差异中，可以看到这种印记。

民俗文化是凝聚一个民族感情和行动的文化核心点。民俗，体现的是人的情感、价值观、理想，以及个体与集体和民族的共同的历史联系。同时，民俗

---

[1] [元]陈澔注，金晓东校点：《礼记》，上海：上海古籍出版社，2016年，第620页。

中保留着大量的民间自然传承的历史遗迹，是文化遗产的记录。

地处苏北大平原、又临黄海之滨的盐城，北受黄河中下游淳朴儒风熏陶，西受神巫浸淫的楚风楚俗影响，东有一望无际的黄海拥抱，南与拥有小桥流水的水乡相通，这样的民俗坐标，这样的兼具海洋和农业文化的特色，决定了盐城民俗具有开放性、多样性、包容性和先进性的特点。

入选2015年度"中国六大考古新发现"的盐城东台蒋庄良渚文化遗址，是长江以北地区首次发现的随葬中有琮、璧等高等级玉礼器的高等级良渚文化墓地，也是目前发现墓葬数量最多、埋葬最为密集的良渚文化墓地之一。葬式、葬俗丰富多样，部分人骨保存完好，为研究良渚文化的埋葬习俗、社会关系与人种属性提供了极其宝贵的实物数据。盐城悠久的历史由此可见一斑。

盐城，地处东北沿海，面积约15000平方千米，辖9个县（市、区），人口800万。气候湿润，四季分明，雨量充沛。宜农宜渔，宜林宜牧，物产丰饶，素有"鱼米之乡"之誉。这里绿野平原一望无际，河渠港湾纵横交接，恰为盐城人制盐、打鱼和耕种的好地方。2019年7月5日，位于盐城的中国黄（渤）海候鸟栖息地（第一期）列入世界遗产名录，盐城申遗成功，对盐城民俗文化的传承、保护、弘扬意义重大。

宋史、元史的地理志于盐城皆注"上"字，以示富饶。民谚云："走千走万，不如淮河两岸。"从"洪武赶散"到东南沿海的废灶兴垦，大批崇明、海门、启东人迁入，打破了盐城民俗的封闭性和单一性，外来的民风与土生土长的盐城民俗，汇合交融，形成了一种新的民俗样式。加之盐城地域辽阔，滨海而居，水网密布，行政区划更迭频繁，不仅盐城、阜宁、东台老三县民俗形态各异，即便在范公堤的堤东堤西、射阳河的河南河北也大不同。与海盐、渔业、稻米有关的民俗民谚数不胜数，历史的悠久性，空间的多样性，人口的迁移杂处，滩涂与平原的相辅相成，改革开放的交流沟通、兼收并蓄，这些就自然形成多姿多彩的盐城民俗。

多样化的人口构成了不一样的民俗。但无论盐城民俗风情多么摇曳多姿，它们的心脉是相连相通的，主题只有一个：祛灾去祸，祈盼平安，追求幸福。下元节、祭灶、喊魂、打时等日渐从生活中淡出。清明、端午、中秋和春节等仍然岿然不动，显示出它们独特的魅力。民俗具有时代性，在新时代，人们仍然在尽情享受着这些传统节日的快乐。

如果把民俗比作一本大书，那么其关键章节便是生产劳动民俗、日常生活民俗、社会组织民俗、岁时节日民俗、人生礼仪民俗、游艺娱乐民俗、民间观念、民间文学等。每一章都有悠久的历史，每一节又流传着动人的故事。

生产劳动民俗　生产劳动民俗是在各种物质生产活动中产生和遵循的民俗。

这类民俗伴随着物质生产的进行，多方面地反映着人们的民俗观念，在历史上对保证生产的顺利进行有一定的作用。我国的劳动生产民俗方面比较广泛，大体分为农业民俗、牧业民俗、渔业民俗、林业民俗、养殖民俗、手工业民俗、服务业民俗、江湖习俗等。

日常生活民俗　日常生活民俗包括服饰民俗、饮食民俗、居住民俗、交通与行旅民俗。它最初是以满足生理需要为目的，随着社会发展和社会分工复杂化、等级身份严格化、生产条件差异、人生礼仪繁复、重大历史事件作用，以及宗教信仰、审美观点、政治观念、社会心理的差异等，各民族生活民俗也日趋多样化、复杂化，它所满足的不仅是生理需要，同时也包含安全需要、归属需要和自我实现需要等更高层次需要。

社会组织民俗　社会组织民俗通常是指一定的社会单元，这种社会单元往往是为了达到特定目标而建立的，例如军队、企业等。但是，我们现在所指的社会组织民俗是中国传统社会中，民间各种形成稳定关系的人们共同体，例如家族、行会或某些结社组织。这些社会组织都具备一定组织化水平，而他们的组织主要是靠群体内形成的一系列约定俗成的东西发挥作用。在传统社会中社会组织民俗主要存在三种形式：血缘组织民俗、地缘组织民俗、会社组织民俗。

岁时节日民俗　岁时节日民俗，主要是指与天时、物候的周期性转换相适应，在人们的社会生活中约定俗成的，具有某种风俗活动内容的特定时日。节日的形成与发展，经历了十分漫长的历史。在这期间，形成的节日民俗不仅记载着我们祖先对自然运动规律的认识与把握，也显现出各个不同历史时期的社会、经济、科技发展的水平，同时，还反映了我国民众那种张弛有度、应时而作的自然生活节律。我国的岁时节日民俗有鲜明的农业文化特色。

人生礼仪民俗　人生礼仪民俗是指在一生中几个重要环节上所经过的具有一定仪式的行为过程，主要包括诞生礼、成年礼、婚礼和葬礼。此外，表明进入重要年龄阶段的祝寿仪式和一年一次的生日庆贺活动，亦可视为人生礼仪民俗。

游艺娱乐民俗　游艺民俗是一种以消遣休闲、调剂身心为主要目的，而又有一定模式的民俗活动。它是人类在具备起码的物质生存条件基础上，为满足精神的需求而进行的文化创造。从简单易行、随意性较强的游戏，到技艺精巧、有严格规则的竞技；从因时因地、自由灵便的戏耍，到配合各种特殊需要的综合表演，都属于游艺娱乐民俗的范围。

民间观念　民间观念是指在民间社会中自发产生的一套神灵崇拜、生活禁忌的观念。它主要作用于民众的意识形态领域，其中较有代表性的是禁忌、俗信、民间诸神。

民间文学 民间文学是劳动人民的口头创作。它从广大人民群众中产生，在广大人民群众当中流传，主要反映了人民大众的生活和思想感情，表现了他们的审美观念和艺术情趣。民间文学通常可分为三大类：散文的口头叙事文学，如神话、传说和各种民间故事、笑话；韵文的口头文学样式，如民间诗歌（史诗、民歌）、谚语、谜语；综合叙事、抒情、歌舞，具有较多表演成分的民间说唱、民间戏曲等。

第二节 何谓民俗学

民俗学是研究民间风俗习惯的一门科学。它的主要任务，是以科学的态度，对历史与当代的民俗事象，进行调查、收集、整理、描述、分析和论证，探求它的本质结构、特点与社会功能，揭示其发生、发展、传承、演变、消亡的规律，为人类社会的健康发展服务。民俗学是一门帮助人认识历史与文化、改造现实社会的人文科学。

民俗学具有交叉学科的性质。由于民俗学研究的对象范围极广，因此，它与许多学科有密切的关系。

民间文艺学、历史学、社会学、文化人类学、考古学、语言学、宗教学、哲学及其他一些学科与民俗学都有一定关系。民俗学借助考古资料提供实证，考古学则利用民俗学理论释读文物。语言民俗的研究必须借鉴语言学的方法与成果，而作为民俗现象之一的方言俗语、民族语言等，又是语言学研究的珍贵资料。宗教学主要研究古今一切宗教的性质、特点、功能及其产生、发展、演变、消亡的规律等，民俗中的信仰习俗，如原始崇拜、巫术、禁忌等，也是宗教学研究的对象。民众的哲学、道德观等，是哲学研究的重要对象，而民众的这种哲学与伦理观，在民俗中又都有相当的反映。

民俗学虽然与许多学科有不同亲疏程度的关系，但它是一门任何其他学科都无法取代的科学。尽管一些民俗现象也被别的学科所关注和研究，例如历史学对各时代风俗习惯的描述，法学对习惯法的研究，社会学对人类婚姻制度的探讨等，但这些学科在各自的领域中，都不可能对民俗事象做出全面系统的描述与解释。民俗学的建立，使各种民俗事象构成一个有内在联系的有机整体，它具有独立的学科性质。

一门独立的学科大多有自己的学科体系。民俗学经过长期的发展与积累，其学科体系已初具端倪。民俗学的内容，包括对民俗事象的理论探索与阐释、对民俗史和民俗学史的研究与叙述、民俗学方法论及对民俗资料的收集保存等方面的理论与技术的探讨。具体说来,可以分为以下六大部分:

1. 民俗学原理——对民俗事象发生、发展、演变及性质、结构、功能等方面的理论探索,包括对综合与单项问题的研究。代表性著述如乌丙安的《民俗学原理》(沈阳:辽宁大学出版社,2001年)。

2. 民俗史——对民俗事象的历史进行探究与描述,包括通史、断代史、专门史。代表性著述如钟敬文的《中国民俗史》(北京:人民出版社,2008年)。

3. 民俗志——一种对一定范围(如某一民族、某一地区)民俗事象进行科学记述、描写、呈现的研究方法。代表性著述如田传江的《红山峪村民俗志》(沈阳:辽宁文化艺术音像出版社,1999年)。

4. 民俗学史——关于民俗问题的思想史、理论史,也包括研究史。代表性著述如王文宝的《中国民俗学发展史》(沈阳:辽宁大学出版社,1987年)。

5. 民俗学方法论——关于民俗事象整体的观察研究和具体的调查整理的技术与方法两方面的理论。代表性著述如美国理查德·鲍曼的《作为表演的口头艺术》(安德明,杨利慧译,桂林:广西师范大学出版社,2008年)。

6. 资料学——关于民俗事象资料的获取、整理、保存和运用等活动的探索与讨论。代表性著述如中国民间文艺集成编委会编的《中国民间故事集成》《中国歌谣集成》《中国谚语集成》(北京:中国ISBN中心,1997年)。

上述六大部分虽各有不同的对象与任务,但它们是一个相互联系、不断发展的有机整体。随着研究的深入,民俗学科体系还将不断完善,产生更多的分支学科或边缘学科,如经济民俗学、社会民俗学、语言民俗学、宗教民俗学等。

民俗学的任务,是帮助我们认识民族历史与文化传统,解释和改造现实社会生活。民俗学有着别的学科不能替代的认识作用。在社会生活中应用最广泛的民俗文化,例如吃穿住行、婚丧嫁娶、节日娱乐、交际馈赠等,都是人民在漫长的历史中慢慢创造、传承和积累起来的。一个民族的历史,既包括少数统治者或英雄人物的历史,也包括广大民众的生活史和文化史。要全面了解人类文化的创造传播过程,要追溯自己的历史传统与民族精神,只有在对一个民族的上、中、下三层文化都有了深入了解后,才能全面把握人类社会与民族文化的发展规律。

学习民俗学可以加深我们对现实社会生活的认识。民俗是当代生活中发挥着特定功能的一种社会现象,每个人都在特定的民俗文化背景下出生、成长,并在这种民俗环境中进行自己的工作与创造。如果我们不对这种在民众生活中发生巨大影响的文化现象进行研究,我们就会对自己的基本国情缺乏全面的了解。

认识世界的目的是改造世界。民俗学作为一门既研究民族文化传统，又注重考察人民现实生活的学问，有着多种实用价值。

首先，它可以帮助我们加深对祖国历史文化的认识，提高国民文化素质，激励广大人民树立爱祖国、爱民族、爱乡土的情感，增强民族凝聚力与向心力，振奋民族精神，在新的历史时期，奋发图强，加速社会主义现代化建设。

其次，它可以指导和辅助我们改造现实社会生活，既发扬中华民族的优秀民俗传统，又吸收其他民族的良好习俗；既淘汰本民族中不适应新时代的旧风俗，又抵制那些不适合我国国情的外来风俗。

研究民俗还有其他实用价值，例如开展民俗旅游活动，开发民间工艺、烹饪、服饰、医药、民间文学等方面的产品等。

总之，民俗学不是古董，也不是少数人心血来潮的个人爱好，它是一门现实的学问。民俗学应认识和改造社会生活的需要而生，也必须为这个目的服务。民俗学在学术研究与改造社会两个方面，都发挥着越来越重要的作用。

第三节　民俗的特征

民俗特征论，是民俗学研究的重要课题之一。对民俗特征的把握，一般来说取决于对民俗产生、发展、演变、传承规律及其结构、功能和性质的认识。不同的研究者，由于对民间传承的民俗事象的观察、体验不同，立场和观点不同，对民俗特征的归纳也不尽相同。

一、时代性

时代性是民俗发展在时间上，或特定时代里显示出的外部特征。以发式习俗而言，全蓄发、簪发为髻置于头顶，这是明代男发式；前顶剃光，后脑梳单辫，是清代男发式；分发、背发、平头、剃光，是辛亥革命后的男发式，直至今日，仍然如此。服饰习俗中的长衫、马褂、圆顶瓜皮小帽，是过去一般商人、乡绅的男装，中华人民共和国成立后迅速淘汰了。

我国汉族妇女的缠足恶俗，主要是因为封建时期对妇女压迫的主导思想和制度在漫长的年代里持续不变。辛亥革命后，尽管推翻了帝制，但是并未解放妇女，因而在我国广大农村，妇女缠足习俗仍很流行。直到中华人民共和国成立，从根本上保护了妇女利益，才彻底废除了缠足恶俗。社会变革、人民解放、妇女翻身，成为缠足恶俗最终废止的历史依据。日常仪礼中的叩头跪拜、打千请安、作揖拱手等礼节，都是旧时代的产物，随着时代的变革，逐渐被鞠躬、握手等新礼节所取代。封建婚俗的六礼：问名、订盟、纳采、纳币、请期、迎娶，父母之命，媒妁之言，几乎束缚了我国古代婚姻长达数千年，它们十分典型地标志着婚俗的封建历史性。随着封建制度的瓦解，在新的历史时期，文明婚礼与自由恋爱，自己做主结婚的新式婚俗，取代了旧式婚俗，标志新历史时期的特征。

在我国长期的封建统治下，民俗的历史面貌呈现出一种相对稳定的保守状态，这是就整个封建时代的面貌而言；但是，也应当看到，即使是在整个封建时期，由于改朝换代、民族交往、生产发展等政治、经济因素的影响，各个阶段也会显示出不同的时代特点。在我国历史上，尽管封建统治制度不变，但是，由于某些非前代、反前代思潮的影响，各种习俗相应地都打上新的历史印记。像唐代服饰，经过了五代，到了北宋、南宋时代，有了较大历史变化，基本上由宽肥趋于窄瘦。

民俗考察与民俗研究不能忽视民俗的历史特征，绝不可以上下几千年混为一谈，若谈及古俗，均以周礼为准，而不顾若干历史阶段的差异，这对民俗学的科学研究有损无益。

二、地域性

地域性是民俗在空间上所显示出的特征，这种特征也可以叫作地理特征或乡土特征，这个特征是在民俗的地域环境中形成并显示出来的。俗语说的"十里不同风，百里不同俗"，正是这种地域性特征的很好说明。民俗的地域性具有十分普遍的意义，无论哪一类民俗事象，都会受到一定地域的生产、生活条件和地缘关系的制约，都会不同程度地染上地方色彩。

比如食俗，我国民间常说"南甜、北咸、东辣、西酸"，虽不大准确，但大致反映出饮食习俗的地区特点。又如标志我国著名菜点特殊风味的食谱习俗，就具有十分清晰的地方差异性。鲁菜系、川菜系、粤菜系、苏菜系、浙菜系、闽菜系、湘菜系、徽菜系等，各有优长，都是从地方饮食中发展起来的。再如名食品的分布，像北京烤鸭、天津狗不理包子、南京桂花鸭、大纵湖醉蟹、龙冈金刚脐、东台鱼汤面、阜宁大糕、步凤咸猪头等，都以其特殊风味代表了地方饮食。同样，许多名牌产品也以地域性为标志，如贵州茅台镇的茅台酒与山西汾阳的汾酒，地域性十分鲜明。除食俗外，其他民俗事象也具有同样道理。像民间小搬运活动，各地在挑、抬、顶、背、扛、抱、提、挎、搭、拉、推等方式上，分别有惯用方式一两种，甚至同是挑担，各地也各有不同，有的就连使用的小搬运工具也千差万别，各有特色。民俗因地制宜，展现出特有的乡土气味。像东北农村的靰鞡和爬犁，中原农村的毂鞋和推车，流行大江南北的草鞋和扁担，西南山寨的赤脚和背篓，西北的皮靴和驮子等，都是各地行旅的特殊标记。

民俗地域性特征的形成，与各地区的自然资源、生产发展及社会风尚传统的独特性有关，产竹地区与产木地区的扁担，自然形成竹、木两种类型。因此，从鸟瞰角度认识地域性，可以看到，大体上各地区形成的民俗事象分别构成各种类型的同心圆，千千万万个民俗同心圆的分布与彼此交叉联系，便形成了若干有区分的民俗地域。像我国东北地区，受几千年经济文化的影响，形成了一个大的同心圆，使它与我国华北、西北、西南、华东等地区有很大民俗差异。在这个大地域中，又大致分布着许多小地域或更小地域的民俗同心圆，互有差异，直至最小的自然村落的差异为止。这种民俗特征标志着民俗事象依附于地方乡土的粘着性。所以，民俗调查与研究对此也不可以采取笼统的一概而论的态度。

正因为民俗具有十分浓郁的乡土气息，所以民俗志成为地方志或乡土志的重要内容。我国自古以来建立的方志学，正是密切联系了历代各地方民俗的搜集、研究而发展起来的。我国当前的县志编纂，也应当着眼于民俗的地方特色，把本乡本土的风俗习惯及其由来与发展认真、科学地记录下来，对研究民俗、促进当代移风易俗都有现实意义。在调查中，对本地固有的风俗及外来户或外来影响的风俗也有比较科学的鉴别和区分，地域性特征是民俗的重要标志。

三、传承性

传承性是民俗发展过程中显示出的具有运动规律性的特征。这个特征对民俗事象的存在和发展来说，是一个主要特征。它具有普遍性。

民俗是一种世代相传的文化现象，因此，在发展过程中有相对稳定性。好的习俗以其合理性赢得广泛的承认，代代相传，不断地继承下来；恶习陋俗也往往以其因袭保守的习惯势力传之后世，这种传袭与继承的活动特点正是民俗的传承性标志。比如岁时节日习俗，元宵灯会和吃元宵；清明节的祭祖扫墓与踏青郊游；端午节的挂菖蒲、艾叶、赛龙舟、吃粽子及饮雄黄酒；中秋节赏月和吃月饼；除夕辞岁的年祭和吃团圆饭，都是传承了千年以上的岁时习俗。不论各代各地有多少差异，标志该节日的主要内容和形式却始终被承袭下来。又如我国自古以来就已完备的结婚习俗，包括它的繁杂程序及操办方式，也一直传袭了下来，不仅在整个封建时代不断因袭，甚至在现代，仍有不同程度的继承或沿用。丧葬习俗同样如此，那些充满了迷信色彩的形式和手段，经过了几千年，传至今日的城乡各地，仍在许多方面与科学文明抗衡。所有这些都说明了民俗本身所具有的传承特征十分鲜明，即使民俗事象有了某些改变，往往也可以找到这种传承特点所显示的继承与发展的脉络。

民俗调查研究对这一特征不可等闲视之。传承性的标志，既可以使人们看到那些世代相承的优良习俗给人类社会的进步繁荣带来了积极影响，又可以使人们鉴别那些代代因袭的恶习陋俗给人类社会带来的巨大的灾难或沉重的压力，由此帮助人类找出移风易俗的新路来。

民俗的传承性在人类文化发展过程中，呈现出一种极大的不平衡状态。在文化发展条件充分的民族、地区，这种传承性往往处于活跃状态，也就是它在继承发展中显示了这种传承性；相反，在文化发展条件不充分，甚至文化发展处于停滞、落后的民族、地区，这种传承性往往也处于休眠状态，也就是它以固有的因袭保守形式显示了这种传承性。因此，城镇习俗的继承发展较为明显，偏僻村寨习俗的因循守旧异常突出。在当代民俗调查中，传统节日在城镇习俗中远不如村寨习俗更具有古朴色彩。这种不平衡状态在比较过程中，自然寻找出城市民俗与村落民俗的关系及其差异，因此，对传承性特征的认识，只能从民俗的发展过程中获得。

四、变异性

变异性是在与传承性密切相联系、相适应的民俗发展过程中显示出的特征。它同时又与时代性、地域性特征有千丝万缕联系，标志着民俗事象在不同历史、不同地区的流传所出现的种种变化。换句话说，民俗的传承性，绝不可以理解为原封不动地代代照搬、各地照办、毫不走样，恰恰是随着历史的变迁，不同地区的传播，从内容到形式或多或少有些变化，有时甚至是剧烈的变化。因此，民俗的传承性与变异性是两个矛盾统一的特征，是民俗发展过程中的一对连体儿，只有传承基础上的变异和变异过程中的传承，绝没有只传承不变异或一味变异而没有传承的民俗事象。

在长期的民俗学理论发展中，传承的特征被摆到主要位置，是对的；相对地忽视了变异的特征，是不对的。那些在民俗中访古考古寻觅遗留物的做法是不可取的，对发展人类文化、推陈出新无大补益；只有既研究其继承，又关注其发展变化，才有助于人类社会的进步。

比如，从中华人民共和国成立前的清明祭祖上坟，到中华人民共和国成立后祭扫烈士墓，在清明节日传承中表现出许多变异；从清代满族的旗袍到现代服装的旗袍、从长袍马褂到辛亥革命以来直至现在的中山装，同样在传承中表现了许多变异；从古代婚礼用五谷杂粮撒向新娘，做驱邪祝吉仪式，到当代用五彩纸屑撒向新娘以致庆贺，同样也可以看到古代信仰、仪礼在传承过程中的变异轨迹。

多少世纪以来这种变异性特征在民俗发展中，大多是在自发状态下自然而然形成的。随着时代条件不同，地方生活不同，民族传统不同，在流传中变异各种民俗，是很自然的事；也应当看到，往往人为的有意识的改革，只要被人们广泛承认和接受，也可以形成民俗的变异。我国历史上运用政治手段采集民风、改革习俗的事例是很多的。像古代六朝时太原地区寒食节冷食习俗长达百日以上，造成疾病伤亡，危害严重，皇帝下令革除，改禁火三日。侗族山寨为革除旧婚俗六礼的繁缛奢费，曾于20世纪中拟订乡约，刻石树碑，予以改革。我国多少世纪以来汉族盛行的表亲（近亲）婚，得不到革除，现在新婚姻法规定，禁止近亲配偶，用科学与法制摒弃了恶俗。因此，不可把变异性的自发形成强调到绝对的程度。但是，也应当看到，人为的变异是有条件的，是从民俗中有意引导出来的，是符合社会前进方向和民心所向的，绝不可以把变异性理解为任何人都可以以个人意志强行改变习俗。

变异性是移风易俗中最可运用的特征，要认真探讨变异性的科学规律，积极推动旧俗向新俗转化的工作，推陈出新，删繁就简，使民俗中许多事象逐渐从落后变为进步、从愚昧变为文明。既要继承优良传统，又要革除旧习陋俗，要从这一特征的积极意义出发，认真研究新时代民俗学新课题。

第四节　民俗的功能

一、凝聚功能

民俗的凝聚功能，指民俗统一群体的行为与思想，使社会生活保持稳定，使群体内所有成员保持向心力与凝聚力。民俗能促进社会稳定，任何一个社会都在不断变化，每一种文化都必须根据外部环境与内部情况的变化而不断加以调整。在社会生活的世代交替中，民俗作为一种传承文化不断被后代复制，由此保持着社会的连续性。在文化变迁中，民俗就像一个巨大的胃，将新产生的或外来的生活方式、价值观念等不断反刍和消化，吸收某些新东西进入原有的民俗体系，大量不好的则被摒弃。即使是在大规模的社会变革中，与整个民俗体系相比，发生的变化总是局部的、渐变的，这就有效地防止了文化的断裂，促进社会生活的相对稳定。

民俗不仅规范社会成员的行为方式，更重要的是凝聚着群体或民族的文化心理。每个民族或社会群体，都生活在特定的自然条件与社会环境中，有自己独特的历史道路，因而形成了特定的集体心理。民俗是人们认同自己所属集团的标识，例如世界各地的华侨，虽然身处异地，但他们通过讲汉语、吃中餐、过中国传统节日等方式，与自己的民族保持认同。

二、规约功能

民俗的规约功能，指民俗对社会群体中每个成员的行为方式所具有的约束作用。人类社会生活需要的满足，往往有多种方式可供选择，例如吃饭，既可用刀叉，也可用筷子或者手抓。民俗的作用，在于根据特定条件，将某种方式予以肯定和强化，使之成为一种群体的标准模式，从而使社会生活有规则地进行。

社会规约有多种形式，它们大略可以分为四个层面：第一层面是法律，第二层面是纪律，第三层面是道德，第四层面是民俗。其中，民俗是产生最早，约束面最广的一种深层行为规约。

恩格斯曾指出，在社会发展某个很早的阶段，产生了这样的一种需要：把每天重复着的生产、分配和交换产品的行为用一个共同规则概括起来，设法使个人服从生产和交换的一般条件。这个规则首先表现为习惯，后来便成了法律。恩格斯这里说的"习惯"，就是原始的经济民俗。

法律源于民俗。汉字"法"的字形可算一个极好的例证。"法"字的象形文，是水边一块地方和一个两角动物及一个人。这个象形字是对古代判案习俗（即习惯法）的直接描绘。古时遇有纠纷，往往采取神判法。其中一种便是将被告带到氏族的圣地，由部族的神兽（往往是某种带有图腾性质的动物），以角相触，被触者为有罪。"法"字的象形，正是描绘了这种风俗，可见法律源于民俗。

在社会生活中，成文法所规定的行为准则只不过是必须强制执行的一小部分，而民俗却像看不见的手，无形中支配着人们的所有行为。从吃穿住行到婚丧嫁娶，从社会交际到精神信仰，人们都在不自觉地遵从着民俗的无形约束。

在日常生活中，人们很难意识到民俗的规约力量，因此也就不会对其加以反抗。民俗对人的控制，虽是一种"软控"，却是一种最有力的深层控制。

三、教育功能

民俗的教育功能,指民俗在人类个体的社会化文化学习过程中所起的教育和模塑作用。个人不能选择他所希望的社会形式;人是在十分确定的前提与条件下创造历史的。美国学者本尼迪克特曾这样描述风俗在个体社会化过程中的重要作用:个体生活历史首先是适应由他的社区代代相传下来的生活模式和标准。从他出生之时起,他生于其中的风俗就在塑造着他的经验与行为。到他能说话时,他就成了自己文化的小小创造物,而当他长大成人并能参与这种文化活动时,其文化的习惯就是他的习惯,其文化的信仰就是他的信仰,其文化的不可能性亦是他的不可能性。

人是文化的产物,民俗作为一种文化现象,在个人社会化过程中占有决定性的地位。人一出生,就进入了民俗的规范中:诞生礼为他拉开人生第一道帷幕;他从周围人群中习得自己的语言;在游戏中他模仿着成人生活;从称谓与交际礼节中逐渐了解人际关系;他按特定的婚姻习俗成家立业;直到死去,特定的丧葬民俗送他离开这个世界。人生活在民俗中,就像鱼生活在水中一样,须臾不可离开。

四、调节功能

民俗的调节功能是指通过民俗活动中的娱乐、宣泄、补偿等方式,使人类的社会生活和心理本能得到调剂的功能。民俗的娱乐功能显而易见。人类创造了文化,目的是享用它。人不可能日复一日、永无休止地劳作,必须在适当的时间进行适当的娱乐活动,调剂身心,享受劳动成果,进行求偶、社交等活动。世界上没有哪个民族没有节日、游戏、文艺、体育的民俗,它们是人类生活的调节剂。

民俗也有宣泄的功能。人类社会生活中,个体的生物本能在群体中必然受到一定程度的压抑。无论是肉体行为压抑,还是心理压抑,对人来说都是一种破坏性的力量,如果不在某种程度上得到宣泄,一旦积郁起来集中爆发,后果不堪设想。有的民俗就是应这种需要而产生的,如古希腊罗马的酒神节,人们在节日里饮酒狂欢,日常生活中的种种禁忌这时全被打破。这种放荡性的狂欢节日,许多民族历史上都有过。中国古代的上巳节,也属于类似性质。现代一些少数民族的狂欢节日,如傣族的泼水节、蒙古族的那达慕等,也有某些宣泄的功能。另外,一些民间游戏,如斗鸡、斗牛、斗蟋蟀、下棋等,也都能起到宣泄的作用。婚礼上的"闹房",葬礼中的哭丧,都是一种心理情感的宣泄。

民俗还有补偿功能。人们在现实生活中难以得到满足的种种需求，往往在民俗中可以得到某种补偿。恩格斯曾说，民间故事使一个农民做完艰苦的日间劳动，在晚上拖着疲乏的身子回来的时候，得到快乐、振奋和慰藉，使他忘却自己的劳累，把他的硗瘠的田地变为馥郁的花园，使一个手工业者的作坊和一个疲惫不堪的学徒的寒碜的楼顶小屋变成一个诗的世界和黄金的宫殿，而把他的矫健的情人形容成美丽的公主。这就是一种精神的补偿。在情歌中，人们歌唱着美好而大胆的爱情；在某些宗教仪式中，人们暂时忘却了尘世的苦难，沐浴在神灵的光辉之中；各种各样的民间工艺、民间文艺，不仅使人们赏心悦目，而且使生活充满了吉祥和希望。所有这些，都是民俗给人们单调而贫乏的日常生活的补偿。

五、产业功能

民俗的产业功能是指借助科技与传媒等手段，对民俗文化资源进行开发、创造、利用，使民俗文化创意产品符合市场的需求，形成完整的产业链，产生规模效应，促进地方经济发展。

民俗文化被用于产业化开发，最初大多集中在物质层面。无论是制作精美的手工艺品，还是美味可口的民俗食品，大量的民俗产品都早已脱离了自给自足的状态而面向市场生产，并且随着市场经济和现代化的发展，大多数已经进入借助机器甚至电子信息进行大规模批量生产的阶段。对于物象形态的民俗产品开发，可以简单分为原生形态和次生形态。原生形态的民俗产品，大多面向本地民众，采用当地较为普遍的原料，使用手工或半机械化生产，产量相对有限。而次生形态的民俗产品，则主要面向外地游客或大批量销往外地，采用的原料更为多元，使用机械化生产，产量巨大。

民俗不仅有物质形态的呈现，往往还有相伴而生的口头叙事与行为展演。口头叙事不断融合动作、音乐、图像等其他表现形式，发展成为戏曲等艺术形式，原有的简单故事情节也不断添枝加叶演变成复杂的曲目。在多媒体时代，依托先进的技术手段，则又发展出影视、动漫、网游等形式。从田间地头的自在讲述，到专业艺人的传神表演，再到当代综合团队的合力生产，民间文学的这一发展过程，其实也是造成产业化的一种路径。在产业化的过程中，叙事主体由一人发展为多人，由业余转变为专业；叙事内容由简单渐趋庞杂，情节更为丰富，人物更加多元；叙事方式由单一渐趋复合，从简单的口述到有乐器伴奏，从简单的舞台到声光电综合呈现的现代化剧场；叙事目的由休闲的自娱自乐转变为经济目的演出。所以我们可以将民间文学的自在讲述归为原生形态，而后来据此发展出的戏曲、影视等形式则可归为次生形态。

民俗文化的另一呈现方式，便是仪式行为。仪式不仅是民俗文化在行为动作上的综合体现，也是构建认同、传承民俗的重要方式。于是，仪式集中呈现的节日便催生出促进民俗文化产业化的另一重要途径——举办节庆活动。节庆活动不仅可以作为文化展示与经贸洽谈的平台，产生重大的经济效益与社会效益，而且可以增强民众的文化认同，寓教于乐，使民众在亲身感受节庆文化的同时，获得娱乐与学习的双重收获。在节庆产业化过程中，既有恢复传统节日、庙会的形式，也有重新建构新的节庆会展项目，以实现"文化搭台、经济唱戏"的目的。前者在信仰背景下有着重要的仪式基础，可以归入原生形态；而后者往往是提取某一象征元素的再造，可以归入次生形态。

物象、语言与仪式既是民俗文化的呈现方式，也是民俗文化产业化的重要路径。民俗文化的物象层面以具象化的形态产生可看可触的文化产品，而语言层面则以非物化的形态产生可听可赏的精神产品，仪式层面依靠物象和语言的充实，成为文化展示与经贸洽谈的平台，也是民众娱乐学习的重要途径。三条路径上的产品又可以分为原生、次生与再生三种形态，产业化的开发必须深入挖掘，全面拓展和升华。各个层面与形态之间相互依赖、相互支撑，共同构成民俗文化的产业化体系。只有联动合作协调发展，才能产生巨大的经济效益、文化效益和社会效益。

上述民俗的五种功能，只是民俗在社会生活中所发挥的一些最主要的功能，但它绝不是民俗的全部功能。应该说明的是，人类社会生活的需要多种多样，各民族、各地区、各时代的文化千差万别，在此基础上产生的民俗事象必然也是千姿百态的。

民俗应社会生活的需要而产生并为其服务，民俗也因其功能的变化而变化，因其功能的消亡而消亡（尽管这种消亡有时要经过很长的时间）。因此，对各种民俗的社会功能的研究，始终是民俗学的一个重要课题。

第二章 盐城县域民俗研究

第一节　岁时节日民俗研究

一、过大年

"千门万户曈曈日,总把新桃换旧符。"春节,俗称"过大年"。中华民族最隆重的传统佳节,是全民一年一度的狂欢节和永恒的精神支柱。春节与清明节、端午节、中秋节并称为中国四大传统节日。2006年5月20日,春节经国务院批准,列入第一批国家级非物质文化遗产名录。

1. 过大年的由来

据考,年是上古时代古人根据天象、物候确定四季循环演变而来的。年的概念,最初的含义来自农业,《说文解字》中说:"年,谷熟也。"[①] 上古以作物成熟为时间标志。

正月的朔日从子夜起,被称为"岁首",也就是一年的开始。根据成书于西汉的《尔雅·释天》的说法:"夏曰岁,商曰祀,周曰年。"[②] 从周朝开始,这个岁首就被称为"年"。实际上,各个朝代过年的具体时间不同:夏朝以正月初一为"年",商朝以十二月初一为"年",周朝则以十一月初一为"年",秦朝以十月初一为"年"。西汉太初元年,汉武帝听从司马迁的建议,恢复了"夏历"(即现在的农历),以正月初一为岁首,这一规定延续了两千多年(民国期间曾小有变化),一直到现在,仍是中华民族传统非常重要的节日。

古代称正月初一为"元日",并不叫"春节"。隋代的杜台卿在《五烛宝典》中说:"正月为端月,其一日为元日,亦云上日,亦云正朝,亦云元朔。"[③]

[①] 郑春兰:《传统文化名典读本·汉字》,成都:辞书出版社,2018年,第138页。
[②] 马文熙,张归璧,等:《古汉语知识辞典》,北京:中华书局,2004年,第354页。
[③] 朱亚娥:《世界文明史　中华文明史》,北京:中国华侨出版社,2014年,第393页。

"元"字的本意为"人的头",后引申为"开始",因为这一天是一年中的头一天、春季的头一天、正月的头一天,所以称为"元日";又因为它是第一个朔日,所以又称"元朔"。元旦的说法,可见宋代吴自牧的《梦粱录·正月》:"正月朔日,谓之元旦,俗呼为新年。"① 《说文解字》解释"旦"字:"从日见一上,一,地也。"② 太阳刚刚从地平线上升起,也就是早晨的意思。元旦的说法,主要取岁首的"第一个早晨"之意,太阳刚刚从地平线上升起,十分形象,也寓有欣欣向荣之意。除此之外,春节还被称为开年、开岁、芳岁、华岁等。

辛亥革命后,1912年中华民国采用公历,但用"民国"纪年,1月1日为公历岁首;1914年起把夏历正月初一(即农历正月初一)作"春节",视为农历年的开始,即为岁首。1949年9月27日,中国人民政治协商会议第一届全体会议决定采用"公元纪年法",将公历1月1日称为"元旦",夏历正月初一仍称"春节"。

2. 过大年的传说

守岁,就是在旧年的最后一天夜里不睡觉,熬夜迎接新一年到来的习俗,也叫除夕守岁,俗名"熬年"。探究这个习俗的来历,在民间流传着一个有趣的故事:太古时期,有一种凶猛的怪兽,散居在深山密林中,人们管它叫"年"。它的形貌狰狞,生性凶残,专食飞禽走兽、鳞介虫豸,一天换一种口味,从磕头虫一直吃到大活人。人们谈"年"色变。后来,人们慢慢掌握了"年"的活动规律,它每隔365天窜到人群聚居的地方尝一次口鲜,而且出没的时间都是在天黑以后,等到鸡鸣破晓,它们便返回山林中去。算准了"年"肆虐的日期,百姓们便把这可怕的一夜,称作"年关",想出了一整套过年关的办法:每到这一天晚上,每家每户都提前做好晚饭,熄火净灶,再把鸡圈牛栏全部拴牢,把宅院的前后门都封住,躲在屋里吃"年夜饭"。由于这顿晚餐具有凶吉未卜的意味,因此置办得很丰盛,除了要全家老小围在一起用餐表示和睦团圆外,还须在吃饭前先供祭祖先,祈求祖先的神灵保佑,平安地度过这一夜,吃过晚饭后,谁都不敢睡觉,挤坐在一起闲聊壮胆,就逐渐形成了除夕熬年守岁的习惯。守岁习俗兴起于南北朝,"一夜连双岁,五更分二年。"除夕之夜,人们点起蜡烛或油灯,通宵守夜,象征着把一切邪瘟病疫照跑驱走,期待新的一年吉祥如意。这种习俗被人们流传至今。

还有人说,相传,在古时候,有个名叫万年的青年,看到当时节令很乱,

---

① 周笃文:《中外文化辞典》,海口:南海出版公司,1991年,第1069页。
② 石定果:《说文会意字研究》,北京:北京语言学院出版社,1996年,第128页。

就有了把节令定准的打算，但是苦于找不到计算时间的方法。一天，他上山砍柴累了，坐在树荫下休息，树影的移动启发了他，于是他设计了一个测日影计天时的晷仪，测定一天的时间。后来，山崖上的滴泉启发了他的灵感，他又动手做了一个五层漏壶来计算时间。日久天长，他发现每隔360多天，四季就轮回一次，天时的长短就重复一遍。当时的国君叫祖乙，也常为天气风云的不测感到苦恼。万年知道后，就带着日晷和漏壶去见国君，对祖乙讲清了日月运行的道理。祖乙听后龙颜大悦，感到有道理，于是把万年留下，在天坛前修建日月阁，筑起日晷台和漏壶亭，并希望能测准日月规律，推算出准确的晨夕时间，创建历法，为天下的黎民百姓造福。有一次，祖乙去了解万年测试历法的进展情况，当他登上日月坛时，看见天坛边的石壁上刻着一首诗：日出日落三百六，周而复始从头来。草木枯荣分四时，一岁月有十二圆。祖乙知道万年创建历法已成，亲自登上日月阁看望万年。万年指着天象，对祖乙说："现在正是十二个月满，旧岁已完，新春复始，祈请国君定个节吧。"祖乙说："春为岁首，就叫春节吧。"据说这就是春节的来历。冬去春来，年复一年，万年经过长期观察，精心推算，制定出了准确的太阳历，当他把太阳历呈奉给继任的国君时，已是满面银须。国君深为感动，为纪念万年的功绩，便将太阳历命名为"万年历"，封万年为日月寿星。后来，人们在过年时挂上寿星图，据说就是为了纪念德高望重的万年。

　　贴春联的习俗，据说始于一千多年前的后蜀时期，这是有史为证的。此外，根据《玉烛宝典》《燕京岁时记》等著作记载，春联的原始形式就是人们所说的"桃符"。在中国古代神话中，相传有一个鬼蜮的世界，当中有座山，山上有一棵覆盖了三千里的大桃树，树梢上有一只金鸡。每当清晨金鸡长鸣的时候，夜晚出去游荡的鬼魂必赶回鬼蜮。鬼蜮的大门坐落在桃树的东北，门边站着两个神人，名叫神荼、郁垒。如果鬼魂在夜间干了伤天害理的事情，神荼、郁垒就会立即发现并将它捉住，用芒苇做的绳子把它捆起来，送去喂虎。因而天下的鬼魂都畏惧神荼、郁垒。于是民间就用桃木刻成他们的模样，放在自家门口，以避邪防害。后来，人们干脆在桃木板上刻上神荼、郁垒的名字，认为这样做同样可以镇邪去恶。这种桃木板后来就被叫作"桃符"。到了宋代，人们便开始在桃木板上写对联，一则不失桃木镇邪的意义，二则表达自己的美好心愿，三则装饰门户以求美观。又在象征喜气吉祥的红纸上写对联，新春之际贴在门窗两边，用以表达人们祈求来年福运的美好心愿。为了祈求一家的福寿康宁，一些地方的人们还保留着贴门神的习惯。据说，大门上贴上两位门神，一切妖魔鬼怪都会望而生畏。在民间，门神是正气和武力的象征，古人认为，相貌出奇的人往往具有神奇的禀性和不凡的本领。他们心地正直善良，捉鬼擒魔是他们的天性和责任，人们所仰慕的捉鬼天师钟馗，即此种奇形怪相。所以民间的门神永远都怒目圆睁，相貌狰狞，手里拿着各种传统的武器，随时准备同敢于上门来的鬼魅战斗。由于我国民居的大门，通常都是两扇对开，因此门神总是成双成对。唐朝以后，除了神荼、郁垒二将以外，人们又把秦叔宝和尉迟恭两位唐代武将当作门神。相传，唐太宗生病，听见门外鬼魅呼号，彻夜不得安宁。于是他让这两位将军手持武器立于门旁镇守，第二天夜里就再也没有鬼魅骚扰了。之后，唐太宗让人把这两位将军的形象画下来贴在门上，这一习俗开始在民间广为流传。

除夕晚上，父母还让孩子爬板门。相传明代抗倭名将戚继光率部转战于沿海，杀得倭寇望风而逃，百姓无不感激，纷纷参加戚家军。一天，海边有个村民想投奔戚家军，戚继光见他身材矮小，以为他是个小孩，其实他已18岁了，因为个子小，人们称他"十三拳"，意思是有十三个拳头摞起那么高。戚将军见他个子不高，拿不动长矛大刀，不想收他，但又不忍心泼冷水，便随口开了个玩笑，说："大年三十晚上，你回去爬板门，口中还要说，板门爷，板门娘，我要和你一样长，你长高了没得用，我长高了做新郎。到明年三十晚上你就长高了，那时我就收你。""十三拳"便把戚将军的话记住了，第二天就是除夕，晚上他果然认认真真爬了板门，口中念念有词。说来也怪，过了几年，"十三拳"果然长得又高又大。后来，他又找到戚继光要求收留他，戚继光不敢认这个小伙子，问："你就是几年前的那个'十三拳'吗？你怎么长得这么快呢？"他如实说了。将军哈哈大笑，就收下了他。从此，"除夕爬板门，矮子能长高"的说法就传开了。

3. 过大年的习俗

盐城民谣云："廿三，糖瓜粘；廿四，掸尘期；廿五，做豆腐；廿六，去割肉；廿七，杀鸡鸭；廿八，白面发；廿九，满香斗；三十日，熬年夜；正月正，过大年；五马日，接财神；正月半，看花灯。"

忙年　就和民谣唱的一样，从腊月开始，老盐城人就开始忙着准备糯米粉、磨面；一过腊月半，就开始蒸年糕、涨饼、炒炒米。有的人家还在年糕上打上红戳印。腊月二十以后，不论大家小户都要"请"香烛和菩萨像等。富裕人家还会把要采购的枣子、红白糖、油炸果、大糕等写在纸上，称作"打年货单"。临近春节，家家户户还要买鱼。在盐城西乡还有抢买鲶鱼的习俗，取意"年年有余"。

送灶接灶　盐城人把送灶和接灶合称"祭灶"，春节便从祭灶开始。以前，家家灶间里都专门设有"灶王爷"的神位。人们称之为"司命菩萨"或"灶君司命"，负责管理各家各户的灶火。民谣中的"廿三，糖瓜粘"就是说的农历腊月廿三或廿四的祭灶。对于祭灶，民间还有"官三民四船家五"的说法，即官府腊月廿三、民家腊月廿四、水上船民腊月廿五举行祭灶活动。讲究的人家，还在火灶房的北面或东面设有灶王龛，中间供上灶王爷的神像；没有灶王龛的人家，就把神像贴在墙壁上。据说，灶王爷自上一年的除夕以来就一直留在家中，保护家人。到了腊月廿三，灶王爷便要升天，向玉皇大帝汇报这一家人的善恶，所以在这一天要"糖瓜粘"。送灶一周后的大年三十晚上，灶王爷和众神同来到人间，过完年后，其他神仙再度升天，只有灶王爷长期留在人家的厨房内。

掸尘 送灶以后，人们便开始迎接过年了，即从腊月廿三日起到大年三十晚上止，把这段时间叫作"迎春日"，也叫作"掸尘日"或"除尘日"。

贴春联 贴春联、贴喜纸等在盐城早已成了习俗，每逢春节期间，到处能见到鲜红的春联。贴春联也有讲究，同一户人家，贴在大门、门框和房门上的对联内容也不相同。贴喜纸与贴春联差不多同时进行，喜纸多为大红纸镂空而成，镂空图案比较灵活。喜纸一般贴于门头、窗头、灶头等处。

辞先压岁 腊月三十，或者是小年的腊月二十九，此地人都称为"三十晚上"，也有的叫"大年三十"。由于这一天既是一年中的最后一天，又是两个年度之间转换的一天，具有辞旧迎新之意。因此，这一天的习俗特别多。一是祭祖。一般人家这天中午都设祭桌，摆上各种菜肴和酒水，家中男女都要跪拜并焚烧纸钱，祭奠列祖列宗，口中还要念念有词进行祈祷，以求祖上保护子孙健康平安。这一活动，此地人叫"辞先"。中饭后，通常人家都要上已故亲人的坟头去烧纸，谓之"给先人送压岁钱"，以表今人对故人的怀念。二是留"隔年陈"。将中午饭中的锅巴完整无损地从锅中铲下来，置于筛中保存好，谓之"隔年陈"，也叫"囤粮脚"，寓意一年到底尚有余粮。对于"隔年陈"，只有到来年正月初七"人之日"才能食用。也有的地方，大年三十中午的鱼是不动筷子的，即便是动筷子，也要将鱼头和鱼尾留下，等大年初一吃，年头余到年尾，表示有头有尾，年年有余之意。此外，大年三十中午吃饭是不能泡汤的。据说，三十晚上吃饭泡汤，来年外出肯定会经常遭雨。三是炒"干元宝"。除夕晚上，家家炒花生、瓜子、葵花籽，给新春期间前来拜年的人食用，此地人称为"干元宝"。除此以外，在农村有的人家还要特意炸一些玉米花，意在炸瞎老鼠的眼睛，让其看不见东西，不能出来骚扰人。四是发压岁钱，即由长辈向尚未结婚成家的孩子发放过年的节日钱，此地人叫"压岁钱"。压岁，顾名思义是为了让孩子们能健康成长。压岁钱通常是在晚饭后分发，也有地方是待孩子睡觉以后，由大人将钱和大糕、果子、糖果等一起包裹在一个红纸包里，置于孩子的枕头底下，等第二天孩子起床吃开口糕时能有一个惊喜，谓之"开口有钱"，以图吉利。五是守岁爬门板。所谓守岁，就是全家人吃年夜饭，喝酒以壮胆，然后围坐在火炉边，边吃"千元宝"，边聊天，辞旧迎新。由于人们过去一直把这一夜视为"年"肆虐时期，称之为"年关"，为了能平安地度过这一夜，各家都把火炉烧得红红火火。通常燃的是芝麻秸秆，一方面借秸秆燃烧发出的响声以驱邪，另一方面取芝麻开花节节高之意，预示来年生活必定步步登高。此间，大人会逗孩子爬门板，这也是老盐城习俗。现在"爬门板"的习俗已不存在，但三十晚上"守岁"，无论是城镇还是乡村依然流行，不同的是内容已发生了变化，不少被看春节联欢晚会、网上拜年、发抢微信红包等代替。六是防灾尘。在除夕和正月初二晚上睡觉时要把鞋子反过来放（底朝上，面朝下），正月初一和初三晚上要正过来放，使灾神不能撒上灾尘。早晨穿鞋子，事先把鞋子抖一抖，意为万一沾上灾尘亦可抖掉，此俗有些老年人还在坚持。除此以外，老盐城在大年三十这一天还有许多习俗，有的地方在这天要在神案上安置"供饭盆"（亦称"聚宝盆"），内置白果、青梅、红丝、果枣、大糕，并用松枝插于盆内，让松枝夹着花生、果枣，同时剪贴纸钱粘其上，称为"摇钱树"；有的用芝麻秸贴包黄纸插于灰堆之上，称为"封堆"；有的用彩色纸包裹花木于家前屋后，叫"封树"；有的要往碓臼里放些稻子，叫"压稻"；有的朝磨子里面放些面粉，叫"压粉"；等等。

敬神拜年 春节，俗称过大年，亦称大年初一。由于这一天为一年之始，为了图吉利、祈求平安，更望能有个好的开头，此地亦有许多习俗。一是吃"开口糕"。初一凌晨，新的一年开始，这时最忌讳说不吉利的话。为了防止小孩子醒来说东道西，通常家人的做法是，在他们枕边备有大糕等食品，并于睡觉时就交代好，醒来先吃糕再说话，谓之张口吉利，开口就糕（高）。二是放"开门鞭"。这个习俗由来已久，谓之"早开门，早发财"。三是点"财神把"。所谓"财神把"即为除夕晚上用不到两米长的芦柴扎成茶杯粗的柴把子。通常人家在柴把子的尖端要插一块桦树皮，也有人家插一些芝麻秸子，兆示来年节节高，故称为"财神把"。四是烧"天地纸"，即祭天地。此地人认为，一年好坏，天时、地利、人和三者缺一不可，人和在人，天地不能不祭，所以，他们点"财神把"以后要做的事就是点红烛、焚斗香，烧"钱粮纸"来敬天地，祈求老天保佑平安、添喜发财。五是吃"圆茶"，即举家端坐桌前，吃小汤圆，此地人叫"吃圆茶"。吃圆茶，象征吉祥，意在全家团团圆圆。大年初一吃圆茶不能脸朝北。据说，初一面朝北吃圆茶不吉利，会生疙瘩，故一般人都不面北而坐。六是拜年。一般先拜辈分最高的，通常先拜老太爷、老太太，然后是祖父母、父母。对长辈拜年，此地的习俗过去是行叩拜礼，俗称"磕头"。除此以外，老盐城大年初一还有许多习俗，如"跳财神""玩麒麟""舞龙""舞狮"等。

"春叙酒"和"财神日" 年初二起，亲朋好友开始走动。从这一天开始，一些人家置办酒席，亲友聚首叫作"春叙酒"。"春叙酒"至今仍沿袭于世。"财神日"是正月初五的俗称。这一天，各行各业开始营业。传说，财神菩萨要走遍千家万户，所以一早就要点烛敬香，以"接财神"，图个大吉大利。

那些依附于"过年"并一直流传下来的习俗，都是我们的祖先留给后世的非常宝贵的文化遗产。几千年来，我们的先祖习惯了在忙碌整整一年后，在春节期间停下手上的活，宰鸡杀猪犒劳一下家人和自己，用一种怡然自得的快乐心情迎接新年。盐城年俗的主题是祛灾除祸，祈盼平安，追求幸福。现在的年轻人虽然不可能像过去一样，处处当心，样样遵循，但尊重一下传统，注意些忌讳，让心里生出敬畏，还是有必要的。这样对来年的期盼会更大，过年的味道也会显得更浓。

4. 为何回家过年

按照国人的传统，"父母在，不远游"。可现实是一代、二代、三代……更多的中国人离开故乡，在外面的世界拼搏奋斗，寻找机会、财富和梦想。然而，有钱没钱回家过大年成了游子的共识。很多人不明白为何要赶在春运这个最忙碌的时节回家，这要从年说起。"年"这个字始于周代，尧舜时称载，夏代称岁，商代称祀。中华民族是农耕民族，人们在田间劳作，只有风调雨顺才有好收成，只有在天地诸神恩赐下才能过上好日子。过年这一天是一年的初始，所以这时祭祀天地诸神，成为国家最重要的政治活动。《礼记》记载：立春日，天子要亲率三公九卿诸侯等，到东郊举行迎春典礼；民间也用很多仪式来表达对天地诸神和祖先的敬意，由此衍生出——祭灶、辞先压岁、掸尘、拜年、财神日、春叙酒等年俗。

过年，无论是国家还是民间供奉天地诸神和祖先，都是遵循礼仪。因为祖先墓地和家祠都在故乡，祭祀关系个人和整个家族的前途命运，所以回家过年变成游子的必然选择。"树木千尺根于土，人生之本源于祖。"现代社会的人就像一只只漫天飞舞的风筝，到处迁徙生息。自己的老祖宗是谁，自己的姓是怎样产生的，自己的一族是从哪里迁徙而来，祖上有哪些杰出人物，有哪些值得继承和发扬的家族传统等，都需要通过寻根祭祖找到答案。寻根祭祖就是国人的宗教，寻根祭祖的价值实际上与宗教、哲学所思考的是一个主题：我们从哪里来，我们又向哪里去？不寻根祭祖，这个哪里来的问题就是模糊的。国人多有身份认同观念，寻根祭祖也是在经济发展了、社会进步了的条件下，传统思想意识的大迸发。正是这种神秘的力量驱使着离乡游子无论生在何处归途多远都会回家，去追寻曾被淡忘、疏远的家庭、家族、祖先，重建个人、家庭、家族的心灵家园。

几千年过去了，古老的年俗依然在民间顽强地存在着。1912年元旦，中华民国在南京宣布成立，孙中山就任临时大总统，随即宣布废除旧历改用阳历。但一纸公文岂能改变数千年民间传统？当年2月18日（壬子年正月初一），民间照例过了传统新年，其他传统节日也照旧。有鉴于此，1913年7月，民国政府恢复每年旧历正月初一"春节"，并同意春节例行放假，次年起开始实行。这也是"春节"一词的来历。这就是家的力量，回家过大年作为年俗的灵魂被完好地保留下来，这种意识已根植于国人的思想之中。杨白劳出门躲债，大年三十也要冒险回家，买回两斤白面包饺子，扯上一根红头绳给女儿把头发扎起来。如今游子不顾路途遥远，不顾风雪严寒，不顾一票难求，也要回家过大年。

二、元宵节

元宵节，又称上元节、小正月、元夕或灯节，是中华民族八大传统节日之一，已有两千多年历史。正月是农历的元月，古人称"夜"为"宵"，所以把一年中第一个月圆之夜（正月十五）称为元宵节。在这皓月高悬的夜晚，人们要点起彩灯，以示庆贺。祭祀神灵、赏月赏灯、燃放焰火、喜猜灯谜、品尝元宵等，合家团聚，同庆佳节，其乐融融。2008年6月，元宵节入选第二批国家级非物质文化遗产名录。

1. 元宵节的由来

元宵节的由来有以下几种说法。其一，祭祀太一。汉武帝正月"上辛夜"在甘泉宫祭祀"太一"的活动，被后人视作正月十五祭祀天神的先声（《史记·乐书》："汉家常以正月上辛祠太一甘泉，以昏时夜祠，到明而终。"[①]）。其二，源自道教。此种说法起源于道教的"三元说"，按道家思想，正月十五日为上元节，七月十五日为中元节，十月十五日为下元节。主管上、中、下三元的分别为天、地、水三官，天官喜乐，故上元节要燃灯。其三，源自平吕。当年"荡平诸吕，恢复汉室"的关键一役，就发生在正月十五，汉文帝登基后，为了纪念，就把这个日子定为法定节日，是为元宵节。其四，源自驱虫。据说，汉代先民在乡间田野持火把驱赶虫兽，希望减轻虫害，祈祷获得好收成。其五，源自湘楚。民间相传，元宵起源于春秋时期的楚昭王。话说某个正月十五日，楚昭王经过长江，见江面有漂浮物，为一种外白内红的甜美食物。楚昭王请教

[①] 朱福生：《春节·元宵》，上海：上海远东出版社，2017年，第55页。

孔子，孔子说："此浮萍果也，得之主复兴之兆。"① 当然还有其他说法，如源自佛教等。

2. 元宵节的传说

传说之一，在很久以前，凶禽猛兽，四处伤害人和牲畜，人们就组织起来去打它们。有一只神鸟因为迷路而降落人间，却意外地被不知情的猎人给射死了。天帝知道后十分震怒，立即传旨下令，让天兵于正月十五到人间放火，把人间的人畜财产通通烧光。天帝的女儿心地善良，不忍心看百姓无辜受难，就冒着生命危险，偷偷驾着祥云到人间，把这个消息告诉了人们。众人听说了这个消息后，有如头上响了一个焦雷，吓得不知如何是好。过了好久，才有个老人家想出了法子，他说："在正月十四、十五、十六这三天，每户人家都在家里张灯结彩、点响爆竹、燃放烟火。这样一来，天帝就会以为人们都被烧死了。"大家听了都点头称是，便分头准备去了。到了正月十四这天晚上，天帝往下一看，发觉人间一片红光，响声震天。连续三个夜晚都是如此，天帝以为是大火燃烧的火焰，心中大快。就这样，人们保住了自己的生命及财产，从此，每到正月十五，家家户户都悬挂灯笼、燃放烟火来纪念。

传说之二，汉文帝时为纪念"平吕"而设。汉高祖刘邦死后，吕后之子刘盈登基为汉惠帝。惠帝生性懦弱，优柔寡断，大权渐渐落在吕后手中。汉惠帝病死后，吕后独揽朝政，把刘氏天下变成了吕氏天下，朝中老臣及刘氏宗室深感愤慨，但因惧怕吕后残暴而敢怒不敢言。吕后病死后，诸吕惶惶不安害怕遭到伤害和排挤。于是，在上将军吕禄家中秘密集合，共谋作乱之事，以便彻底夺取刘氏江山。此事传至刘氏宗室齐王刘囊耳中，刘囊为保刘氏江山，决定起兵讨伐诸吕，随后与开国老臣周勃、陈平取得联系，设计铲除了吕禄，"诸吕之乱"被彻底平定。平乱之后，众臣拥立刘邦的儿子刘恒登基，称汉文帝。文帝深感太平盛世来之不易，便把平息"诸吕之乱"的正月十五，定为"与民同乐日"，京城里家家张灯结彩，以示庆祝。从此，正月十五便成了一个普天同庆的民间节日——元宵节。

传说之三，汉武帝有个宠臣名叫东方朔，他善良、风趣。有一年冬天，一连下了几天大雪，东方朔就到御花园给武帝摘梅花。刚进园门，就发现有个宫女泪流满面准备投井。东方朔慌忙上前搭救，并问明她要自杀的原因。原来，这个宫女名叫元宵，家里还有双亲及一个妹妹，自从她进宫以后，就再也无缘和家人见面。每年到了腊尽春来的时节，就比平常更加思念家人。她觉得不能在双亲跟前尽孝，不如一死了之。东方朔听了她的遭遇，深感同情，就向她保

---

① 刘本旺：《参政、议政故事别裁集》，太原：山西人民出版社，2018年，第182页。

证,一定设法让她和家人团聚。一天,东方朔出宫在长安街上摆了一个占卜摊,不少人都争着向他占卜求卦。不料,每个人所占所求,都是"正月十六火焚身"的签语。一时之间,长安城里起了很大恐慌。人们纷纷求问解灾的办法。东方朔就说:"正月十三日傍晚,火神君会派一位赤衣神女下凡查访,她就是奉旨烧长安的使者,我把抄录的偈语给你们,可让当今天子想想办法。"说完,他便扔下一张红帖,扬长而去。老百姓拿起红帖,赶紧送到皇宫去禀报皇上。汉武帝接过来一看,只见上面写着:"长安在劫,火焚帝阙,十五天火,焰红宵夜。"他心中大惊,连忙请来了足智多谋的东方朔。东方朔假意想了一想,就说:"听说火神君最爱吃汤圆,宫女元宵不是经常给你做汤圆吗?十五晚上可让元宵做好汤圆,万岁焚香上供,传令京都家家都做汤圆,一齐敬奉火神君。再传谕臣民一起在十五晚上挂灯,满城点鞭炮、放烟火,好像满城大火,这样就可以瞒过玉帝了。此外,通知城外百姓,十五晚上进城观灯,夹杂在人群中消灾解难。"武帝听后,十分高兴,就传旨照东方朔的办法去做。到了正月十五日长安城里张灯结彩,游人熙来攘往,热闹非凡。宫女元宵的父母也带着妹妹进城观灯。当他们看到写有"元宵"字样的大宫灯时,惊喜地高喊:"元宵!元宵!"元宵听到喊声,终于和亲人团聚了。如此热闹了一夜,长安城果然平安无事。汉武帝大喜,便下令以后每到正月十五都做汤圆供火神君,全城挂灯、放烟火。因为元宵做的汤圆最好,人们就把汤圆叫元宵,把这天叫作"元宵节"。

3. 元宵节的习俗

元宵节,盐城民间又称"正月半",素有"正月十五闹元宵"之说。旧时的习俗主要有晨起焚香、烧黄元纸,祭祀星宿、尊神太一,祈求一年内风调雨顺、庄稼丰收、人丁兴旺。早饭吃圆子,傍晚家家门前张灯结彩。还有走百病、祭门、祭户、逐鼠、迎紫姑等。一个"闹"字,道出了元宵节的欢腾、热烈,也道出了元宵节与其他节日的不同之处。元宵节"闹"的方式很多,有张灯、观灯、猜灯谜、舞龙、舞狮(九狮图)、扭秧歌、跑旱驴、花担舞、打莲湘、三人花鼓、踩高跷等。锣鼓喧天,满街鼎沸,游人摩肩接踵,笑逐颜开。所以有人说,元宵节是中国人的狂欢节。

盐城民间灯节习俗较多。其一,"照田蚕"。古时农家在元宵之夜,在竹竿上挂一盏灯笼插在田间,观察火色以预测一年的水旱情况,有"照田蚕"习俗之称。人们从火色偏红中预兆到有旱情,从火色偏白中预兆到有涝灾。过后,将点燃的蜡烛灰烬收藏起来,放在床头,据说能给主人的蚕桑生产带来好运。后来,悬挂的灯笼越做越精巧,争奇斗艳,便演变成观花灯这一娱乐活动。其二,火的崇拜。据说,正月十五这一天,农家在乡间田野持火把驱虫赶兽,而后演变成火把节,到了唐代又演变成热闹非凡的灯节。现在农村仍有"正月半,桑麻算"的习俗，点燃田边的荒草，放火烧荒，有利于灭虫。而灯彩作为传统的民间艺术，在盐城一直被沿袭下来，具有地方特色，有挂花灯、滚龙灯、走马灯等。元宵之夜，让人们一饱灯彩眼福。元宵节的灯期与节俗活动，是随历史的发展而演变的。就节期长短而言，汉代一天，唐代三天，宋代五天，明代自初八点灯，一直到正月十七的夜里才落灯，是历史上最长的灯节，与春节相接，白昼为市，热闹非凡，夜间燃灯，蔚为壮观。至清代，为四到五天，沿袭至今。

4. 元宵节浪漫夜

"一曲笙歌春如海，千门灯火夜似昼。"历代文人墨客赞美元宵花灯的诗句数不胜数。元宵节是一个浪漫而充满诗情的节日，是一个可以催生爱情的节日。

元宵灯会给未婚男女相识提供了一个机会，古时候的年轻女孩不允许外出自由活动，但到过节可以结伴出去游玩。元宵节赏花灯正好是一个机会，未婚男女借着赏花灯可以为自己物色对象。元宵节这天也就造就了无数良缘美眷。著名潮剧《陈三五娘》就是以元宵节为背景，讲述了陈三邂逅黄五娘的浪漫爱情故事。古戏《春灯谜》中，宇文彦和影娘也是在元宵夜海誓山盟。唐代的灯市还出现乐舞百戏表演，成千上万的宫女、民间少女在灯火下载歌载舞，叫作行歌、踏歌。

历代诗词中，有不少诗篇借元宵节抒发爱慕之情。欧阳修《生查子·元夕》云："去年元夜时，花市灯如昼。月上柳梢头，人约黄昏后。"辛弃疾《青玉案·元夕》写道："众里寻他千百度，蓦然回首，那人却在灯火阑珊处。"

从我国历代诗词歌赋中不难看出，元宵节的浪漫温馨丝毫不亚于现在火爆的西方情人节，甚至在某种程度上，"土汤圆"的风头还盖过了"洋玫瑰"。元宵夜为有情人提供了一个传情达意的空间，情侣们或密笺赴约，或互赠诗帕，体现的是一种纯洁的男女之情，这种感情含蓄内敛，韵味十足。

三、二月二

农历二月初二，俗称"二月二"，又称"春龙节""春耕节""农事节"等，是中国民间带有浓郁乡土气息的节日。传说这一天是龙抬头升天开始行云布雨、消灾赐福的日子，所以又把这一天称为"龙抬头"。

1. 二月二的由来

从节气的角度来说，龙抬头的时间是在二十四节气之一的惊蛰前后。"惊蛰一犁土，春分地气通"，自此大地回春，万物复苏，蛰伏的蛇、蚯蚓等小动物也结束冬眠，开始出土活动了。我们的祖先在蛇和蚯蚓的基础上想象出了龙的形象,使其成为中华民族的图腾。蛇(民间称为"小龙")、蚯蚓等出来活动的时候,人们认为龙也要从沉睡中醒来,抬头升天、行云布雨了。人们为了寄托龙赐福人间的美好愿望,就在这时举行祈祷活动。在中国古代,尤其是秦汉以前,凡是一月一、二月二、三月三、五月五、六月六、七月七、九月九之类的"重日"都被认为是天地交感、天人相通的日子。所以,人们就把祈福、祭祀活动定在了二月二,这样才有了"二月二,龙抬头"的民谚和相应的习俗。

从天文的角度讲,二月二跟星宿有关。古人认为地球是不动的,是太阳在运动。早在春秋时期甚至更早,人们就把太阳在恒星之间的周年运动轨迹视为一个圆,称为黄道。再利用某些恒星把这个圆分为28个等分,形成28个区间,称为28宿。"宿"表示居住,如果观察月亮的运行,它基本上是每天入住一宿,等28宿轮流住完,大约需要一个月。把这28宿按照东、南、西、北四个方位平分,每个方位便有7宿。人们还给这28宿起了名字。在东方的7个宿分别叫作角、亢、氐、房、心、尾、箕,它们构成一组,称为东方苍龙。其中,角宿象征龙的头角,亢宿是龙的颈,氐宿是龙的胸,房宿是龙的腹,心宿是龙的心,尾宿、箕宿是龙的尾巴。在冬季,这苍龙七宿都隐没在地平线下,黄昏以后也看不见它们。到二月初,黄昏来临时,角宿就从东方地平线上出现了。这时整个苍龙的身子还隐没在地平线以下,只是角宿初露,所以称"龙抬头"。

从自然的角度讲,二月二,主要流行于北方地区(南方水多,土地少,这天多流行祭祀土地社神)。由于北方地区常年干旱少雨,地表水资源短缺,而赖以生存的农业生产又离不开水,病虫害的侵袭也是百姓的一大心患。于是,人们便把求雨和消灭虫患的希望寄托到了龙的身上,依靠对龙的崇拜驱凶纳吉,寄托对美好生活的向往。这样,在北方地区就有了最初的"龙抬头节"。从根本上讲,二月二反映的是人和自然之间的关系。

从农业的角度来说,传说龙抬头最早起源于伏羲氏时代,伏羲重视农业、鼓励耕作,每年二月初二"皇娘送饭、御驾亲耕"。后来的黄帝、尧、舜、禹等纷纷效仿,到周武王时,每年二月初二还举行盛大仪式,号召文武百官亲自耕田,从此以后,这一天便被定名为"龙抬头"。

2.二月二的传说

传说之一,尧的父亲帝喾共有四位王妃:姜嫄、简狄、庆都和常仪。本来常仪的地位最低,可自从她生了儿子,众人就对她另眼相看了。庆都一直为没有儿子烦恼。有人告诉她,神母庙求子很灵验,只要真心实意,没有不成的。庆都照女巫说的,在元宵节的晚饭后,去庙里摆上供品,然后恭恭敬敬地磕了仨头,双手合十,祈求神灵赐子。话分两头说。有年大旱,百姓生活困苦。天上有条赤龙,看见人间的凄惨境况,产生了怜悯之心,私下里下了一场雨。这事被玉皇大帝知道了，就把赤龙压在一座山底下。百姓为赤龙求情，玉皇大帝发话说："除非金豆子开花。"到了二月二这天，不知从哪里来了个老妈妈，一个劲地喊："卖金豆子！"人们很纳闷，买回家一看，是些黄豆。这些黄豆放在锅里一炒，噼里啪啦地开了花。玉帝得知，只得把那条赤龙放了出来，贬下凡间。庆都自从神母庙求子后，就天天盼着好消息。一天夜里，她梦见一条赤龙追随，然后就怀孕了。到了第二年的二月二，先是电闪雷鸣，后又艳阳高照。院子里一道金光照耀，孩子降生了，起名叫放勋，就是后来的尧。放勋聪明伶俐，从小就惹人喜爱，当了帝王后，每到二月二这天，就同百姓一起耕田，帝王耕田的习俗就这样传了下来。

传说之二，武则天当上皇帝，惹恼了玉皇大帝，他传谕四海龙王，三年内不得向人间降雨。不久，司管天河的龙王听到民间的哭声，看见饿死人的惨景，担心人间生路断绝，便违抗玉帝的旨意，为人间降了一场雨。玉帝得知，把龙王打下凡间，压在一座大山下受罪，山上立碑："龙王降雨犯天规，当受人间千秋罪。要想重登灵霄阁，除非金豆开花时。"人们为了拯救龙王，到处找开花的金豆。到次年农历二月初二，人们正在翻晒玉米种子时，想到这玉米就像金豆，炒一炒开了花不就是金豆开花吗？于是家家户户爆玉米花，并在院子里设案焚香，供上开了花的"金豆"。龙王抬头一看，知道百姓在救它，便大声向玉帝喊道："金豆开花了，快放我出去！"玉帝一看人间家家户户院里金豆花开放，只好传谕，诏龙王回到天庭，继续给人间行云布雨。从此，民间形成习惯，每到二月初二这一天，就爆玉米花吃。这种"天上人间，融为一体"的民间故事，是古代劳动人民智慧的结晶；从另一个角度也反映出古代农业受天气制约的现实，以及耕者渴望风调雨顺、五谷丰登的美好愿望。

传说之三，很久以前，有一个女人，在河边喝水怀了胎，十月之后生了一个男孩，但男孩身上长了尾巴。女人把孩子藏在家里偷偷地养着，男孩一天天长大，他一顿能喝一缸水。有一天，趁着母亲不在家，他自个跑到河边去喝水，被人发现了。从此以后，男孩和母亲遭人白眼。终于有一天，男孩受不了憋屈，趁人不注意从窗户跑出去，飞往天上去了。他娘边哭边追边喊，每喊他一声，他就哭着回头看一眼，每看一眼，地面上就现出一汪水滩。那水滩，后来被人称为"望娘滩"。男孩说："娘啊娘，你莫哭，以后每年二月二，我都会回来看你。"人们这才知道男孩是条龙。果然，每年二月二，那条龙都回来看亲娘。而他的娘，也会炒上一些豆子，让他吃饱后回天庭。他们住的那个村子，从此以后风调雨顺，年年五谷丰登。因为龙来的时候，总会挟来一阵雨，"细雨下得满地流，一年吃穿不发愁"，也就成了人们相互传诵的民谚。

3. 二月二的习俗

一是二月初二"龙抬头",家家男子忙剃头。过去,本地有"有钱没钱,剃头过年"的习俗。到了二月二,正好一个多月,正是需要剃头的时候。由于二月初二为龙抬头升天的吉日,因此,借吉日剃头也就成了地方习俗。民谚曰"二月二剃龙头,一年都有精神头",在剃头中间加一个"龙"字,主要是取其吉利之意,以与平时剃头相区别。此外,为女孩子穿耳孔、戴耳环,也在这一天进行,日久成俗。

二是一个企盼学业有成的日子。过去私塾先生多在这一天收学生,谓之"占鳌头"。学生们也会念叨"二月二,龙抬头,龙不抬头我抬头"。

三是传说这一天龙升天开始行云布雨,是个好兆头,所以城乡大凡经商的人家这天都要开门开始营业,谓之"大开市,龙抬头,生意好,不用愁"。这一习俗在于二月初二是一个双数双日的吉日,与人们的心理暗示相吻合,故而成俗。

四是就广大农家而言,借助"二月二、龙抬头,大囤满、小囤流"的说法,通常要用草木灰在自家门前布上若干个圆圈,谓之"做囤根脚",也有的地方叫"画仓子",意在祈祷一年五谷丰登、粮食满仓。也有的地方用草木灰从门外弯弯曲曲地布入宅内和厨房,再绕水缸转一圈,谓之"引龙回"。还有的地方这一天凌晨,家家户户打着灯笼到井边或河边挑水,回到家里便点灯、烧香、上供,人们把这种仪式称为"引田龙"。这些习俗的个中含义不言而喻,主要体现和反映了人们对丰年的渴求,希望龙行云布雨,促使万物复苏,能给人们带来一个好的年景。同时,通过"引龙回"来确保人间水火平安,福水长流。

五是在广大农村最流行的,这一天各家都要带出嫁闺女回家来过节。由于本地多为水网地区,过去传统的习俗是"二月二,龙抬头,家家撑船带孙猴(外孙)",也有的叫"二月二,龙抬头,带闺女回家吃馒头,没有馒头就啃妈妈头",这些习俗均来自民间。因为过去本地有正月新娘不空房、媳妇不走娘家的传统习俗,加之有"出嫁姑娘正月不能看娘家灯,看了娘家灯会死公公"的迷信说法,所以通常正月里本地出嫁姑娘是不回娘家的。到了二月二,不仅出了正月,而且是好日子,此时农村农事尚少,大忙尚未开始,于是做父母的常常趁农闲将女儿和外孙带回来过上几天,以体现父母对出嫁闺女的关爱。当然,女儿出嫁生子,为人妻为人母,终日家务缠身,平时是很难走脱的,此时也为最好时机。况且女儿在处理家事过程中,也难免会有些难言之隐,借此机会,母亲也会对女儿进行认真规劝和疏导。正因为如此,家家都很重视。由于是习俗,本地说法是"带女儿不来是闺女烂腿(责怪之意),不带闺女定是个穷鬼

（小气之意）"。为此，借这个节日，不仅家家户户带闺女，而且要蒸馒头，改善伙食。所谓"没有馒头就啃妈妈头"，不仅是本地人热心款待闺女的真实写照，而且足可见女儿在母亲面前的娇惯和母亲对女儿的包容。

六是二月二为双月双日，据说又是土地爷生日，所以，旧时这一天在农村还有带蜡烛和钱粮纸上土地庙去敬土地神的习俗。本地人认为，万物土中生，土地神不能不敬。在他们眼里，农家是靠土地吃饭的，土地神掌管一方土地，理应受到尊重。所以，在本地也就有了正月里祭皇天，二月里祭厚土的习俗。另外，这一天还有不能动针线和剪刀的习俗。本地人认为，二月二动针线和剪刀，会戳龙眼、剪断龙须。妇女起床前，先念"二月二，龙抬头，龙不抬头我抬头"。起床后还要打着灯笼照房梁，边照边念"二月二，照房梁，蝎子蜈蚣无处藏"。是日，大凡春节期间点天灯的人家，都要于这天落下。在盐城西乡，这一天还有吃面条的习惯，谓之"上灯圆子落灯面"。在东部沿海一带，人们这天有吃饼的习俗，饼为圆形，谓之"一家人可以团团圆圆"。这天吃面条叫作吃"龙须"，吃饺子叫作吃"龙耳"，吃饼叫作吃"龙鳞"，吃米饭叫作吃"龙子"等。所有这些习俗，无不充分体现了老盐城人对龙的敬仰和对龙的呵护。

四、清明节

清明节，既是节气，又是节日。说它是节气，在于清明同农业生产有着密切的联系，是二十四节气之一。说它是节日，在于清明节既有慎终追远的感伤情怀，又有欢乐踏青的喜庆气氛。2006年5月20日，清明节被列入第一批国家级"非物质文化遗产名录"。

1. 清明节的由来

清明节始于周代，距今已有2500多年历史。有关清明最早的文字记载，出自西汉《淮南子·天文训》："春分后十五日，斗指乙，则清明风至。"①《岁时百问》则说："万物生长此时，皆清洁而明净，故谓之清明。"② 中国古代利用土圭实测日晷，将每年日影最长的那天定为"日至"（又称日长至、长至、冬至），日影最短为"日短至"（又称短至、夏至）。在春、秋两季各有一天的昼夜时间长短相等，定为"春分"和"秋分"。在商朝时只有四个节气，到了周朝时发展到了八个，到秦汉年间，二十四节气已经确立。公元前104年，由落

---

① 庞丹丹，苏珊：《节日与习俗》，太原：山西教育出版社，2016年，第66页。
② 庞丹丹，苏珊：《节日与习俗》，太原：山西教育出版社，2016年，第66页。

下闳、邓平等制定的《太初历》，正式把二十四节气订于历法，明确了二十四节气的天文位置。

清明节又是如何从节气演化为节日的呢？寒食与清明日子相近，而古人在寒食中的活动又延续到清明，久而久之，寒食与清明就没有严格的区别了，清明节逐渐将寒食节习俗收归名下。后来上巳节习俗亦融合于清明节。在旧时，平常不能出门的女子也可以出门游玩。

2. 清明节的传说

传说之一，相传唐朝黄巢起义军屯兵盐城喻口，反贪官、杀污吏。一些地方贪官污吏便在群众中造谣，说黄巢要杀人八百万，吓得一些群众纷纷逃难。一日，黄巢恰遇一大嫂身背大孩子、手搀小孩子逃难，问其原因，大嫂说："身背的大孩子为丈夫前妻所生，小孩子为自己所生，听说黄巢要杀人八百万，若遇上黄巢，我就放下小孩子，背大孩子逃难，因为丢了小孩子还可以再生，而大孩子不可再生。"黄巢听罢，对这位大嫂很是敬重，如实告诉大嫂："我就是黄巢。"并且说："我们只杀贪官污吏，不伤百姓，我肯定不会杀你。"大嫂说："你不杀我，你手下人难道也不会杀我吗？"黄巢说："为了保证不伤害你，你回去在门檐插柳为标志，手下人就不会伤害你了。"于是大嫂回去告诉乡亲，家家插柳，这就是清明插柳习俗的由来。

传说之二，相传介子推为了帮助重耳躲避灾难，与重耳一起流亡出走，受尽屈辱。有一次，重耳饿晕了过去，介子推为了救他，从自己腿上割下一块肉，用火烤熟了给他吃。历经19年苦难，重耳回国做了国君，在对那些与他同甘共苦的臣子大加封赏时，唯独忘了介子推。经人提醒，晋文公（重耳）猛然想起，深感愧疚，即刻派人去请介子推上朝受封。然而，此时的介子推已背着老母亲躲进了绵山。晋文公派人去寻找，始终没有找到。这时，有人出了个主意，三面放火留下一面，试图火起之时好让介子推自己走出来。于是晋文公下令举火烧山。孰料大火烧了三天三夜，大火熄灭了，始终未见介子推出来。晋文公上山一看，介子推母子抱着棵烧焦的柳树已经死了，便哭拜一阵。然而，就在要安葬介子推的时候，却发现介子推脊梁堵着的柳树的树洞里面好像有什么东西，掏出来一看，原来是一片衣襟，上面还题着一首血诗："割肉奉君尽丹心，但愿主公常清明。柳下做鬼终不见，强似伴君作谏臣。倘若主公心有我，忆我之时常自省。臣在九泉心无愧，勤政清明复清明。"晋文公将此藏入袖中，把介子推母子分别安葬于大柳树之下。后来为了纪念介子推，晋文公不仅把绵山改为"介山"，而且在山上建立祠堂，并把烧山这天定为寒食节，晓谕全国，每年这天严禁烟火，只吃寒食。不但如此，第二年，晋文公还亲率群臣，身穿孝服，徒步登山祭奠，以表哀悼，并将复活的老柳树赐名为"清明柳"，将这一天定为清明节。

传说之三，相传秦朝末年，刘邦与项羽几经征战，终于取得天下。他光荣返回故乡的时候，想要到祖上的坟墓祭拜。因为连年的战争，一座座的坟墓上长满杂草，墓碑东倒西歪，有的断落，有的破裂，无法辨认碑上的文字。刘邦非常难过，虽然部下也帮他翻遍所有的墓碑，可是直到黄昏的时候还是没找到他先祖的坟墓。最后刘邦从衣袖里拿出一张纸，用手撕成许多小碎片，紧紧捏在手上，然后向上苍祷告说："先祖在天有灵，现在风刮得这么大，我将把这些小纸片，抛向空中，如果纸片落在一个地方，风都吹不动，就是先祖的坟墓。"说完刘邦把纸片向空中抛，果然有一片纸片落在一座坟墓上，不论风怎么吹都吹不动，刘邦跑过去仔细瞧模糊的墓碑，果然看到他先祖的名字刻在上面。刘邦高兴得不得了，马上请人重新整修先祖的墓，从此以后，每年的清明节他一定到先祖的坟上祭拜。后来民间的百姓，也和刘邦一样每年的清明节都到祖先的坟墓上祭拜，并且用小土块压几张纸片在坟上，表示这座坟墓是有人祭扫的。

3. 清明节的习俗

盐城民谚云："清明前后，种瓜点豆"；"清明谷雨紧相连，浸种春耕莫迟延。"就天气而言，这一天则最忌讳天阴、下雨、刮风。俗信以为清明不明即为荒年之兆，"清明要明，谷雨要雨"，说的就是这个意思。因为此地人认为，刮风则兆示年景偏旱，下雨则对庄稼生长不利。"麦子不怕四季水，就怕清明一夜雨。"这也是此地人对长期生产实践的一个总结。清明一到，气温升高，雨量增加，正是春耕播种的大好季节。

老盐城人的习俗一是扫墓祭祖。俗话说："新坟不过周，老坟清明节。"为了表明后人对已故亲人的缅怀，一般人家在清明节前两三天都要上坟填坟，将坟墓整理一新，俗称"铎（duó）青"。待及清明时节，各家各户都要上坟烧纸，以表达对先人的怀念。如系新坟，家里人还要把酒菜拿到坟前进行供奉。此情此景正如唐诗所云："南北山头多墓地，清明祭扫各纷然。纸灰飞作白蝴蝶，血泪染成红杜鹃。"这也是人们清明节祭祖扫墓的真实写照。人们除了进行家祭和到自家先人坟上烧纸以外，有的还会向邻近的坟墓焚纸作揖，进行祈祷："我家亲老子（亲妈妈）在这里安家了，请各位多加关照，如有不到之处，请谅解，小的会给你老人家送纸钱的。"这些似为祖上做敦亲睦邻的工作，很有人情味。

二是插柳。无论大家小户这一天都要在自家屋檐下插上柳树条，谓之"消灾避难"；这一天，还有上坟插柳，成年妇女头戴柳叶花和在河边植柳的习俗，谓之"清明不插柳，死了变黄狗"。

三是踏青。盐城的少女时兴清明时节到郊外春游，此地人谓之"踏青"。

此日，男人们都必须上坟，不能混入少女的人群之中，否则视为不正经。当然男人们亦有自己的一方天地，男孩子去沟边河坎拔茅针，青年男子大多会借此机会与游玩的男孩子一起放风筝或比试看谁风筝放得高来取乐。把风筝放上天后，便剪断牵线，任凭清风把它们送往天涯海角，据说这样能除病消灾，给自己带来好运。唐代诗人高骈《风筝》诗云："夜静弦声响碧空，宫商信任往来风。依稀似曲才堪听，又被风吹别调中。"在此地风筝不仅白天放，而且晚上也放，有的还会在风筝的拉线上挂上串串灯笼，被人们视为"神灯"，煞是好看。清明前后，春阳照临，春雨飞洒，种植树苗成活率高，成长快。因此，自古以来，此地就有清明植树的习惯。秋千最早叫"千秋"，汉代以后成为清明及其他如端午节、寒食节等节日的民间游戏。除此之外，还有牵钩（拔河）、蹴鞠、射柳等户外活动。

四是吃青团。清明时节雨纷纷，各种植物开始抽芽萌发，青草开始染绿大地。先民自然能在万物生发中发现吃的机会，于是做出了青团这种时令美食，配上时鲜蔬菜等，美美地将春天装进了肚子里。白居易诗云："寒食青团店，春低杨柳枝。酒香留客在，莺语和人诗。"老盐城人也有吃艾饼的。

随着社会的发展和进步，对流传下来的这些习俗，亦应客观看待，不可拘泥。尤其是对先人的缅怀和纪念，主要是为了表达后人的心意和孝道。因此，只要牢记先人恩泽，常怀感恩之心，无愧自我，即便有些形式未到，也大可不必自责，或是刻意为之。扫墓祭祖固然是清明节的重要主题之一，但也要赋予其新的内涵。扫墓的方式应当更文明、更健康，符合新时代要求，并非只有烧纸等传统的祭奠形式。鲜花祭奠、植树祭扫、网上祭祀等文明祭祖的形式正在兴起，走出传统悲情，让清明节真正"清明"起来。"树木千尺根于土，人生之本源于祖。"每到清明时节，海内外华人纷纷回乡扫墓祭祖，慎终追远，寻根问祖。清明节是进行爱国主义教育的极好机会，有利于弘扬传统文化，继承革命传统，增强民族凝聚力。

五、立夏节

立夏既是节气又是节日。立夏一到，预示着季节转换，气温升高，酷暑将临，雷雨增多，农作物进入旺季生长期。

1. 立夏的由来

西汉《历书》云："斗指东南，维为立夏，万物至此皆长大，故名立夏也。"① 立夏这一天太阳行至黄经45°，在天文历法上，是告别春天，迎来夏日的转折点。有趣的是，立夏时天黑后观察天空，会看到北斗七星的斗柄正指向东南——也是从正东算起45°的位置。立夏，元代《月令七十二候集解》云："立，建始也。""夏，假也，物至此时皆假大也。"② "假"是"大"的意思，是说进入立夏时节，万物进入生长旺季，故立夏过后，是进行农作物耕作的繁忙阶段。立夏在中国古代是一个很受重视的节日。周代在立夏这一天，天子要率三公九卿和众大夫，到城南郊外迎夏，并举行祭祀先帝的仪式。汉代也沿承此俗。到宋代，礼仪更趋烦琐。到明代始有"尝新风俗"。到了清代有馈赠礼品的说法，清代《帝京岁时纪胜》云："立夏取平时曝晒之米粉春芽，并用糖面煎作各色果叠，相互馈送。"③ 可以看出古人把立夏看作一个非常重要的日子。

2. 立夏的传说

传说一，相传，三国时赵子龙在长坂坡将刘阿斗从曹军百万军中救出来，因阿斗母亲已投井自杀，刘备把阿斗带在身边。后来周瑜施美人计，刘备遂娶吴王孙权的妹妹孙尚香为继室。刘备要出征，带着阿斗很不方便，就把阿斗交给孙尚香抚养。那时，孙尚香住在吴国，那里气候温和，物产丰富，让孙尚香抚养阿斗，既平安又放心，于是，刘备准备了许多礼品，特地做了许多蒸饼，装成20担，层层相叠，中间用青菜叶子隔开，由赵子龙护送去吴国。到吴国时正好是立夏节。孙尚香一见白白胖胖的小阿斗，非常欢喜。但孙尚香也有顾虑，毕竟是晚娘，万一有个差错，不仅夫君面上不好交代，在朝廷内外也会留下话柄。美丽聪明的孙尚香想了一个好办法：今天正是立夏，用秤把阿斗在子龙面前称一称，到翌年立夏节再称，就知道孩子养得好不好了。打定主意后，孙尚香将小阿斗过秤。赵子龙觉得新鲜，也顺口讲了一句吉利话："娘娘，孩子钩住了，准平安，养得好。"接着赵子龙高高兴兴地把礼物一一呈上，但20担蒸饼，已压得不成形了，怎么办呢？赵子龙灵机一动，说："主母娘娘，依我们蜀国的风俗，立夏家家都做塌饼送人，请主母娘娘收下。"孙尚香高兴地收下了这些塌饼，并立即分给宫女们吃，个个称赞说好吃。从此，每年立夏，孙尚香把小阿斗称一称，向刘备报平安，又仿做大量的塌饼分给宫女，因而在江南一带就形成了立夏称小孩和吃塌饼的习俗。随着明代"洪武赶散"，这一习俗在盐城一带流传至今。

传说二，相传很久以前，天上有个凶恶的瘟神，头如笆斗，眼如铜铃，口

---

① 狄赫丹：《感受时光：廿四节气文化品读》，太原：三晋出版社，2017年，第57页。
② 王强虎：《失传的24节气养生法》，西安：西安交通大学出版社，2017年，第81页。
③ 彭书淮：《二十四节气》，北京：中国纺织出版社，2007年，第37页。

似血盆，平常昏昏沉沉睡懒觉。每到立夏，方才苏醒过来，然后就带上一只瘟疫口袋，溜到凡间散播瘟疫害人。凡是染上病症的人，轻则发热厌食，四肢无力发软，重则日渐消瘦，一病不起。人们说这怪病叫"疰夏"。孩子很容易"疰夏"，俗说"宝宝有病急煞娘"，做娘的看到白胖胖的亲骨肉，一下子病得面黄肌瘦，有气无力，十分心疼。女人们哭哭啼啼，去女娲娘娘庙烧香磕头，请求消灾降福，保佑后代平安。女娲娘娘知道了这件事，就去找瘟神，说："今后，凡是我的嫡系孩子，决不准你碰。"瘟神知道女娲娘娘的魔力无边，不敢跟她作对，忙说："不知道娘娘有几个嫡系孩子在下界？"娘娘微微一笑说："我手一翻就是十个，你且看好。"说罢两手翻动如飞，瘟神看的眼睛发花，头脑发昏，叹了口气，无奈地说："娘娘别翻了，小神实在数不过来。"娘娘说："这样吧，我在立夏之日，命我的嫡系孩子，在衣襟前挂上一个蛋袋，你要认准记号，千万不可胡来，否则，我叫你生不如死。"这年立夏之日，瘟神醒来，背着瘟袋，急匆匆赶到下界。但他遇到的孩童，个个胸前挂个红绿丝网兜，里面放着煮熟的鸡蛋或鸭蛋、鹅蛋。瘟神知道是女娲的嫡系子孙，哪敢做恶，即刻走开。走呀走呀，从早到晚，也没有找到一个不挂蛋的小孩。瘟神又气又饿又累，最后累死在半路上。就这样，吃蛋免灾的习俗一代代传了下来。

3. 立夏的习俗

盐城旧俗忌此日无雨，谓之"立夏不下，高田不耙""立夏无雨，碓头无米""立夏落雨，谷米如雨"。旧时盐城，有煮蛋（鸡、鸭、鹅蛋等）、做烧饼、吃甜菜等习俗，少数地方还流行裹粽子和煮藕。这天，小孩一早起床，趁天未亮时坐在榔头上吃蛋，吃不完的蛋则放在用红绿线丝结成的蛋网里挂在颈项上，让小孩子比蛋、斗蛋、吃蛋。传说，不出太阳吃蛋，人就不会得"疰夏"（夏天不生病），"立夏胸挂蛋，孩子不疰夏"。孩子还要穿美观大方的老虎鞋。吃了黄烧饼，人就不会得热黄病。小孩吃藕，寓意着会长得像"藕节节"一样的壮实。还有持秤置筐称体重的习俗，老盐城人认为称了体重并记载下来，会不"疰夏"。讨要七家的米或麦做饭。试穿葛衣，搭凉棚，挂珠帘，准备夏令用品。儿童到郊外，搭建野灶，用蚕豆、笋和米做饭。采夏枯草，煎汁熬成膏药，治疗多年损伤。此日前后一个月，养蚕人家关门闭户，亲友睦邻及闲杂生人不得随意进入，乡里之间的往来，包括庆祝、凭吊，都暂停。

现时，盐城民间吃蛋、挂蛋网的习俗仍然普遍存在，探究立夏吃蛋的象征意蕴，其中还寄寓着人们对生命、生育的敬畏与崇信之情。鸡蛋在中国古代文化中是生育与生命的象征。民间习俗，妇女生孩子后，给四邻八舍报喜讯，送的也是鸡蛋。盐城民间有种说法，小孩立夏吃蛋，象征"脱壳"，预示着生命更新，鲤鱼跃龙门，希望儿女成龙成凤。

4. 如何预防疰夏

疰夏，是中医特有的病名，又被叫作苦夏，是炎热夏季的一种常见病。多发于体质较弱的老人和小孩，6个月至3岁的婴儿最容易得疰夏，因为孩子的中枢神经系统发育还不完善，体温调节及汗液排泄功能远不如成人，所以要特别当心。

中医认为，疰夏是长期体虚者感受暑热之气所致。夏季人们大量出汗，汗液带走了很多水及盐分，使身体的电解质失去平衡，所以就出现了浑身酸软无力等症状。另外，由于天气闷热，排汗使皮肤的血管扩张，皮肤所需要的血液增多，造成人体进食后胃肠道黏膜血管的血液相对缺乏，胃液、胃酸的分泌也随之减少，影响食欲和消化。预防疰夏要从下面几个方面入手。

合理膳食，戒烟限酒。夏季宜食用淡补、清补食品，如木耳、番茄、黄瓜、藕、豆腐、米仁、冬瓜、绿豆、胡萝卜、茄子等。水果从冰箱里拿出来，要稍微放一会再吃。已经得疰夏的人，在食物选择上也要因人而异，体质偏实的人宜选清暑泻热的食物，年老体弱的人则应选益气养阴的食物。严重者也可以在医生的指导下服用维生素C和维生素B消除疰夏症状。

规律作息，睡眠充足。夏天昼长夜短，晚上睡眠少，所以中午要午睡。睡觉时，不要对着电扇或空调出风口直吹，以免感冒着凉。

心态平和，适量运动。到户外运动，不要惧怕高温、流汗。户外运动可以帮助提高身体素质，改善内分泌和新陈代谢，对调节自主神经和体温都大有裨益。保持心态平和，顺其自然，平安度夏。

六、端午节

粽叶飘香，龙舟竞渡。端午将至，人们喜欢的粽子又成舌尖上的美味。农历五月初五，是我国传统端午节。因此，时节阳气上升，故端午又称"端阳"，又因端午为五月初五，故又称"重午（五）"。2006年5月，国务院将其列入首批国家级"非物质文化遗产名录"；自2008年起，被列为国家法定节假日。2009年9月，联合国教科文组织正式批准将其列入《人类非物质文化遗产代表作名录》，端午节成为中国首个入选世界"非遗"的节日。

1. 端午起源探究

关于端午的来源，说法多种多样，主要有三种。其一，端午节起源于古代华夏人对传说中的祖先——龙的祭祀活动。华夏族的先人以龙为图腾，把伏羲、女娲、颛顼、禹等先祖视为法力无边的龙，端午节是祭祀龙的最隆重的节日，龙舟竞渡即源于此。其二，端午节起源于纪念屈原，楚国贵族屈原就是死于五月初五。也有纪念伍子胥、曹娥等说法。其三，缘起"四时合序"。传统文化认为，人类是大自然所化生。《易传·文言》曰："夫大人者，与天地合其德，与日月合其明，与四时合其序。"[①] 人是自然界的一部分，人与自然要相互适应，相互协调。

2. 端午民俗

每逢端午，家家裹粽子，门前插艾与挂菖蒲，室内悬挂钟馗像，以辟邪怪。中午的佳肴甚丰，但不可或缺的是咸鸭蛋、凉拌红萝卜等。

这一天，父母会给小孩戴虎头帽，穿虎头鞋、虎头服，系五色缕，佩戴香荷包。先秦时期，人们就有佩戴香袋的习俗，一般女子佩戴，表示已婚，后来渐渐演变为佩戴香荷包。荷包里一般是用雄黄、冰片、藿香等填充。

端午又被称为"恶五"，家里若有还没满周岁的小孩，父母会带着孩子在节日期间回外婆家，又叫"躲五"。

饮雄黄酒也是众人皆知的一个端午习俗，一般人并不适宜内饮雄黄酒，易中毒。如果喜欢这个风俗，可以选择外洒雄黄粉，有驱蚊除虫、净化环境的作用。另外，有的地方还有在小孩额头上用雄黄酒画"王"字的习俗。大红纸剪五毒：蜈蚣、蝎子、壁虎、蟾蜍、毒蛇。门头上挂五瑞：石榴花、菖蒲、艾草、大蒜头、龙船花（又叫山丹花）。吃五黄：黄豆芽、黄瓜、黄鳝、黄鱼、雄黄酒。

过了初五，则流行"带姑娘回家吃馊粽子"的习俗。现今的端午节，逐步由过去的"驱鬼避邪"演变成以亲友往来为主要内容的传统节日。

跳判是端午节的民间习俗之一，由一个人扮判官，虬须靛面，冠袍角带，和京剧中的扮相一样，站在一张大木椅子上，两边绑着木杠，由伙伴肩抬；另一人扮作蝙蝠精，在前引路，每至一处，商家鸣放鞭炮，赏予彩金。判官手持一把两尺多长的折扇，在椅子上表演扇子功及驱鬼的各种优美动作，难度高，身形美，相当见功夫，实非一般人所能胜任。

龙舟竞赛是端午节最重要的活动之一，已被列入国家级"非遗"名录，相传源于当时汨罗江畔的楚人划船救屈原的情景。其实龙舟竞渡最早是古越人的一种祭祀活动形式，南越使用舟船普遍，往往在船的首尾画上龙图形作为本族的图腾或保护神。

东台民间的端午节有吃红萝卜的习俗，这来源于一次农民起义。清同治元年（1862），东台地区一个叫詹以安的七品武官，横行无忌，胡作非为。老百姓相约在五月初五这天，以"关帝显灵"为掩护，一手拿钉耙大锹，一手举着

[①] 张葆全：《周易选译》，桂林：广西师范大学出版社，2016年，第30页。

红萝卜头为起义标志,纵火焚烧詹军的兵船。后来,詹以安被起义军打死,为了纪念这次起义的胜利,以后每年五月初五,东台民间都要吃红萝卜。

3. 粽子

如今粽子的形状多为三角形,简单易包。过去还有四角粽、斧头粽等,现在已经很少见了。

关于为什么粽子要有角,还有个传说。相传屈原投江之后,每到五月初五屈原的祭日,人们都把米饭扔到河里纪念屈原。一天晚上,有人梦见屈原面黄肌瘦,就连忙上前询问。原来,百姓投往河里的米饭,都被鱼鳖虾蟹吃掉了。屈原无食充饥,所以日渐消瘦。那人左思右想,不知怎样才能不让鱼鳖虾蟹吃米饭。屈原告诉他,如果用箬叶包饭,做成有尖角的角黍(即粽子),鱼鳖虾蟹见了,以为是菱角,它们就不敢再吃了。那人醒后,就把此梦转告给乡邻。第二年的端午节,人们就照梦中屈原说的方法去做。不久,屈原又托梦给那人,感谢人们送去了粽子。后来,人们都这样去做,渐渐养成了包角粽的习惯。

记得儿时吃粽子基本上都是白米粽子,没有什么馅料,偶尔长辈们会在里面放上一些蚕豆瓣,白白的糯米和淡绿的蚕豆往往给小孩子们一点惊喜。有时候调皮,在粽子还没剥开的时候,小孩子们喜欢把粽子的角先咬去,感觉粽角特别香甜。过去经济状况不好,一般人家里都是白米粽子。现在条件好了,大家都是有什么就放什么,馅料一般有桂圆、板栗、火腿、蛋黄、豆沙、红枣、红豆、蚕豆、咸肉等。

粽叶有干制也有鲜材。品种取材,更多则是与地域有关。北方以芦苇叶为主,华东、华南、长江流域更多见的是箬竹叶。江苏北部,一般选用芦苇叶包粽子。芦苇叶裹粽子比较香,可以品出河荡里鱼米之乡的味道。

常见的粽子都用粽绳包扎,粽绳材料选择多样。过去普通人家常用塑料绳、棉绳包扎粽子,市面上还有尼龙绳、麻绳可以选择,不过为了健康,建议大家使用天然的棉绳。

粽针流行了很多年,并没有具体资料记载其出自何处,何时出现也无法考证。人们很早就习惯了使用粽针包粽子,方便、环保,免去了使用粽绳这个步骤,不过很多人家还是习惯使用粽绳。

4. 民俗文化扬弃

依存于特定时空,以口传心授的方式传承的各种生产劳动民俗、社会组织民俗、日常生活民俗、岁时节日民俗、人生礼俗、游艺民俗、民间观念、民间文学等民俗文化正在不断演变或消失,一些作为传统文化载体的独特的语言、文字、资料正在消失。随着社会的发展进步,一些民俗正悄然淡去,一些外来风俗则大行其道。甚至某些不是节日的日子——所谓的"人工节日",都因特定的谐音而受到热捧，不少外来节日和"人工节日"是商家借机炒作出来的。应该清醒地认识到民俗文化演变是有规律的，是无法阻止的，需要全社会特别是民俗文化工作者进行扬弃，优秀的民俗文化要保护、传承、弘扬，而民俗文化中的糟粕则要弃之。

七、天贶节

盐城这几天，天气湿热难耐，王奶奶却一天也不闲着，只要室外有太阳，她总是不厌其烦地将家里各种各样的衣物都翻出来，拿到阳台上晾晾。年幼的孙女见奶奶天天这么反复晒，跟奶奶开了句玩笑："天天晒东西，小心晒焦了。"可王奶奶乐呵呵地朝孙女回了句："六月六，晒红绿，吃口焦屑长块肉。"这种口口相传的谚语，在老辈人的记忆里还有许多，盐城人过去的"三伏习俗"还有哪些呢？

1. 六月六的来源

来源一，宋真宗景德元年（1004），辽国萧太后与圣宗亲率大军南下，深入宋境。宋真宗畏敌，听从王钦若、陈尧叟等的谗言，想迁都南逃。因宰相寇准的坚持，真宗勉强至澶州（今河南濮阳）督战。由于宋军坚守辽军背后城镇，又在澶州城下打了埋伏，射死了辽军大将萧挞凛，辽军恐腹背受敌，提出议和。畏敌怕死的真宗素来主张议和，他先通过降辽旧将王继忠与辽方暗通关节，继派曹利用赴辽营谈判，终于十二月与辽订立和约。在战胜的情况下，每年仍向辽输白银十万两，绢二十万匹。因处澶渊郡，故历史上称"澶渊之盟"。此盟遭到宋朝百姓的反对，宋真宗耻于澶渊之盟，同时为了巩固自己的统治地位，命王钦若伪托梦神明，于正月、六月两次降天书于京师及泰山，以此来欺骗人民，掩盖澶渊之盟的耻辱。真宗将第二次"降"天书之六月初六，定为"天贶节"，天贶即"天赐"的意思，并于泰山岱庙修"天贶殿"。是日，京师断屠一天，皇帝率百官行香于上清宫。这天如为晴天，各家要晒衣物，叫作晒龙袍，读书人家要曝晒书籍文具。如果这天阴雨，则预示着长时间阴天，民间有"六月六下雨，翻龙袍四十天"之说。随着时间的推移，现在的"天贶节"已改变原来含义，但晒红绿的风俗尚存。

来源二，相传唐代高僧唐三藏，从西天取佛经回国，过海时，经文被海水浸湿，于六月六日这天将经文取出晒干，此日后来就成吉日。开始，皇室侍从于此日为皇帝晒龙袍，后又从宫中传向民间，家家户户都于此日在大门前曝晒衣服，衣晒后必凉透才放进衣橱内。

2. 盐城六月六民俗

"吃口焦屑长块肉？"王奶奶孙女不解其中意义。其实，这是流传于盐城民间旧时的一句谚语。所谓的焦屑，就是用大麦，或小麦，或元麦，或糯米炒焦磨成粉末状，用开水冲泡食用的一种食品。

　　三伏天里，人们早餐通常吃焦屑。据说，吃它是为了以素食诚心祈求上天普降甘雨，还有一种说法是吃炒面可以避免瘦夏。中午吃水饺，称为吃弯弯顺，寓意吉祥。故里下河一带有"六月六，吃口焦屑长块肉"的谚语。农历六月初六，是古代汉族的岁时节日，旧时就有六月六晒红绿的习俗。

　　盐阜人家这一天也都有曝晒衣服和晾晒书籍文具的风俗习惯，谓之"六月六，家家户户晒红绿"。据说，这一天所晒的衣服，一个夏季都不会发霉。由此引申出来的是，大人小孩这一天也都要洗澡，据说，这一天只要洗了澡，一个夏季都不会生痱子。民谣有"六月六，小猫小狗同沐浴"之说。广大妇女更是利用这一天抓紧洗头，谓之"六月六，洗个头，一夏头发不生垢"。如果六月六日这天下雨，此地则有"翻晒龙袍四十天"的说法，即节后四十天以内肯定多雨，为了防止衣服霉变，人们都要趁雨止日出翻晒衣服。用现代的观点来看，这并不是什么封建迷信，而是人们根据自然规律和日常观察的归纳总结。有道是"六月六，孩子脸，说变就变"，说的便是此时正值多雨季节，要"翻晒龙袍四十天"也就是这个意思。

3. 老盐城人这么过三伏

　　六月六这一天，盐城民间一些地方还有接女儿回娘家歇伏的风俗。如属新婚，则要在娘家过一个月，回婆家时，必须做好两套衣服、一双袜子。现在农村仍有此俗，但不是做，而是买，有时要加一把扇子和一条毛巾。至今，盐城西乡还基本保持着六月六曝伏的传统习俗。

　　当然，还有将猪、狗等牵到河里洗澡的习俗，俗话说："六月六，猪、狗牲畜洗蓬浴。"据说，这一天牲畜下水洗澡，可以不生虱子等寄生虫。三伏天里，过去一般盐城农村里的老百姓会烧薄荷茶、荷叶茶，喝了"去暑"，现在有些地区还在服用这种饮料。小孩子们会下河洗澡，不会游泳的就拿个澡桶泡一泡。要不然就下河摸"河蚌""田螺"，或者在河田边抠长鱼，摸上来后配以茶馓烧了吃，因为这种组合的食物是凉性的，吃了也能起到很好的"去暑"作用。

　　俗话说，热在"三伏"，"三伏"最热在中伏。中伏最突出的特点是热，而且是又湿又热，典型的"桑拿"天气，让人想喘口气都觉得难受。旧时，一些有条件的人家为了在三伏天里能吃"冷饮"去热解暑，往往会在大冬天里就开始挖地窖，将冰雪深埋地下。古代帝王也是这么做的，直到唐末才出现了制冰技术。没条件的人家就找个篮子，连同西瓜一块放进常温只有三四度的水井里凉凉，当然现在许多有水井的地方仍在使用这种"土方法"。

　　此外，旧时民间有些地区还有在六月六祭祀的习俗。有的祭祀城隍老爷、土地公公，有的祭祀观音菩萨或者王母娘娘，其主要目的还是禳灾祈福。这一天，天贶殿内的香火很盛，人们还纷纷外出，采摘马齿苋，晒干存放到腊月除夕，烹调煮成"十香菜"，又名"安乐菜"。盐阜乡村风俗：姑娘出嫁，都要吃母亲亲手烧的安乐菜，以保佑女儿走向幸福。精心制作的安乐菜里，浸透了母亲的深情，女儿多尝一口，就多领一份情，多懂一点母爱。

八、七夕节

七夕在第一批国家级"非物质文化遗产名录"中，和春节、清明、端午、中秋、重阳并列为我国六大传统节日。七夕在七月初七，故称重七，又称乞巧节。传说，七夕这天牛郎和织女在鹊桥上相会，因此，多年来很多人一直热衷于将这天定为谈婚论嫁的良辰吉日。

1. 七夕节起源

其一，"七夕"最早来源于人们对自然的崇拜。从历史文献上看，至少在三四千年前，随着人们对天文的认识和纺织技术的产生，有关牵牛星和织女星的记载就有了。人们对星星的崇拜远不止是牵牛星和织女星，他们认为东、西、南、北各有七颗代表方位的星星，合称二十八宿，其中以北斗七星最亮，可供夜间辨别方向。北斗七星的第一颗星叫魁星，又称魁首。后来，有了科举制度，中状元叫"大魁天下士"，读书人把七夕叫"魁星节"，又称"晒书节"，这保持了最早七夕来源于星宿崇拜的痕迹。

其二，"七夕"来源于古代人们对时间的崇拜。"七"与"期"同音，月和日均是"七"，给人以时间感。古代人把日、月与水、火、木、金、土五大行星合在一起叫"七曜"。七数在民间表现为时间的阶段性，在计算时间时往往以"七七"为终局。

其三，"七夕"是一种数字崇拜现象。古代民间把正月正、三月三、五月五、七月七、九月九再加上预示成双的二月二和六月六这"七重"均列为吉庆日。"七"又是算盘每列的珠数，浪漫而又严谨，给人以神秘的美感。"七"又与"妻"同音，于是七夕在很大程度上成了与女人相关的节日。七夕别称"星期"。王勃的《七夕赋》"伫灵匹于星期，眷神姿于月夕"把星期与七夕相提并论，点出了七夕夜是一年四季中与亲情、爱情相关的最美好也最凄楚动人的夜晚。大约正因如此，后人便把男女成婚的吉日良辰叫"星期"。

2. 七夕节传说

农历七月初七，是我国传统节日。因这一节日的主要活动在晚上进行，所以叫七夕节。七夕节来源于牛郎织女的神话传说，这一传说源于西周，在《夏小正》中就有"七日,初昏,织女正东向"。《淮南子》里也有"鸦雀填河成桥而渡织女"的传说。牛郎织女的神话传说较多,南朝梁任昉《述异记》记载:织女是玉皇大帝的孙女,她心灵手巧,能织造云雾样的丝绸丝绢衣服。玉皇大帝可怜她独自居住,将她嫁给河西的牵牛为妻。织女结婚以后,竟废弃织绢。玉皇大帝视她婚后变化,大怒,责令她与牛郎分离,仍归河东,只准每年七月初七与牛郎相会一次。南朝以后,在民间广泛流传的基础上,又有很多变异,最为普遍的是天上织女与地上牛郎成婚的故事。

每到农历七月初七,相传是牛郎织女鹊桥相会的日子,姑娘们会来到花前月下,抬头仰望星空,寻找银河两边的牛郎星和织女星,希望能看到他们一年一度的相会,乞求上天让自己能像织女那样心灵手巧,祈祷自己能有称心如意的婚姻,由此形成了"七夕节"。此外,七夕夜深人静之时,人们还能在葡萄架或其他的瓜果架下听到牛郎织女在天上的脉脉情话。

3. 七夕节民俗

民间有七月初七晚看云彩的习俗。传说这天晚上,牛郎织女在鹊桥相会,姑娘们系针线在新月下穿引,向织女"乞巧",可使自己聪明能干起来。老盐城人过去是怎么过七夕的呢?

旧时每逢七夕,盐城西乡,都有"乞巧"的民间习俗。所谓"乞巧",就是向天上的织女乞求智巧。夜幕降临时,天空云层奇诡多变,盐城人称之为"巧云"。相传牛郎织女于此相会,这就更增添了该"节刻"的迷人色彩。此时,女孩便关上院门,在院内桌子上摆上瓜果,又叫巧果,再摆上一盆清水,从水中观看喜鹊搭桥。一边看,一边摆上自己做的绣花鞋、绣花巾等针线活,请织女看自己的手艺如何。在朦胧的月光下,用彩线穿过七个针孔,谁能一下子穿过,那就有幸被织女看中,乞到"巧"了,将来准能当个巧媳妇。也有的女孩为了向织女"乞巧",在呈献巧果和手工针线的同时,一边看巧云,一边焚香祈祷,事后再捉一只蜘蛛放于自己的首饰盒内,待第二天看蜘蛛结网是否圆,如果织网很圆,就证明得了"巧"。这一系列活动,只能女孩一人悄悄地进行,任何人都不许偷看。

还有一种"乞巧"活动是集体赛巧,七夕夜晚,全村的女孩都集中在一起,由一名有声望的老奶奶主持,进行对月穿针比赛,取得第一名的称为"巧姐"。据说,在民间,织女心灵手巧,又善传授织锦绣花技术,她完全是女孩崇拜的偶像,女孩向织女乞求灵巧,可以提高技艺。因此,盐城有的地方又把七月初七称为"女儿节",或"姑娘节",由此派生出许多习俗。

在农村,还有一种习俗,就是将五月初五"端午节"系在小孩手腕上的五彩百索线,用剪刀剪开,丢在屋顶上,让喜鹊衔去搭鹊桥。七夕当晚还有听

"牛郎织女"说话的传说，众人在葡萄架下听，但不能说话。或者躲在瓜地里，午夜等候观望开天门，偷听牛郎织女私房话，不仅能乞得巧，而且将田里的东西搬回家，也都会变成金子，夜间到瓜地里摸瓜，送给不生育的妇女，谓之"送子"。到了干旱年景，是日早晨，农民们会组织七个小女孩到沟渠或河塘边用扫帚扫，边扫边说"七个大姐扫河嘴，一扫一沟水"，连说多次，以祈求神灵普降甘霖，解除干旱，拯救生灵。

女孩子用凤仙花捣汁，染红指甲，也算得到了巧。有些地方，还有七夕拜干娘的习俗，相传孩子拜了嘴巧、手巧、心巧的"干娘"，就会聪明伶俐。上了年纪的老人对旧时传说中的盐城"乞巧"活动记忆犹新：节前要张灯结彩，搭乞巧楼，陈设茶、酒、水果、"五子"——桂圆、红枣、榛子、花生和瓜子，供奉牛郎、织女二星。这一天，妇女、儿童都要穿新衣服。如碰上当天生孩子，如生女孩，取名某巧、巧云等。

在乞巧活动中，盐城有一项活动叫作"看巧云"。据说，七月初七傍晚，天空彩云奇特，变幻无穷，一会儿像亭台楼阁，一会儿像蓬莱仙境，一会儿像仙童玉女，一会儿像鹤立鸡群，一会儿像狮熊虎豹……变化无穷。少女们仰望天空观赏，随意指点，奇妙无比，谁都能说出个道道来，甚至还以自己能看到的巧云形状预测未来命运。

对于"乞巧"之俗，是否灵验。宋人杨修之有诗云："秋星如弹月如梳，宫妓香添乞巧炉。万缕千针同一意，眼穿肠断得知无？"从这首诗中我们不难看出，古人也曾怀疑乞巧究竟能不能得"巧"。事实上，科学的发展及实践都告诉人们："工夫只是凭心手，此外冥茫不足论。"毕竟"巧"是"乞"不来的，只有勤学苦练，才能熟能生巧。而"穿针秘巧"只不过是一种节日的乐趣，但美丽的传说仍能深入人心。

4. 留住传统文化根

随着中西文化的不断融合，有些年轻人热衷于外来节日和人工节日不足为怪，但也不能忘记中华民族的传统文化。年轻人既要学习外来文化，更应坚守传统文化。商家炒作的七夕是"中国情人节"的说法不太严谨。因为中国的七夕节是弘扬忠贞不渝的爱情，与西方的情人节有着本质的区别。在弘扬传统文化这方面，日本、韩国有许多值得我们学习借鉴的地方。深藏在骨子里的东西不能淡化，时代再发展也得留住中国的传统文化根。

每个民族都有自己的传统节日，这些节日是展示和传承民族文化的重要载体，是文化认同、民族认同、国家认同的重要标志。随着新时代的到来，人们对文化生活的要求越来越高，但这并不意味着为了弘扬传统文化，就非得将"七夕节"改成"情人节""爱情节"或"夫妻节"，毕竟"爱情"只是七夕的文化内涵之一,不是全部。

目前国家越来越重视弘扬中华优秀传统文化,比如,国家对法定节假日进行了调整,将清明、端午、除夕等传统节日列入法定节假日。让传统节日焕发生机,还需要在内涵上多下功夫,在保留传统文化要素的同时,使之适应新时代,让传统文化获得新的生机。

九、中元节

中元节在农历七月十五,盐城人俗称"七月半",部分地区在七月十四。中元节原是小秋,有若干农作物成熟,民间按例要祭祖,用新米等祭供,向祖先报告秋成。因此,每到中元节,家家祭祀祖先,供奉时行礼。

2010 年 5 月 18 日,国家文化部公布了第三批国家级非物质文化遗产名录推荐项目名单(新入选项目)。香港特别行政区申报的"中元节(潮人盂兰胜会)"入选,被列入民俗项目类别的国家级非物质文化遗产。

1. 中元节源于祭祀社神

中元节源于远古时期人们对土地的崇拜。土地为人类提供了活动场所,土地生长的万物为人类提供了丰富的食物,故人类感激它、崇拜它。对社神的祭祀,早在《诗经》中就有记载。《礼记·郊特牲》中说:"社,所以神地之道也。地载万物,天垂象,取财于地,取法于天,是以尊天而亲地也。"① 为什么要祭祀社神?《孝经·援神契》中说得更清楚:"社者,五土之总神。土地广博不可遍敬,故封土为社而祀之,以报功也。"② 祭天与祭社(地)是古代两项最重要、最隆重的祭祀活动,可见社神的地位非同小可。

宋孟元老《东京梦华录(卷一)》说:"中元前一日,即买练叶,享祀时铺衬桌面,又买麻谷窠儿,亦是系在桌子脚上,乃告先祖秋成之意。"③ 七月小秋作物成熟,弘扬孝道的中国人,照例要向先祖报告,并请老祖宗尝新,所以七月例行祭祀祖先。

中元节,传说该日地府放出全部鬼魂,所以在民间普遍进行祭祀鬼魂的活动。凡有新丧的人家,照例要上新坟。所以,它整个是以祀鬼为中心的节日,成了中国民间最大的鬼节。古人于中元节放河灯,道士建醮祈祷,乃是中国传统习俗。佛教与道教对这个节日的意义各有不同的解释,道教弘扬孝道,佛教则着重于为那些从阴间放出来的无主孤魂做"普渡"。

---

① 梅联华:《江西中秋》,南昌:江西美术出版社,2016 年,第 2 页。
② 梅联华:《江西中秋》,南昌:江西美术出版社,2016 年,第 2 页。
③ 陈琪:《徽州古道研究》,芜湖:安徽师范大学出版社,2016 年,第 108 页。

关于"盂兰节"的起源,有一个典故。相传佛祖释迦牟尼在世时,收了十位徒儿,其中一位名叫目连的修行者,在得道之前父母已死。由于目连很挂念死去的母亲,就用了天眼通去察看父母在地府生活的情况,原来他们已变成饿鬼,吃的、饮的都没有,境况堪怜。于是目连就连同一众高僧,举行大型的祭拜仪式,以超度一众的亡魂。后来,这个传说一直流传后世,逐渐形成了一种民间习俗,每年到了农历七月半,人们都会宰鸡杀鸭,焚香烧纸,拜祭由地府出来的饿鬼,以化解其怨气,不至于祸害人间,久而久之,就形成了鬼节的风俗。

2. 盐城中元节习俗

关于中元节,盐城当地有许多风俗。一是"人无贫富,皆祭其先"。此时盛夏已经过去,秋凉刚刚开始。人们相信祖先也会在此时返家探望子孙,故需祭祖。平常日子对先人祭拜,一般都不动先人的牌位。到七月半祭祖时,则要把先人的牌位请出来,恭恭敬敬地放到专门祭拜用的供桌上,再在每位先人的牌位前上香,每日晨、午、昏,供三次饭,直到七月三十送回为止。有先人画像的,也要请出挂起来。祭拜时,依照辈分和长幼次序,给每位先人磕头,默默祷告,向先人汇报并请先人审视自己这一年的言行,保佑自己平安幸福。二是有的人家会借助此节,请和尚"放焰口",或者请道士做法事,超度亡魂。三是过去一些地方上的慈善团体、民间公会也会在这一天请僧道于交通要道设醮"斋孤",赈济"孤魂野鬼",不要来侵扰和伤害黎民百姓。四是"放河灯",这主要取自佛语"慈航普度"之意。五是民间还盛行祭祀土地和庄稼。人们将供品撒进田地,烧纸以后,再用剪成碎条的五色纸,缠绕在农作物的穗子上,传说可以避免冰雹袭击,获得大丰收。一些地方还要到土地庙进行祭祀。

中元节是本土文化的产物,从远古直至民国时期,都是仪式感很强的节日,20世纪20—40年代,中元节远比七夕、清明热闹。祭祖先、祭社神、放河灯、荐时食的古老习俗在民国时期仍然是乡村中元节的重要内容。抗日战争胜利后,各寺庙还增加祈请佛力普度抗战阵亡将士英灵。20世纪50年代,中元节依然热闹,但后来被认为是宣扬封建迷信,逐渐边缘化。

3. 文化传承与文明祭祀

每逢清明节、中元节、十月朝、下元节、冬至、除夕,祭祀先人是中国人的传统,以此怀念追思,寄托情感,慎终追远,继承遗志,激励后人。那么,如今的人们应以怎样的方式,去表达对先人及已故亲人的追念,抒发思念之情呢?随着时代的发展,社会的文明进步,人们应该摒弃过去烧纸钱、化元宝等迷信的祭祀方式,代之以新的文明进步的形式,达到追思、怀念的目的。

过去,每逢相关节日,在民间有烧纸钱的传统陋习。有些老年居民在街边、小区路边、社区小公园，焚烧纸钱、锡箔纸锭、冥币，灰烬漫天乱飞，给周边环境包括空气造成污染，让人十分头疼。离开时若火源没熄灭，还可能留下严重的火灾隐患。

这种焚烧纸物给已故先人的陋习，实际上就是一种植根在思想里的愚昧，一种迷信观念在作怪，实际上也是一种自我心理安慰，一时难以彻底转变。这与创建文明城市格格不入，必须经常进行科学、文明的思想宣传、学习，让人们正确认识生老病死的规律。只有崇尚道德、遵守法纪，按照正常的规范轨道去工作、生活，一切才会平安、幸福，这也是保佑自己美好生活的最好方法。

百善孝为先。人都有父母长辈，孝敬老人是中华民族的优秀传统，要继承和弘扬孝道文化。所以，在父母年老时，给予适当合理的物质供养、精神陪护，让老人安享晚年，这比老人去世时风光大葬、比中元节烧大量的纸钱，对老人来说更实用，也更让人称道，能给子孙树立孝顺榜样。

因此，随着时代的进步，祭祀活动要以新的形式，赋予新的内涵。祭祀的方式应当文明、健康、时尚，符合新时代要求。倡导鲜花祭祀、植树祭祀、网上祭祀、朗诵祭祀、征文祭祀、写信祭祀、无烟祭祀等，摒弃不文明祭祀形式，移风易俗。将纪念先人与培育家风、传承弘扬中华优秀传统文化、丰富文化生活相结合，自觉践行社会主义核心价值观。

十、祭张王

农历七月三十祭张王，起源于民间纪念元末盐民起义领袖张士诚。张士诚（1321—1367），小名九四，元末泰州白驹场（今盐城市大丰区西团镇张家墩）人。他是我国历史上杰出的盐民起义领袖，曾带甲数十万，纵横两千里，前后十四年，为中国农民革命斗争写下光辉灿烂的篇章。至正十四年（1354）在高邮称"诚王"，建"大周"国，改元"天祐"。至正十六年（1356），受元朝招安，官封太尉。至正二十三年（1363），与元决裂，以平江为国都自封"吴王"。至正二十七年（1367），兵败被俘缢死。张士诚每攻下一座城池，便开仓济赈，除留军需之外，其余财物均分发给贫苦的农民，因此，民间流传有"死不怨泰州张（士诚），生不谢宝应杨（完者）"的民谣。后来，朱元璋打败了张士诚，建立了明王朝。但张士诚在百姓心中的形象是抹不掉的，人们想方设法纪念他，为掩人耳目，江浙一带民间将历史上沿袭的七月三十祭地藏王的习俗，改为明祭"藏王"暗祭"张王"，直至今日，祭张王的民俗仍在盐城市大丰区一带流传。

张士诚兄弟四人，士诚最大，幼年随父母烧盐。他生性稳重，膂力过人，酷爱武艺，家虽贫困，却仗义助邻。张士诚19岁时，与弟士义、士德、士信以运盐为生。他们为生计所迫，也贩些私盐，常受关卡勒索、盐商地主欺压，遂产生反抗思想。

至正十三年（1353）正月的一天，张士诚和三个弟弟及张天骐、吕珍、徐义、蒋辉、徐志坚、史文炳、张辰保、周国俊、大眼张和李伯升父子等在草堰场界牌头北十五庙，密谋起义，誓反元朝。第二天一早，他们一起杀死了白驹场驻防守兵，放火烧毁了白驹场盐课司署，接着召集盐丁数百人，拿起扁担、铁叉、分水、陆两路向草堰进发。进至丁溪，遭到当地大地主刘子仁的武装阻击。打头阵的张士义不幸中箭牺牲，张士诚悲愤至极，重新组织队伍与刘子仁决战，杀得刘子仁狼狈逃窜。张士诚得胜后，带着队伍，直奔兴化戴窑，贫苦窑丁和当地穷人纷纷参加起义，队伍一下子扩大到一千多人。三月，张士诚率部攻下泰州，元朝廷大为震惊，令高邮知府李齐招安。接着又派淮南、江北行省参政赵五连由扬州进驻泰州，令张士诚率部到濠州攻打郭子兴。张士诚识破元朝"借刀杀人"的诡计，派人将赵五连杀死，并趁势攻下兴化。元朝廷无可奈何，又向张士诚招安，张士诚不接受。五月，张士诚率领水、陆两路大军，一举攻克高邮、宝应，占据了淮南全境。至正十四年（1354）正月，张士诚在高邮建立大周国自称"诚王"，改元"天祐"，操练军队，储备粮草，准备对付元军的袭击。二月，元军攻打高邮，被张军打败。张士诚派大军向扬州城进攻，元军纷纷溃逃，张士诚攻下了扬州。

为了卡断江南对元朝廷的粮食供应，张士诚在高邮拦截大运河的漕运，引起了元朝廷的极端恐慌。为了拔掉张士诚这颗钉子，元朝廷任命丞相脱脱统率百万大军南下，把高邮城围得铁桶似的。张士诚几次突围都未成功。正当张士诚处于危急之际，由于元朝廷内部斗争激烈，脱脱被元顺帝削去所有官爵，充军云南，改派佞臣统率全军。元军官兵不服，消极应战。张士诚抓住战机，全力出击，终于打得元军大溃。

张士诚取得高邮大捷之后，派张士德和朱英由通州（今南通）悄悄渡江，一举攻克江阴的福山港，取得了进占江南的立足点。

至正十六年（1356）二月，张士德占领江阴后，立刻率领四千人马，直趋平江（今苏州北门），半夜到了平江城下，立即爬上城头，占了平江。张士诚在承天寺向大殿正梁连射三箭，作为取得平江的纪念。不久，常州、太仓、昆山、嘉定、崇明、松江皆降。张士诚又派兵南取绍兴、湖州，北取淮安和山东济宁的金沟。此时，南北方圆一千多千米的土地尽入张士诚的版图，张士诚抗元斗争发展到了顶峰。

此时，占据集庆路（今南京市）的朱元璋写亲笔信，派杨宪到张士诚处通好。至正十六年（1356）七月，朱元璋派徐达进攻常州，张士德带领一万多人增援，不幸遇坎落马做了俘虏。朱元璋欢喜不迭地说："张士德智勇双全，现在被我捉住，以后张士诚再也没有什么了不起的了。"至正十七年（1357）三月，朱元璋攻取常州，六月，夺占长兴、江阴。从此，张士诚陆路不敢出广德、窥宣歙；水师不敢圻大江、上金焦，固守在苏州、湖州之间的小小地域内。

张士德被俘后，送金陵。他自知生还无望，便暗中写信给张士诚，劝其降元，以希望借元朝的力量消灭朱元璋，然后不食而死。张士诚为了从困境中解脱出来，于至正十七年（1357）八月派周仁向元朝江浙行省左丞达释帖木儿请和。元朝廷任命张士诚为太尉，张士诚表面"降元"，但他并没有改变抗元初衷，仍然拥有自己的城池、府库、甲兵、钱粮，仍然占据着南到绍兴、北越江淮、直到山东济宁的大片土地。

至正十九年（1359），元朝廷向张士诚征调粮食，到至正二十三年（1363）五月的四年中，张士诚共运出粮食四十八万石。这时，张士诚要求元朝廷封他做吴王，被拒绝，便自立为王，不再向元供粮。此后，张士诚迷恋于吴王称号，贪享"尊荣"，对下又管束不严，将军和大臣们也乘机修建豪华的府第园林，收养大批的歌妓舞女，生活开始腐化起来。

由于张士诚政权的内部纪律松弛，士无斗志，人心涣散，给朱元璋的并吞提供了条件。朱元璋分三步对张士诚发动了强大的攻势：第一步，从至正二十五年（1365）十月至二十六年（1366）四月，仅用六个月的时间，就把张士诚管辖的北境淮水流域的通州、兴化、泰州、高邮、淮安、徐州、宿州、安丰逐步占领，逼得张士诚只得局限于长江以南；第二步，从至正二十六年（1366）八月到十一月，分兵两路，一取湖州，一取杭州，斩断张士诚的东西两臂，造成北、西、南三面包围平江之势；第三步，从至正二十六年（1366）十一月到二十七年（1367）九月，用二十万大军围困平江。

张士诚在平江率众死守，外无援兵，内无粮草，突围又全失败。不久，张士信在城楼上守城，中飞弹身亡。枢密唐杰、太守周仁、左丞徐义、驸马潘元绍、参政钱辅、副枢密刘毅等人也一一投降。后来，张士诚亲率残兵二万，和朱元璋的军队战于万寿寺东街，战败，回府对王妃说："我败了，马上就死，你们怎样？"王妃表示决不相负，她随即把众姬妾驱上齐云楼，叫养子辰保放火烧楼。

平江城破，张士诚被俘后送往金陵。在途中船上，他闭目不语，坚卧不起。到了金陵，朱元璋对张士诚说："你睁开眼睛看看我。"张士诚不服气地说："太阳照你不照我，我何必看你！"张士诚不食自缢而死。张士诚自起义至失败，前后共十四年。

朱元璋一统天下，江浙一带的老百姓慑于朱元璋的威严，不敢公开祭祀张士诚，怕被朱元璋定为"犯上作乱""大逆不道"而问罪下狱。然而张士诚的形象在老百姓的心中是抹不掉的，老百姓想方设法祭祀他。为躲过朝廷耳目，他们把农历七月三十日沿袭下来的祭地藏王，借助藏（张）的谐音，举行仪式，表面上是祭地藏王，实际是祭祀张士诚。

在这一天的黄昏时分，江浙一带的老百姓在门口扎一草龙，摆一张小桌，上面放一盏用蛤蜊壳做的注满香油的灯，内浸几根灯芯，两旁各摆放一根点着了的蜡烛，稍前处点上几炷香，烧纸化箔，沿街皆是，一时光影摇曳，香烟萦绕。江浙一带的老百姓心照不宣，这是烧"久思香"。张士诚小名"九四"，"久思"与"九四"谐音。人们凝眸星云，对张士诚的怀念之情也随着袅袅的香烟升上冥冥之空。男女老幼跪在桌前磕头，心中默默地祈祷："惩奸除恶，普度众生，家家祭祀，张王安康。"这一切做毕，已是夜晚，人们便来到街上，在预先搭好的一处又一处的圆门下，手拿柳条，在顶端缚上一把香，再在香的末端系上一束鞭炮，待香慢慢燃尽，然后点着鞭炮，只听见"噼噼啪啪"响个不停，须臾间，火星四溅，像夜空密布的繁星闪烁，据说这便是"张王重新睁开眼睛，观察人世"。紧接着，人们就尽情地吹箫、吹笙、吹唢呐、吹喇叭、吹笛子等，时而夹进"哐锵锵"的锣鼓声，各种乐器声交织在一起，汇成了壮阔的声浪，像大海的波涛。据说这是象征着当年张士诚一呼百应，带甲百万的浩大声势，也象征着老百姓怀念张士诚的感情有如江河湖海，永流不息。这种活动，进行到子夜时分才散。

十一、中秋节

在中国的传统节日中，中秋节有着独特的文化内涵，它象征着团圆、和谐、吉祥和平安，给人以甜美至纯的心灵感受。然而，近年来的中秋节，传统节味愈来愈淡，甚至在一些人看来，它几乎成了月饼节的代名词。丹桂飘香，又是一年月圆夜，今年的中秋让我们和家人一起围坐窗前桌旁，望明月诉柔情，吃美食品文化。

1. 中秋节的来源——祀土地神报告丰收

中秋节有悠久的历史，和其他传统节日一样，也是慢慢发展形成的。古代帝王有春天祭日、秋天祭月的礼制，早在《周礼》一书中，已有"中秋"一词的记载。关于中秋节的由来，主要有两种。其一，中秋与秋社有关。我国是个农业国家，农事和季节有很大的关系，古人在播种的时候，祀土地神祈求丰收，在收成时也祀土地神报告丰收,答谢神祇的护佑。前者叫作"春祈",后者叫作"秋报"。八月十五是稻子成熟的季节,这一天家家祭祀(土地),中秋节就是"秋报"的遗俗,经过不断演变而渐渐盛大起来。其二,中秋与古代的祭月风俗有关。中秋节的起源与古代对月的原始信仰有关系。我国古代神话中有女娲捧月的故事和嫦娥奔月的故事。秦汉之前的礼仪中,也有秋分之夜天子到国都西郊月坛祭月的规定。北京的月坛,就是明清皇帝祭月的场所。从唐代诗人写中秋的诗中,可看到当时已经把嫦娥奔月神话故事与中秋赏月联系在一起了。到宋朝,节日活动已很盛大。

2. 舌尖上的中秋——当天中午要吃鸭子

中华民族吃的文化源远流长,不同地方有不同风味,不同时节有不同讲究。总体来看,盐城过中秋在饮食方面的讲究和全国大多数地方没有什么差异,但也有自己的特色。

合家团圆,是人们在中秋节这天的期盼。游子归来,全家人坐在一起,共饮团圆酒,共吃团圆饭,共诉团圆情。中秋节图的就是一个团圆。在盐城,中秋的晚上全家人要聚在一起吃团圆饭。以前,如果有亲人实在赶不回来,吃团圆饭的时候,家人就会在饭桌上为他摆一副碗筷,以求一家团圆。当然,如今已很少有人家会这样做了。

俗语说,"八月半的鸭子——呱呱叫",所以,在盐城地区,中秋节这天中午一定要吃鸭子,晚上讲究用鸭子和芋头做一道菜。当然,如今菜式繁多,并不是太在意如何搭配,怎么丰盛怎么来。中秋节是一年中仅次于过年的重要节日。节前,盐城人就开始做充分的准备。通常人家除了选购各式月饼外,还要购买鸡、鹅、鸭等,同时准备些莲藕、苹果、花生、菱角。

以前的盐城人中秋节早上多吃圆子或面饼,中午吃雄鸡或雄鸭,晚上吃月饼、糯米饼(西区俗称"粘烧饼")或藕饼。今天在葛武一带的村庄里,还保留着早上吃汤圆的习俗,讲究的也是"团圆"。中秋节吃月饼、糖饼取意团团圆圆、甜甜蜜蜜。

石榴、柿子、苹果、莲藕、菱角、花生等都是盐城人中秋前后喜欢吃的东西。成熟的石榴裂开口,谓之"开口笑",预示家庭团结和睦;柿子,世子,世代有子;苹果,平安之果;菱角,棱角分明,谓之刚正不阿;花生,寓意长生不老;莲藕,丝丝连连,象征全家永不分离。中秋节吃什么都是有讲究的,这里面承载着一方水土的文化,寄托着一方人的祝福与期盼。

3. 故事里的中秋——八月十五天门开

谈到赏月,盐城民间有"八月十五天门开"之说。相传在古时候,有个给地主放牛20多年的长工伙计,仍身无分文,娶不到老婆。一次他患了重病,不能再去放牛了，就在八月十五这一天夜晚被地主一脚踢出去，无家可归，在山坡上的一棵桂花树下躺着，遥望明月，暗自悲伤。说来也奇怪，忽然月宫中有一位貌美仙女来到他的身边，问明情由，长袖一舞，赐给这位长工伙计草屋、田地、锅碗瓢盆和锄头犁耙等。从此，长工伙计过着自耕自种的幸福生活。这件事在人间广泛流传开来，民间每逢农历八月十五夜便在屋外赏月，仰祈"天门重开"，请月宫娘娘恩赐。从此以后，月亮在人的心里更神圣了，成为人们祈盼美好生活的寄托。

中秋节吃的月饼也是有故事的。传说元朝统治者统治一国后，为防止百姓起来反抗，规定只能10家合用一把切菜刀，每10家还要供养一个蒙古主子的爪牙，这些爪牙胡作非为、无恶不作，百姓切齿痛恨。元末，各地灾荒严重，灾民颠沛流离，啼饥号寒，实在活不下去了。有一年中秋节，盐城人张士诚暗中串联，把写着"八月十五，杀鞑子"等号召人们站起来推翻元朝统治者的纸条，藏在月饼里，大家互相传送。到了中秋晚上，家家吃月饼，见到了那纸条，便齐心协力，一致行动，举行了民族大起义。虽然元朝灭亡了，但这吃月饼的习俗，一直流传至今。发展到今天，月饼背面的纸条上的内容已演变为祝福的话语或者吉祥的图案。

从一些老人们的口中了解到，以前家家户户做月饼的时候，确实会在月饼后面放上纸条。如今很少会有人家做月饼了，都是从超市买现成的回来，所以纸条也就不多见了。

4. 习俗里的中秋——祭祀月神合家欢

中秋之夜，祭祀月神，是中秋节的主要习俗。以前的盐城人，一般在月亮升起后，选择家中露天处，如天井、庭院或后园中，设香案，摆供桌，奉供品，燃鞭炮，焚斗香。供桌上奉上月饼、梨、菱角、莲藕、石榴、玉米、高粱、大豆、花生、柿子、苹果、瓜、芋头、芡和成熟的稻穗或者谷子，讲究的人家还将购买的板栗、枣子等一并供于桌上，以示五谷丰登、世代有子、平安之果、团团圆圆、甜甜蜜蜜。由于在祭祀中，月亮是太阴神，属妇女之事，因此，在此地有"男不拜月，女不祭灶"之俗，多由妇女和孩子们拜月，如果遇上阴雨天没有月亮，祭月活动通常仍照样进行。具体做法是由妇女领着孩子焚香对天叩拜，尽表虔诚，以感谢"月光神"对人间及年景收成的保佑。

老盐城人过去娶媳妇非常有讲究，比如准备当年娶"婆娘"了，中秋节这天，未来女婿到准岳父家，必不能少了两只鸭子和两支藕。而这莲藕又有讲究，一定是一根整藕，而且不能有破损，造型要美，寓意十全十美，小藕称为子孙藕。除此之外，还要带上月饼、鱼、肉等礼物，以示诚意。如今城里已经很少有这种"上门"礼节了，但是在盐城的部分农村至今仍然流行。八月十五中秋节是个"团圆节",按照此地风俗,凡回娘家探亲的妇女,必须要赶在八月十五这天前回婆家"团圆"。此地俗语云,"宁留女一秋,不许过中秋",就是这个意思。

如今过中秋节的形式有了千变万化,但不管如何变,中秋节加深亲情联系的内涵永远不会改变。中秋节是中华民族渴望团结和睦的精神动力和智力资源,要让人民通过中秋文化内涵承载的历史信息,记得起历史沧桑,看得见岁月留痕,留得住文化根脉。现在过中秋节,要将中华优秀传统文化元素同当代人的审美追求结合起来,以古人之规矩,开自己之生面,不断赋予中秋文化新时代内涵和新表达方式,增强其影响力和感召力,丰富人民的节日生活,把人们的情感充分表达出来,让老百姓的生活变得更加有滋有味、丰富多彩。

十二、重阳节

农历九月初九重阳节,是中国传统的节日。关于"重阳"一词的来历,与《易经》有关。《易经》以"九"为阳之极,两九相重为"重九",日月并阳,两阳并重,故名曰"重阳"。2006年5月20日,重阳节被列入第一批国家级非物质文化遗产名录。

1. 重阳节的由来

其一,源于古代的祭祀"大火"的仪式。作为古代季节星宿标志的"大火",在九月隐退,《夏小正》称"九月内火"。大火星的退隐,不仅使一向以大火星为季节生产与季节生活标志的古人失去了时间的坐标,而且将大火奉若神明的古人产生莫名的恐惧。火神的休眠意味着漫漫长冬的到来,因此,在"内火"时节,一如其出现时要有迎火仪式那样,人们要举行相应的送行祭仪。古人将重阳与上巳或寒食作为对应的春秋大节。东晋葛洪《西京杂记》称:"三月上巳,九月重阳,士女游戏,就此祓禊登高。"① 上巳、寒食与重阳的对应,是以"大火"出没为依据的。

其二,源于秋祭仪式。《吕氏春秋》之中《季秋纪》载:"(九月)命冢宰,农事备收,举五种之要。藏帝籍之收于神仓,祗敬必饬。""是日也,大飨帝,尝牺牲,告备于天子。"② 可见,当时已有在秋九月农作物丰收之时祭飨天帝、祖先,以谢天帝、祖先恩德的活动。

其三,源于道学。道家奉为经典的《易经》中,把奇数视为阳数,偶数视

---

① 宋兆麟,李露露:《图说中国传统节》,西安:世界图书出版西安有限公司,2017年,第194页。
② 杨建峰:《细说趣说万事万物由来》,西安:西安电子科技大学出版社,2015年,第4页。

为阴数。古人将天地万物分为阴、阳两类，阴代表黑暗，阳代表光明、活力。阳数中"九"又被视为"极阳"，九月初九日是两个"极阳"相遇，所以称作"重阳"，是值得庆贺的吉利日子。

其四，源于春秋战国时代的齐景公。九月初九这天，他带了很多人登高山、爬城垣，感到秋高气爽，心旷神怡，于是认定是个吉日。以后，每年这天他都要外出登高。后人仿之，形成习俗。

2. 重阳节的传说

传说一，汉代恒景拜费长房为师修道，费长房对恒景说，九月初九这天不是什么好日子，让他赶紧领着家族所有亲人到比家高的地方"避灾"。恒景听后立即照办，在九月初九这天带着全家人倾室而出登高避祸。事后，等恒景回到家中，竟发现所有家畜都死光了……此后，汝河两岸的百姓，再也不受瘟魔的侵害了。人们把九月初九登高避祸，恒景剑刺瘟魔的事，父传子，子传孙，一直传到现在。从那时起，人们就过起重阳节来，有了重九登高的风俗。后来，人们就把重阳节登高的风俗看作免灾避祸的活动。

传说二，重阳节又是女儿节。干宝《搜神记》云：淮南全椒县有一丁氏，嫁给同县谢家。谢家是大富户，她婆婆却凶恶残暴，虐待丁氏，强迫她干繁重的家务，还经常对她痛骂和毒打。丁氏忍受不住，在重阳节悬梁自尽。死后冤魂不散，依附在巫视身上说："做人家媳妇每天辛苦劳动不得休息，重阳节请婆家不要让她们再操劳。"所以，每逢重阳日，都让妇女休息。后人给这位丁氏妇人立祠祭祀，称为"丁姑祠"。以后，每逢重阳节，父母们要把嫁出去的女儿接回家吃花糕；明代，甚至将重阳节称为"女儿节"。

传说三，《旧唐书·王勃传》记载：王勃的《滕王阁序》就是在重阳节这一天写出来的。当时王勃的父亲担任交趾令，王勃前往探视父亲。九月初九路过南昌时，洪州牧阎伯屿正在重修的滕王阁中宴请宾客，他想夸耀女婿吴子章的才气，便事先拿出纸笔请宾客动笔作序，大多宾客都知道他的用意，没有人敢作。不料王勃事先并不知道州牧的意图，竟毫不犹豫接过纸笔。州牧心中十分生气，在旁边看王勃书写，谁知道王勃才气横溢，字字珠玑，当写到"天高地迥，觉宇宙之无穷；兴尽悲来，识盈虚之有数"时，忍不住拍案叫绝，王勃一举名震文坛。

3. 重阳节的习俗

旧时在盐城，重阳节这天，人们登城门楼、登寺塔或避潮墩，赏菊、吃菊花酒、插茱萸、兴吃糕。坊间流传着谚语："吃了重阳糕，过冬不心焦。"《南齐书（卷九）》上说，刘裕称帝之前，有一年在彭城过重阳，一时兴起，便骑马登上了项羽戏马台。等他即位称帝后，便规定每年九月初九为骑马射箭、校阅军队的日子。据说，后来流行的重阳糕，就是当年发给士兵的干粮。为了趋吉避祸，盐城境内则兴此日吃糕，取"糕"与"高"的同音，来代表登高消灾之意。也正因为给"糕"赋予了能消灾避祸的内涵，所以重阳节此地不仅家家蒸糕，就连熟食店也专门制作"重阳糕"出售。在一些旱粮地区，因无米面来蒸糕，也要以烙饼来替代蒸糕。所以在此地也就有了重阳节吃糕和吃饼的风俗习惯。也有的称之"重阳吃块饼，过冬不怕冷"，意在可以安全过冬，亦合消灾避祸之俗。在盐城人的传统观念中，双九还有生命长久、健康长寿的文化内涵。

4. 重阳弘扬孝文化

重阳节经过历代演变，已成为一个多元化的节日。就个人而言，其登高及放风筝的活动，可强健体魄，调剂身心。之后所衍生的老人节，发扬中华传统孝道和报本思源的美德，不但让这个节日富有人情味，也充实了它的文化内涵。重阳节是杂糅多种民俗于一体而形成的传统节日，它不像春节、端午、中秋等是多民族共同节日，而是为汉族所独有。现在，盐城重阳节吃糕的风俗依然存在，此时正为稻熟蟹肥之时，又值丛菊争放之际，重阳节正由传统登高望远、赏菊怡情、消灾避祸等向持螯把盏、喜庆丰年等转变。自国家把"老人节"定在重阳，把传统的登高与老人的健康长寿及孝文化的弘扬有机结合起来，更丰富了这一节日的内涵。盐都区大纵湖风景区里有王祥卧冰处遗址，盐都区龙冈镇流传孝子王忱故事——《白燕赞》（宋曹手书《白燕赞》碑，目前收藏在盐城市博物馆）。这一天，盐城境内大凡已成家的儿女，通常都要抽出时间回家看望老人。由于此时西风渐起，做儿女的有些则会为老人添置一些衣服，也有的儿女为老人置备一些糕点茶食，以便早茶晚水之用，使古老的传统节日更加丰富多彩，更富有文化内涵。

十三、十月朝

每年农历十月初一是我国传统的祭祀节日——寒衣节，又称"十月朝""祭祖节"。旧时，妇女们都要亲手缝制寒衣，送给远方的亲人。

旧时各地，在寒衣节这天，祭厉坛、斋无祀，并举行乡饮酒或暖炉会，其要旨不外乎养生保健、追念远祖、培养淳朴的民风。盐城称此日为"十月朝"，无论贫富都要准备酒肴，祭奠祖先或逝去的父母，邀请族人会餐，称为"过十月朝"。家有新丧的，至亲要祭拜灵位，称为"新十月朝"。

关于寒衣节的由来，众说纷纭。其中，有两个传说在盐城流传较多。一个是朱元璋授衣的传说。相传，明初朱元璋称帝，为了显示顺应天时，在十月初一这天早朝,他行"授衣"之礼,并把刚收获的赤豆、糯米做成热羹赐给群臣尝新。民谚说:"十月朝、穿棉袄,吃豆羹、御寒冷。""寒衣节"由此而来。后来,人们在加衣避寒的同时,也将冬衣捎给远在外地戍边、经商、求学的游子,以示牵挂和关怀。

另一个传说出现在盐城大丰一带,其大意为从前有个放牛娃,因与地主抗争,被地主砍死,鲜血把撒在地上的米饭染得通红。这一天正是十月初一。此后,穷人在十月初一都要吃红豆饭纪念他,尚有童谣为证:"十月朝,看牛娃儿往家跑;如若不肯走,地主捆你三犁担子一薄刀。"相传,后人把十月初一当悼亡节来过时,就以红豆饭为奠。

"天气渐冷,家家上坟祭祖、添土压纸,意为给亡者添被加袄。""十月朝"的实质是表达对祖先的怀念和感恩,"烧纸钱"的习俗是深层的精神文化需求,是中国人表达感恩的方式。但是鉴于环境污染问题,可加以引导,如可以考虑在社区组织集体祭祀活动,以中国民间表演、上香行礼等方式来慢慢引导传统演变,移风易俗不宜靠强硬取缔实现。

十四、下元节

下元节为中国民间传统节日,农历十月十五,亦称"下元日""下元"。正月十五称上元佳节,乃庆元宵,古已有之;七月十五称中元节,祭祀先人;十月十五称下元节,祭祀祖宗。下元节的来历与道教有关。道家有三官:天官、地官、水官,谓天官赐福,地官赦罪,水官解厄。下元节是"水官大帝"禹的生日。相传"水官大帝"禹会在这天下凡为民解厄。在下元节这天,人们祭祀禹,因此,下元节也叫"消灾日",这是一个快被遗忘的传统节日。

旧时盐城每年这天除要祈愿神灵、享祭祖先外,还要吃节令食品等。从祭祀内容与对象的演变过程看,"下元节"融入了许多农业生产中的祭祀风俗,使其成为一种祭祀神灵、祈求丰收的农祀节日。过去每逢农历十月十五,盐城民间许多人家会在房前空地上排案供食品,烧香祈福,并让小孩子用烧着的香枝均匀地插成一片小方块,叫"布田"。传说这一天,可以为人解厄。

随着岁月流逝,"下元节"在民间逐步演化为多备丰盛菜肴,享祭祖先亡灵,祈求福禄祯祥的传统祭祀节日。信仰祖先、祭祀祖先,向祖先表示虔敬,目的是祈求祖先庇佑后代。在具体的祭祖求福中全国各地有不同的习俗。

提到吃节令食品,民间习俗可谓丰富多样。由于"下元节"正值农村收获季节,通常有些人家会先做好豆腐,然后再油炸,也有一些人家会用新谷磨糯米粉做薄饼,包素菜馅心,油炸成"影糕""葱饼"或香润可口的油炸团子,当作供品在大门外"斋天"。而在旧时,"下元节"这一天也是农村孩子最高兴的日子,因为大人会在家中做糍粑、蒸麻腐包子等赠送亲友,孩子们还可以吃到很多祭祀之后称为"福余"的果品。

实际上,人类在长期的、众多的节日活动的实践中,形成了独立的、特殊的节令食品,诸如春节吃肉圆、正月十五吃元宵、端午节吃粽子、中秋节吃月饼等。同其他风俗习惯一样,作为民族的一种共同情感、共同心态,统一着人们的节日行为,对节日的生存、发展起着重要作用。

那么,我们应该如何复兴"下元节"?"下元节"是一个内涵丰富的节日,是表达美好愿望、攘除厄运的"祈福日"。这里所说的复兴,并不是说一定要全民大张旗鼓都来过"下元节",而是要让"下元节"的合理文化内涵能够在新时代得以延续,相关节日民俗能够有选择地继承,这样才能将传统文化更好地传承下去。

十五、过大冬

古人认为,阴极之至,阳气始生,日南至,日短之至,日影长之至,故曰"冬至"。冬至,是我国农历中一个非常重要的节气,也是一个传统节日,至今仍有不少地方有过冬至节的习俗。冬至俗称"冬节""长至节""亚岁"等。旧时,大冬大似年。

1. 冬至节的演变

早在2500多年前的春秋时代,我国已经用土圭观测太阳测定出冬至来了,它是二十四节气中最早制订出的一个,时间在每年的阳历12月22日或者23日之间。

在周朝,就有在冬至日郊祀祭天的记载,又因为周历的正月是夏历的十一月,因此,周代拜岁和贺冬并没有分别。在周朝,冬至日便有"天子率三公九卿迎岁"之盛典。先民们把"冬至"视为一年之岁首,在《周礼》中定下了"以冬至日,致天神人鬼"的祭祀仪式。

汉武帝采用夏历后,把元旦和冬至分开,才开始有过"冬节"。汉代,冬至被列为令节。在冬至前后,从皇帝到百官都停止办公,全部休假来庆贺这个节日。《汉书》中说:"冬至阳气起,君道长,故贺。"[①] 汉朝以冬至为"冬节",官府要举行祝贺仪式称为"贺冬",例行放假。

唐宋时代,冬至与"岁首"并重,据孟元老《东京梦华录》载:"十一月

---

① 庞丹丹,苏珊:《节日与习俗》,太原:山西教育出版社,2016年,第177页。

冬至，京师最重此节，虽至贫者，一年之间，积累假借，至此日更易新衣，备办饮食，享祀先祖。官放关扑，庆贺往来，一如年节。"①

明清时代，冬至皆袭古俗，有"肥冬瘦年"之说，冬至日祭祀之风大盛。刘侗、于奕正合撰的《帝京景物略》有"百官贺冬毕，吉服三日，具红笺互拜，朱衣交于衢，一如元旦"②的记载。鉴于历史沿革和民众"冬至大如年"的心理影响，辛亥革命后为顺应民心，曾一度将冬至日定为"冬节"。

2. 冬至节的传说

北方有"冬至馄饨夏至面"的说法。相传汉朝时，北方匈奴经常骚扰边疆，百姓不得安宁。当时匈奴部落中有浑氏和屯氏两个首领，都十分凶残。百姓对其恨之入骨，于是用肉馅包成角儿，取"浑"与"屯"之音，呼作"馄饨"，恨以食之，并求平息战乱，能过上太平日子。因最初制成馄饨是在冬至这一天，所以以后在冬至这天家家户户吃馄饨。

吃"捏冻耳朵"是冬至河南人吃饺子的俗称。缘何有这种食俗呢？相传南阳医圣张仲景曾在长沙为官，他告老还乡时恰是大雪纷飞的冬天，寒风刺骨。他看见南阳白河两岸的乡亲衣不遮体，有不少人的耳朵被冻烂了，心里非常难过，就叫弟子在南阳关东搭起医棚，用羊肉、辣椒和一些驱寒药材放置锅里煮熟，捞出来剁碎，用面皮包成像耳朵的样子，再放下锅里煮熟，做成一种叫"驱寒矫耳汤"的药物施舍给百姓吃。乡亲们服食后，耳朵都治好了。后来，每逢冬至人们便模仿着吃，是故形成"捏冻耳朵"的习俗。因这天正值冬至节，所以后来人们都在冬至时吃这像耳朵似的扁食——饺子，并有"冬至不端饺子碗，冻掉耳朵没人管"的俗语流传于世。

在江南水乡，有冬至之夜全家欢聚一堂共吃赤豆糯米饭的习俗。相传，有一位叫共工氏的人，他的儿子不成才，作恶多端，死于冬至这一天，死后变成疫鬼，继续残害百姓。但是，这个疫鬼最怕赤豆，于是，人们就在冬至这天煮吃赤豆饭，用以驱避疫鬼，防灾祛病。

冬至还有吃狗肉的习俗。相传，汉高祖刘邦在冬至这一天吃了樊哙煮的狗肉，觉得味道特别鲜美，赞不绝口。从此在民间形成了冬至吃狗肉的习俗。现在的人们纷纷在冬至这一天，吃狗肉、羊肉及各种滋补食品，以求来年有一个好兆头。

---

① [宋]孟元老：《东京梦华录》，颜兴林译注，南昌：二十一世纪出版社集团，2018年，第185页。

② 张明林：《礼乐歌诗：闲话礼俗中国》，哈尔滨：北方文艺出版社，2007年，第320页。

3. 冬至节的习俗

冬至是一个内容丰富的节日。冬至节习俗主要有拜师和赠鞋袜等。冬至这天是学生向老师表达敬意的日子，据说，此日，学生穿新衣，携酒脯，各赴业拜师。冬至节，旧俗由学董牵头，宴请教书先生。先生要带领学生拜孔子牌位，然后由学董带领学生拜先生。

冬至节，民间习惯赠鞋，其源甚古。《中华古今注》说："汉有绣鸳鸯履，昭帝令冬至日上舅姑。"① 曹植《冬至献袜颂表》中亦有"亚岁迎祥，履长纳庆"② 的句子。赠鞋袜则是因为这天日影最长，所以古俗以鞋袜献给尊长庆贺冬至，表示足履最长之日影祝祷长寿。另有资料认为"赠鞋于舅姑"的习俗，逐渐变成了舅姑赠鞋帽于甥侄了。此说可能是对"舅姑"一词望文生义而致，古汉语中的"舅姑"指的是公婆，而非后世理解的舅姑亲属。当然，不管是赠尊长还是赠孩童，都是一种感怀生命的美好习俗。送给男孩子的礼物，帽子多做成虎形、狗形，鞋上刺绣的也是猛兽；送给女孩子的礼物，帽子多做成凤形，鞋上刺绣多为花鸟。现在则多数是从集市购买，形式紧跟时代潮流。每逢节日，大人们总喜欢抱着小孩子串门，夸耀舅姑赠送的鞋帽。

由于冬至既是一个节日，又是二十四节气中的一个重要节气，处于季节转换时期。从大冬这天起，叫"进九"。冬天三个月分为十个九，农谚云："一九二九不出手；三九四九冰上走；五九和六九，河边插杨柳；七九河冻开，八九燕子来；九九加一九，耕牛遍地走。"对于大冬这一天的天气，一般人都会很留神。本地有"晴冬烂年"之说，如果冬至天气晴朗，则昭示过年肯定是个阴天，不是下雪就是有雨，所以人们最怕的就是"暖冬"。他们认为，天气该冷不冷不是好兆头，不但对田野里的庄稼不利，容易旺长，难保来年丰产丰收，而且对人和牲畜也很不利。

盐城大冬前一天叫小冬，祭祀祖先。大冬这天早晨日出之前，家家都要喝南瓜汤，一般人家还会用赤豆和南瓜共煮，以汤代粥。也有的人家，常以南瓜和面粉相和做南瓜饼。老盐城人之所以在过冬时吃南瓜，源自一个传说。据说，很久以前在范公堤西有对姓相的老夫妻，平时爱种南瓜，而且南瓜长得又大又好。每年秋天，老夫妻都要收藏一屋子的南瓜。他们把南瓜当宝贝，可别人并不当回事。有一年灾荒，饥饿的人们想起了相爹爹的南瓜，老夫妻毫不吝惜，救了不少人的性命。由于这一天正好是冬至，于是冬至吃南瓜的风俗就这么沿

---

① 何信芳：《农耕民俗谱》，石家庄：河北少年儿童出版社，2013 年，第 149 页。
② [三国] 曹植：《冬至献袜颂表》，《全上古三代秦汉三国六朝第 3 册》，石家庄：河北教育出版社，1997 年，第 165 页。

袭了下来。女儿出嫁后回家探亲,这天晚上必要返回夫家。腌渍肉、鱼、鸡、鸭及各种蔬菜,准备过年。九人相约宴饮小聚,从数九中的一九至九九,各做东道主一次,叫作消寒会。画素梅一枝,花瓣共为81枚,每天染一枚花瓣的颜色,花瓣染尽而九九出,则春色已深,称为九九消寒图。旧时,大冬大似年。

如今虽然冬至节的重要性有所降低,但丰富的节日内涵依然世代传承。现盐城西乡仍有冬至当天日出之前,喝南瓜汤、吃南瓜饼的风俗,还有人家会用赤豆和南瓜煮粥吃,或者食用以蔬菜为馅的"菜茧子"。

4. 冬至节的养生

传统中医学认为,冬至时节人体的头、胸、脚这三个部位最容易受寒邪侵袭。俗话说,"寒从脚下起",脚离心脏最远,血液供应慢而少,皮下脂肪较薄,抵御寒冷的能力较差,而脚掌与上呼吸道黏膜又有着密切的关系,一旦足部着了凉,容易引起上呼吸道黏膜内毛细血管的收缩,导致抵抗疾病的能力下降,潜伏在鼻咽部的病菌、病毒乘虚而入,易引起感冒、腹痛、腰腿痛、妇女痛经等症状。足部的保暖方法很多,除了穿着保暖性能好的鞋袜外,平时还要注意多活动脚步,如跑步、竞走、散步等。"睡前烫烫脚,胜似吃补药。"晚上睡觉前,用热水烫一烫脚,既能御寒又能有效地促进局部血液循环,增加脚的营养供给,保持皮肤柔软,清除下肢的沉重感和全身疲劳。同时,热水也能刺激大脑皮层,有利于促进睡眠。此外,如果将所泡洗的热水,改为中草药甘草、芫花煎洗,可防止冻疮;用白果树叶煎洗,可防止小儿腹泻;用浮萍、麻黄煎洗,有利于水肿的消退。

冬至时节要勤晒被褥。勤晒被褥有很多好处。首先,可避免潮湿。其次,被褥上的细菌和微生物在人体分泌的汗水及油脂中极易繁殖。阳光中的紫外线有强烈的杀菌消毒作用,可杀死各种细菌和微生物。再次,经日光曝晒后的被褥更加蓬松、柔软。冬季,人在睡眠期间因肌体抵抗力和对寒冷环境的适应能力降低,很容易患感冒、中风等症状,穿上睡衣则能预防疾病,保护身体健康。

冬至时节,应多吃蔬菜,适当吃些动物内脏、瘦肉类、鱼类、蛋类等食品。有条件的还可多吃甲鱼、羊肉、木耳、坚果等食品,这些食品不但味道鲜美,而且富含蛋白质、脂肪、碳水化合物及钙、磷、铁等多种营养成分,不仅能补充因寒冷而消耗的热量,还能益气、养血、补虚,对身体虚弱的人尤为适宜。

十六、腊八节

腊八节,俗称"腊八",古人有祭祀祖先和神灵,祈求丰收吉祥的传统,不少地方有喝腊八粥的习俗。

1. 腊八节的由来

关于腊的含义，应劭《风俗通义》云："腊者，猎也，言田猎取禽兽，以祭祀其先祖也"；或曰："腊者，接也，新故交接，故大祭以报功也"，就是说，不论是打猎后以禽兽祭祖，还是因所旧之交而祀神灵，反正都是要搞祭祀活动，所以说腊月是个"祭祀之月"。夏代称腊日祭为"嘉平"，殷曰"清祀"，周曰"大蜡"，汉代改为"腊"。①

腊八祭祀的对象有八个：先啬神（神农）、司啬神（后稷）、农神（田官之神）、邮表畷神（始创田间庐舍、开路、划疆界之人）、猫虎神、坊神、水庸神、昆虫神。先秦的腊祭日在冬至后第三个戌日，南北朝以后逐渐固定在腊月初八。到了唐宋，此节又被蒙上佛教色彩。相传释迦牟尼成佛之前，绝欲苦行，饿昏倒地。一牧羊女以杂粮掺以野果，用清泉煮粥，将其救醒。释迦牟尼在菩提树下苦思，在十二月初八得道成佛。从此，佛门定此日为"佛成道日"，诵经纪念，相沿成节。到了明清，敬神供佛更是取代祭祀祖灵、欢庆丰收和驱疫禳灾，成为腊八节的主旋律，其节俗主要是熬煮、赠送、品尝腊八粥等。同时，许多人家自此拉开春节的序幕，忙于杀年猪、做豆腐、制作风鱼腊肉，采购年货，"年"的气氛逐渐浓厚。

2. 腊八节的传说

传说一，据说当年朱元璋落难在牢房里受苦时，正值冬天，又冷又饿的朱元璋竟然从监牢的老鼠洞中刨出一些红豆、大米、红枣等七八种五谷杂粮。朱元璋便把这些东西熬成了粥，因那天正是腊月初八，朱元璋便美其名曰腊八粥，美美地享受了一顿。后来，朱元璋平定天下，做了皇帝，为了纪念在监牢中那个特殊的日子，他把这一天定为腊八节，把那天吃的杂粮粥正式命名为腊八粥。

传说二，佛教的创始者释迦牟尼见众生受生老病死等痛苦折磨，又不满当时婆罗门的神权统治，舍弃王位，出家修道。初无收获，后经六年苦行，于腊月八日，在菩提树下悟道成佛。在这六年苦行中，每日仅食一麻一米。后人不忘他所受的苦难，"腊八"就成了"佛祖成道"纪念日。"腊八"是佛教的盛大节日，中华人民共和国成立前各地佛寺作浴佛会，诵经，并效仿释迦牟尼成道前，牧女献乳糜的传说故事，用香谷、果实等煮粥供佛，俗称"腊八粥"。并将腊八粥赠送给门徒及善男信女们，以后便在民间相沿成俗。据说有的寺院于腊月初八前由僧人手持钵盂，沿街化缘，将收集来的米、粟、枣、果仁等食材煮成腊八粥散发给穷人。传说吃了以后可以得到佛祖的保佑，所以穷人称为"佛粥"。

传说三，腊八节来自"赤豆打鬼"的风俗。传说上古五帝之一的颛顼氏的

---

① 周世传：《中华传统节俗诗词选注》，北京：大众文艺出版社，2013年，第17页。

三个儿子死后变成恶鬼，专门出来吓孩子。古代人们普遍相信迷信，害怕鬼神，认为大人小孩中风得病、身体不好都是由于疫鬼作祟。这些恶鬼天不怕地不怕，单怕赤（红）豆，故有"赤豆打鬼"的说法。所以，在腊月初八这一天以红小豆、赤小豆熬粥，以祛疫迎祥。

传说四，腊八节是出于人们对忠臣岳飞的怀念。当年，岳飞率部抗金于朱仙镇，正值数九严冬，岳家军衣食不济、挨饿受冻，众百姓相继送粥，岳家军饱餐了一顿百姓送的"千家粥"后，大胜而归。这天正是十二月初八。岳飞死后，百姓为了纪念他，每到腊月初八，便以杂粮豆煮粥，相沿成俗。

传说五，秦始皇修建长城，天下民工奉命而来，长年不能回家，吃粮靠家里人送。有些民工，家隔千山万水，粮食送不到，饿死不少。有一年腊月初八，无粮吃的民工们将积攒的几把五谷杂粮，放在锅里熬成稀粥，每人喝了一碗，最后还是饿死在长城下。为了悼念这些民工，人们每年腊月初八吃"腊八粥"。

传说六，在盐城还流传着这么一个故事，古代有一户人家，家境十分富裕，平时非常铺张浪费。他们的邻居是一户穷人，就将他们浪费掉的各种食品捡起来晒干食用。恰逢这年的腊月初八，富户人家遭了一场大火，家里被烧了个精光，连一点吃的都没有了。邻居得知后，就将他们浪费掉的各种食品掺杂在一起煮粥给他们吃，并告诉他们这些食物都是他们平时扔掉的。富人悔过后，对邻居感激不尽。此后，每年的这天，当地的人们就用各种杂粮掺杂起来煮成粥来吃，以此告诫后人不要忘本，不能铺张浪费，要勤俭持家，勤劳创业。

3. 腊八节的习俗

老百姓吃"腊八粥"，始于宋代，距今已有一千多年的历史了。盐城最早的腊八粥是用红小豆和米煮成的。后来，随着历史的发展，腊八粥也就多样化了，但用料大致差不多。比如，米有糯米、粳米、籼米等；豆有赤豆、绿豆、黄豆、豇豆等；干果有花生、红枣、杏仁、百合、桂圆、莲心、白果、菱角米等；再加蜜饯、果品、蔬菜等制成。现在，也有市民会往粥里掺海参及各种肉类，以求适口。有些地方过腊八煮粥，不称"腊八粥"，而叫作煮"五豆"。民谣曰："绿豆绿，莫忘苦当初；黄豆黄，莫忘做文章；豇豆豇，莫忘菜汤汤；蚕豆蚕，莫忘三更寒；豌豆豌，做官且莫贪。"总之，这个"腊八粥"正在向富有营养风味转变，使古老的风俗更具有新时代气息。

在盐城的西乡，人们会搓些糯米粉圆子，东区则佐以杂粮、麦面等，故有人又称"腊八疙瘩"。腊八粥以其稠软粘、甜咸均可等风味深得大人、小孩的喜爱。据说，吃了这种粥，一可提醒人们勤俭持家，二可保大人小孩平安，三可预祝来年丰收。因为寓意吉祥，所以流传至今，并形成颇为有趣的节令佳食。

汉代在腊八日前一天，击鼓驱疫，称为"逐除"。晋代荆楚一带则将腊八日作为驱逐疫疾的日子。当时有谚语道:"腊鼓鸣,春草生。"村民都腰挂细腰鼓,戴着面具,扮作金刚力士来驱逐疫疠,这大概也是古代傩(古代驱逐疫鬼的一种仪式)的遗风。金刚的梵语为"跋折罗",意思为金是世间至刚之物,能破坏外物,而外物不能破坏它,因此被当作佛家威武之神的名称。腊月初八、十八、二十八等日,欠债者都要偿还债务。有谚语道:"第一腊八犹自可,第二腊八急如火,第三腊八无处躲。"民间在腊八节祭祀先祖,乡绅富户还会在此日施粥。

4. 腊八粥——养生粥

腊八粥常用的原料有粳米、糯米和薏米等。粳米含蛋白质、脂肪、碳水化合物、钙、磷、铁等成分,具有补中益气、养脾胃、和五脏、除烦止渴、益精等功用;糯米具有温脾益气的作用,适于脾胃功能低下者食用,对于虚寒泄利、虚烦口渴、小便不利等有辅助治疗的作用;薏米具有健脾、补肺、清热、渗湿的功能,经常食用对慢性肠炎、消化不良等症也有良效。富含膳食纤维的薏米有预防高血脂、高血压、中风及心血管疾病的功效。

豆类是腊八粥的配料,常用的有黄豆、赤小豆。黄豆含蛋白质、脂肪、碳水化合物、粗纤维、钙、磷、铁、胡萝卜素、硫胺素、核黄素、烟酸等,营养十分丰富,并且具有降低血中胆固醇、预防心血管病、预防骨质疏松等多种保健功能。赤小豆含蛋白质、脂肪、碳水化合物、粗纤维、钙、磷、铁、硫胺素、核黄素、烟酸等,中医认为赤小豆具有健脾燥湿、利水消肿之功,对于脾虚腹泻及水肿有一定的辅助治疗作用。

腊八粥中的果仁具有很好的食疗作用。花生和核桃是不可缺少的原料。花生有"长生果"的美称,具有润肺、和胃、止咳、利尿、下乳等多种功能。核桃仁具有补肾纳气、益智健脑、强筋壮骨的作用,还能够使人增进食欲、乌须生发,核桃仁中所含的维生素 E 更是医药学界公认的抗衰老药物。

如果在腊八粥内再加羊肉、狗肉、鸡肉等,腊八粥的营养滋补价值将倍增。对于高血压患者,不妨在粥里加点白萝卜、芹菜;对于经常失眠的人,如果在粥里加点龙眼肉、酸枣仁将会起到很好的养心安神的作用。何首乌、枸杞子具有延年益寿的作用,还有降低血脂浓度的作用,是老年人的食疗佳品。燕麦具有降低血中胆固醇浓度的作用,在碳水化合物食品中添加燕麦可抑制血糖值上升,因此,对于糖尿病及糖尿病合并心血管疾病的患者,不妨在粥里放点燕麦。大枣也是一种益气养血、健脾的食疗佳品,对脾胃虚弱、血虚萎黄和肺虚咳嗽等症有一定疗效。腊八粥不只是一种应景的时令食物,还具有较高的营养价值和养生价值。

第二节 生产劳动民俗研究

一、盐业习俗

盐阜地区东临大海,地处江淮之间,属典型的里下河水网地区。为了生存和生活,此地开始以捕鱼、烧盐为生,继而以开荒垦殖养家糊口,也有的以手工技艺维持生计。由于所从事生产的工种不一样,生活方式不一样,因此,在长期社会生活中的风俗习惯也不一样。这些风俗习惯,既有时代的局限和历史的烙印,亦有人们的行为取向和信仰寄托,世代相传。

盐乃"百味之祖,食肴之将"。此地自汉朝以来,在如今的盐都、亭湖、东台、大丰、射阳、滨海、响水等市县境内就有"煮海烧盐"的历史。先民们以一种独特的生活方式,在海边搭棚支锅,安家定居,煮海水为盐,以维持生计。由于盐为一种特殊的商品,既为各家各户不可或缺,又为历代朝廷的主要税收来源,因此盐民的生活是极为艰苦的。但是,基于盐的特殊地位和特殊作用,尽管盐民在生产过程中饱受艰辛,然而为生计仍辛勤劳作,用固有的生活方式来回报大自然的恩赐。

所谓"煮海烧盐"就是将海水制成卤放在"锅丿"中煮熬。当然"锅丿"是置于灶上的,所以过去盐户统称为"灶户",盐民即为"灶民"。这种产盐方法旧时主要在春、秋两季。春季产盐叫"春扫",秋季产盐叫"秋扫"。"扫"就是用小竹枝捆成帚,扫盐成堆,故称"春扫""秋扫"。现在多叫"春晒""秋晒"。春季产盐从三月三到夏至,有"小满膘最足,六月晒火谷""夏至水门开,水斗挂起来"之说。秋季产盐一般从七月开始到十月初一(俗称"十月朝"),有"七月半定水头,八月半定太平,九月菊花盐,十月盐归土"之谈。长期的盐业生产,此地盐民也形成了自己的地方风俗。

祭盐婆 据说,盐最早是严婆发现的,故人们将其视为神,每年都要祭拜。相传,过去此地并没有盐这个说法,也没有现在的盐。人们日常生活主要靠稻草灰水、酸菜汤、辣椒之类的东西来烧菜。由于没有盐分摄入,不少人面黄肌瘦,常生病,有的还卧床不起。后来一位姓严的老婆婆在从海边织渔网回来的途中,发现海滩上有一层晶莹透明的白霜,她先用舌头尝尝,觉得很开胃,就扫了一口袋背回去分给左邻右舍。大家吃了这个东西,没有病的浑身添劲,有病的也渐渐好了。那么这个东西叫什么呢?于是大家想到了严婆,认为这是她为大家做的一件好事，因为她姓严，便将这个东西叫作"严"了。但是，这毕竟是偶然的发现，滩上的东西吃光了怎么办呢？于是，严婆便将海水挑上滩来让太阳晒，又有了"严"，这便是后来的"铺滩晒盐"。再后来，为了解决阴雨天没有日照难以成"严"的问题，便又有了以后的"煮海烧盐"。有关文人根据烧盐的制作过程，即引海卤在土灶器皿中烧制，便将严婆的"严"改为现在的"盐"了。

由于严婆发现了盐，解决了人们生活中的一个大问题，千家万户感恩不尽。后来严婆过世，各家各户仍对其烧香祭拜。由于民间香火旺盛，直冲南天门，据说还惊动了天上的玉皇大帝。当时玉皇大帝派员查明原因，念严婆有功，还专门追赐严婆为"盐盘大圣"。当然，这只是民间的一个美好的传说。但是，因为盐毕竟是民间不可或缺之物，加之多少年来人们一直这样口口相传，故而此地盐民每年农历腊月三十晚上，都要到烧盐的锅灶旁，敬献酒肉刀头，焚烧黄元纸、点上香烛，并对着"盐盘大圣"的画像顶礼膜拜，以表对这位施德于民的"盐婆"的感激之情。

过盐生日 由于盐是严婆最早发现的，有了盐才改变了人们的身体状况和生活质量，因此，此地人又将正月初六严婆生日定为盐生日加以纪念。因为产盐同天气好坏有直接关系，所以每逢正月初六这一天，盐民们都会借盐生日来观察天象。盐民们通常会早早起来上滩，或到风车处放鞭炮、烧纸、磕头，边烧边祈祷，请严婆显灵开恩，让今年产盐多、盐粒大、盐色白。这在此地叫"烧盐婆婆纸"，也叫烧"滩纸"。如果这一天朝霞满天，或者是晚霞满天，即昭示着当年盐业生产肯定会有个好年景，自然会热闹一番。即便天气不好，晚上回家以后，也会焚香祈祷，祈求苍天保佑，既作为对盐生日的纪念，也作为对盐业生产好年景的祈求。

烘缸会 从严婆发现盐，到铺滩晒盐和煮海烧盐，可谓此地盐民对盐业生产的一大发明。但是，这两种方法均离不开好天气，于是太阳就成了盐民命运的主宰。为了祈求老天保佑，在盐民生活中便有了"烘缸会"，即每逢春秋两季烧盐或煮盐开始，都要请艺人说书唱戏、敬神、做会、烧香拜太阳神。过去，在此地举行的"烘缸会"中，要数盐场公署举办的"烘缸会"最为热闹。届时，盐民聚集广场之上，摆香案、供三牲，恭候太阳从东方升起。由祭司率盐民面朝太阳焚香磕头。然后，由几名大汉抬着大卤缸，上置太阳神，四周披以红绸，象征灶火，在鼓乐声中，抬至戏台前供奉。接下来，进行神戏演出，好不热闹。而多数盐民自发组织或举行的"烘缸会"，则简单多了。一般只是几户盐民联合，用土块垒成一个太阳神庙，内置神像，外竖旗杆，由盐民烧香祈祷，请太阳神多赐晴天。事实上，这既是盐民的集会，也是盐民的祭祀活动。

不送灶 本地居民历来都有腊月送灶的风俗习惯。但是,此地盐民则不然,他们从来不送灶。因为他们主要靠烧灶煎盐为生,盐民们一直把盐灶视为自己的命根子,过去一日不烧盐就一日没有饭吃。所以即便过年辞旧迎新也从不送灶。他们认为,送了灶就等于丢了自己的饭碗,就没有了生活来源,故而此俗就一直这么延续着。即便是今天,一些上了岁数的老年人,依旧十分虔诚,一直坚持此俗。

禁忌少 此地人为了图吉利,在日常生活中有许多忌讳和禁忌。特别是受儒家传统思想的影响,当男女在一起的时候,很介意男女之间的关系。这方面的禁忌和忌讳也特别多,谓之"男女授受不亲"。但是在此地盐民的生活中,这方面的禁忌和忌讳相对少得多。这除了出于对严婆的尊重外,还因为在制盐的过程中,尤其是在"铺滩晒盐"的时候,劳动强度比较大,不仅需要男人干,同样也需要女人帮着干。即便是"煮海烧盐"也离不开女人们帮工,所以在盐民阶层中歧视妇女的禁忌是很少的。也正因为地方俗信为妇女提供了活动的空间,极大地解放了妇女的生产力,所以时至今日,广大妇女仍是此地盐业生产中一支不可或缺的生力军。

二、渔业习俗

由于此地地处沿海,加之内陆多有湖荡和河流,因此,境内渔民从事渔业生产的历史悠久,渔业收入也成为地方收入的一个重要组成部分。其风俗习惯有以下几种。

开网门 此地渔业生产按照地域和生产方式划分,可分为内河捕鱼和海洋捕鱼两种。内河捕鱼多用"旋网",称为"取彩"。这种生产方式,通常以家庭为生产单元,船也不大,本地人通称为"小渔船"。海洋捕鱼多用"拖网",故称为"开网"。这种捕鱼方式因要出海,并非一家一户能为,通常要有多户参加,而且船体比较大,故称"大海船"。一般情况下,每年正月初头海边渔民即要准备出海。出海前,为了祈求满载归来,东台、大丰、射阳一带通常要举行"满载会",由船主点烛焚香,供奉"刀头",求神保佑。会上,渔民们要在船主家聚餐,吃"满载酒"。会后,由船老大主持祭网仪式,并要鸣鞭放炮,将渔网拖至海边平放到海滩上,请怀孕的妇女在网上先剪2~3个网眼,这就叫"开网眼"。只有这种仪式过后,才能把渔网拖上船,扬帆远航,出海取捕。在响水一带,渔船老大按当地风俗则要先祭祀龙王,购买猪头、公鸡各一只,放于船头,把公鸡的血从船头分两行滴下,名曰"挂红"。还有的将鸡血和鸡毛一起粘于桅杆根部,焚香、烧纸、叩头、鸣鞭放炮,作为出海前的祭祀,以求出海平安和满载归来。滨海一带渔民每逢春汛到来之际，则要搭台唱大戏，敬神消灾还愿，并要说些诸如"日取白银千万担，船行四海保平安"的吉利话。由于此地海岸线较长，各地开网方式虽有不同，但所要表达的都是一个意思，即希望出海平安及首次出远门能有所收获，故谓之"开网门"。

拣日子 此地渔民对开船出行（海）的日子很重视。陆地上人出行讲究黄道吉日，渔家出行（海）则要根据鱼汛和潮汐。通行的风俗习惯：一是农历每月初一、十六两天出海为最好，谓之"六潮水"，且含有一月之初和"六六大顺"之意；二是农历每月十二、二十七两天，此地人称之为"二潮水"；三是农历每月十四和二十九两天，此地人称之为"四潮水"。这个各有各的说法。农历每月十五、十七两天分别称为"五潮水"和"七潮水"，这两个潮水是绝对不能出海的。因为"五潮水"中"五"与"舞"是谐音，渔家认为只有翻船倒海，人才会在水中"舞"，故平日称"五潮水"为"半潮水"，从不开口讲"五"。至于"七潮水"，则有"吃潮水"之嫌，也是个坏字眼，不吉利，故渔民通常称"七潮水"为"草滩潮水"。此外，还有一个"八潮水"（即每月农历初八），因犯"七七八八"的忌讳，也算不上什么好日子，故而避之。这些风俗习惯，主要是为了避开天文大潮，以防不测。当然，也有的只是一种心理作用，并没有什么科学道理和依据。

开船酒 船家选定出海日期以后，真正出行在此地是非常隆重的。出海前先要在船头举行祭祀仪式，事先购买一份"汛头纸"，供奉龙王、船神，其次要在船上安放"菩萨窝"，即将木头刻制的菩萨（也有的地方是用泥捏的观音）置于船老大独宿的后舱内，再聚餐喝壮行酒。按照地方俗规，这一顿饭非吃不可。上桌的鱼必须是整的，谓之整体去整体回；鱼头要朝西，兆示鱼会入网，若朝东鱼就会跑入深海；吃鱼时顺其自然，只吃一面，不能翻过来再吃另一面，因为"翻"乃为渔家大忌。内河渔民每年开始下河捕鱼时，亦要在船上举行祭祀仪式，以酒菜相祭。祭祀时船主要跪于船头，点香烛、焚烧黄元纸（俗称"元宝"）、鸣鞭放炮敬河神，在盐城西部湖荡地区称此为"取彩利市"。

第一网 捕鱼网撒开以后，第一次取到鱼（俗称"掏鱼"），先要拣两条放到船头两旁，一边烧香叩头（此地叫"敬香"），一边要用这两条鱼在船眼睛上铎一下，嘴里还要念念有词说"让你看见鱼"以作兆化。如果第一网鱼取得很多，就要放鞭炮来答谢船神。内河彩取第一网的风俗大同小异，他们通常在开网后吃第一顿鱼的时候，一般只准吃一面，另外留下来的一面要抛入水中，作为对河神的敬谢。

接港 出海渔船满载归来，进港靠岸，此地叫"接港"。接港以每户为单位，通常由女人们来迎接。过去女人来接港只能在岸上，通常不准上船。渔网、船绳也不准妇女们跨越，因为男人们在船上穿衣并不多（有的甚至连进港靠岸时也不穿衣服），所以，此地有俗谚称渔民接港为"女的前面背，男的光身推"（即用独轮车装卸鱼货）之说。

报喜 过去，在此地每年春汛，第一次出海取捕进港，都要先装上一大篮子，由两名渔民送到船主家去报喜。船主收到报喜的鱼以后，要先向家堂菩萨敬香叩首，然后鸣鞭放炮，以表祝贺。同时，要招待众渔工吃饭。另外，每人还要分别给上二三十个铜板作为"喜钱"。

透过上述这些渔家风俗，我们不难看出，此地渔民既是非常淳朴的，也是非常虔诚的。所有风俗无不体现和反映着他们的内心世界，也无不体现和反映着他们心灵深处的祈求。这其中既有他们对自然规律的认识、了解和把握，也有不为他们所认识、了解和把握的东西。祭祀、敬菩萨、祭拜龙王等形式，只是他们的一种精神寄托，体现和反映着他们的一种良好愿望。

三、农业习俗

传统的种植业在盐阜历史上一直是主导产业。为了祈求农业丰产丰收，此地人不仅辛勤劳作，注意开荒垦殖，而且在长期的社会实践中，依据本地的实际情况，也有许多风俗习惯。

打春牛 通常做法是，立春那天，养牛的人家一般都要朝牛栏上贴"春牛图"，再开牛栏门，点三支香，放一串鞭炮，然后牵牛出栏，到择定的地方先饮水、喂精饲料，然后用鞭子抽打牛几下，在场上转一圈，再牵回栏。一方面，意在耕牛平安，槽头兴旺；另一方面，则暗示耕牛，春天已来了，应做参与春耕准备。

烧荒 过去，盐阜地区的荒地比较多，多长杂草。由于历史条件的限制，人们即便有能力开垦，开垦出来以后也很少有有机肥料使用。为了防止杂草滋生、繁衍和病虫侵害在田庄稼，人们通常在开春以后要放火烧荒，然后再进行耕种。据说，放火烧荒不仅确能将许多病虫包括虫卵烧死，对病虫害起到抑制作用，而且大多烧过的地方，经雨水冲洗后可以起到洗碱的效果，长出来的庄稼也特别茂盛，故家家仿效，遂成地方一俗。现在，随着机械化作业和化肥的使用，此俗已不见。

挑秧草 这是过去此地在水稻育秧时的风俗习惯。所谓"挑秧草"，就是在水稻育秧前到野外去挑取既含有机质，又易腐烂，且又有一定纤维素的野草，作为小秧落谷的基肥。由于用这些野草作基肥，不仅秧苗长得旺盛，而且更利于秧苗离田移栽，因此，在此地普遍推行，成为地方农业生产的风俗之一。过去，为了挑秧草，广大农村妇女常常是早早起身，身背篮子，足涉田头荒滩，清晨空手出去，晚上满载归来。因为她们深知"人误地一时，地误人一年"的道理，所以再多苦累也从不怨天尤人。现在，由于此地普遍推行水稻旱育移栽，此俗已不见。

敬刀头 过去，此地在小秧落谷的时候，先要把捂出来的稻芽"折"在大田边，用事先准备好的刀头肉一块置于盘中，上插三只筷子，旁边放上一把菜刀，再准备馒头数个，或者炒米1碗，用红纸裹着一些葱蒜，在秧池边插柳枝为神，然后焚香烛，放鞭炮，烧黄元纸以祭。有的人家用"黄元把子"（即用黄元纸斜捆于杨柳枝上）插于秧池四周；也有的人家教小孩子手提灯笼，围绕秧池田边走一圈，以示敬天敬地，祈求神灵保佑秧苗茁壮成长，然后才能开始撒种。这种风俗此地叫"敬刀头"。

开秧门 即在小秧长成以后朝大田移栽的第一天把起把栽秧叫"开秧门"。开秧门表明夏插已正式开始。过去讲究的人家这一天要在秧田边放置木盘，内装米团、大葱、猪肉，点香烛，放鞭炮，祭天地。如果这个时候左邻右舍来抢米团，则认为是大吉。现在，这个风俗已不见，代之是请帮助栽秧的亲友到家里来吃"开秧酒"，一来表示客气，二来也预兆丰年。

关秧门 过去此地插秧通常由男子"领头趟"，即第一个栽插，然后不分男女依次下趟。栽秧虽然弯腰曲背，但不作兴手肘支于膝盖之上，有则谓之"掂柜台"，意在不发旺。如果下趟手快超过上趟谓之"包粽子"，有的叫"包饺子"，但不能叫"包屁股"，主要是图吉利。一块田插完以后，地方风俗则要将一把小秧窝于田角处，称为"稻折子"（即稻囤子的意思），预示丰收。如果一家的秧田全部栽插完了则叫"关秧门"。此地"关秧门"的风俗是，秧栽完后每个栽秧的人须用手抓上烂泥砸主人，或者互相之间"铎"，以示秧已插完。与此同时，要将剩下来的秧把洗净每人带一个回去。据说这个秧把晒干以后夏天可以当扇子使用，好处是不惹蚊虫。当然，"关秧门"时，主家通常也会宴请招待大家，以作犒劳。

求雨 每遇大旱之年，此地人无力抗灾，乡间便兴求雨。求雨的方法，除了由地方士绅组织"龙王会"，对天许愿以外，最常见的莫过于地方群众的自发活动了。这种活动的通常做法是，在一块长长的木板上，用泥做成一条"龙"，用蚌壳或者蚬壳镶嵌在上面作龙鳞，用柳枝作龙角，由多人抬着，敲锣打鼓，游行于乡里。然后将龙置于河边，鸣鞭放炮，烧香祈祷。此时，不管天气怎么炎热，众人均不准戴草帽、斗笠，要对着龙，恭身以拜，以表虔诚，用以感动龙王和天神，然后将龙放入河中。此俗多为乡间民众所为。

吃新 即在农历七月第一个"卯"日，农家要蒸新米饭和烧新上市的瓜菜，在家敬供祖先和五谷神，也有的叫"七月半吃新米"。养狗的人家于这天要用猪肉米饭喂狗。传说谷种是沾在一条仙狗的尾巴上从天庭带到人间的，所以狗才有这个待遇。如果当年稻谷未成熟，则要从田间摘几个稻穗回来，置于灶头香炉上，用来供祖先、五谷神，以示开始"吃新"了。

四、造船习俗

此地造船多为取鱼和水上运输所用。由于船在水上的流动性比较大，为顺应水上作业的具体情况，针对船家的不同心理，造船也有许多风俗习惯。

开工酒 过去民间造船，一般需按照主人的姓氏、属相、生日时辰，对照天干地支来选择吉日开工。开工那天，主家通常要到集市买回"和合"二仙的画像张贴起来，焚香烛、敬天地，然后设宴用酒席来招待木工，以表正式开工，所以这一顿酒通常也叫"开工酒"。

上栏 境内造船谓之"钉船"。先钉船底，海边渔民又称"摆底"，并美其名曰"镶龙骨"。钉好船底后，木工开始钉船帮，称为"上栏"。"上栏"如同陆地砌房子"上梁"一样隆重（内河地区称之为"上尖头"，以钉船头最上面一块船板时最为关键），此地亲友要备礼前来祝贺，主家要用酒、肉、香烛敬家堂菩萨，同时要设宴招待亲友和木工。

开眼 又称"闭龙口"，即船体基本钉成以后，在船头的前边镶一块板。这块板子先由木工师傅做好，上边通常刻有"万事如意""招财进宝"，或者是"福禄寿喜财"几个字，并用油彩画上一对眼睛，眼睛的外口钉上红绿布，是为"闭龙口"。主家在木工镶钉时，要用猪头和花鱼（整的）作为刀头，敬菩萨。鱼嘴里要衔一张红纸，以表吉利。主人叩拜时，领班木工师傅要多说吉利话，众人要喊好。吉利话通常为："喜闭龙口喜闭梢，多用桅杆少用篙，一日行千里，万山后头抛，九曲三弯随舵转，五湖四海任逍遥。"还有"一帆风顺""满载而归"等。盐城西部地区内河钉船闭龙口时，于船头和船尾处要各放置一枚铜钱，以示吉利。铜钱多用铸有"乾隆"和"顺治"二字的铜钱，取"生意兴隆"和"顺风大吉"之意。闭完龙口，主家要用红纸包钱赠送木工，称"包封子""送喜钱"。

起名 此地给船起名字的风俗很特殊。按照俗规，船体完工以后，船名不得由主家自己取，而是由领班师傅在执斧嵌缝时，随口叫出，谓之"排斧钉船，一斧定名"。所谓排斧钉船，就是用麻和油灰相伴，塞于船板之间的间隙处。嵌缝时，木工由一人起头，数人列于船两旁同时用排斧打麻，叮叮咚咚，有板有眼，谓之"排斧钉船"。据说打排斧可以兴船威、壮船胆。

这个风俗源于一个古老的传说。据说很久以前，木匠的祖师爷鲁班带领几十个门徒，搭船从东海转往山东。在海上行走了几日，一天夜晚，他们来到黑水洋上，忽然天气变了，起了风暴，海浪打得渔船左右摇摆，船身不停地颤动，就是不肯向前行驶。这时，船头、船尾和大桅上不时发现有火球窜动。船上的人都慌了，船老大赶忙跑到舱里向鲁班请教。鲁班听后，双手合十，嘴里念念有词道："这船是胆小，怕风浪，不敢前进了。唉，恐怕有危险啊！"船上的人一听，慌忙跪下，向天祷告，求龙王保佑。不祷告倒罢，这一祷告，风反而越刮越大，船越颠越凶，怎么也不听使唤，船老大求鲁班出个主意。鲁班想了想，说："唉，只能靠神斧助威，给船壮胆了！"鲁班说的神斧就是木匠用的斧头，据说能驱赶邪气。鲁班说罢，领着众门徒在船的平底上敲，几十个门徒一齐应斧敲打，很有节奏，越敲越响，越敲节奏越快。敲着敲着，这船真的不颠了，船尾和大桅上的火球也不见了。船又有了神气，昂着头，顶着风浪向前行驶，终于将一船人安全地带到了山东。后来，这件事情也就在民间传开了。所以直至现在，船家在木工师傅排斧钉船时，通常也都要发烟发糖、鸣鞭放炮，一来为船助威壮胆，二来向木工师傅感谢。所谓一斧定名，就是在打排斧时，由领班师傅依据主家人品、财势大小和对木工招待好坏，随口叫出。这些名字稀奇古怪，有的叫"金元宝"，有的叫"米囤子"，有的叫"虾米缸"等，这些多为吹捧主家富有的。也有的取名"八碗菜""肉缸子""豆瓣汤"的，这些多根据主家招待而定；对主家印象比较好的则取名"大同泰"，反之也有起名叫"奶奶怪""慢慢忍"的。现在，造船起名已不再那么随便，主家通常都有一定的自主权。

接水　新船造成功以后，浇上桐油，推船下水，此地叫"接水"。接水时，船身披红挂彩，主家烧香叩头，鸣放鞭炮、烧黄元纸、敬"龙王"（河神）。对前来祝贺的亲友要摆酒席热情招待，对前来帮忙的、推船的左邻右舍要赠送馒头、糕饼，以示吉利。当然，对钉船的木工除了应按规定付给其应有的报酬外，还要专门为他们置办一桌酒席，作为"收工酒"，对他们的辛勤劳作以表感谢。这些风俗至今在此地仍很流行。

贴对联　新船下水以后，主家为了祛邪，同时也为了庆贺，通常在船上的相应位置要贴上大红对联。船头常见的对联，为"顺风无浪千里行，船后生风送万程"；船舱为"身卧舱中向风浪，如意答道是太平"；桅杆为"头顶黄雀抱桅杆，身背纤板为正名"；船后为"九曲三弯随舵转，五湖四海任舟行"。有了坚固的船只，又经扶正驱邪，这样船家便可以放心大胆地"走不测风云，与蛟龙争命"了。

五、造桥习俗

有道是"隔河千里远,有桥通万家"。造桥主要是为了便于出行,有利于沟通沿河两岸的往来和交易。在盐阜地区,小桥一般多由人们自己动手,打几根木桩(现在多用水泥桩),搭上横梁,再铺上桥板即可通行。有的地方,对河面不宽的小沟小港则在水里搭成支架,上面放一根木棍,两边拉上绳子作扶手,或者让人用竹篙撑于河底通行,谓之"独木桥"。也有的地方建砖桥、石桥和砖石结构的桥。这些桥利用力学原理,有拱式,也有闸式。拱桥多为砖石连体,闸式一般以砖石为基础,上铺木板,以利车、马、行人,闸间则铺有可启动木板,利于桥下行船。对于河面宽阔的河流,在此地通常要请木工师傅建造。建桥,在此地亦有许多风俗。

选址 一般桥面中线不对民宅,否则于这户民宅不利,家庭会被"冲"。动工前十天,当地绅士要购置工具赠予木工,并要给一定数量的钱钞,谓之"保命钱"。这样,开工以后所发生的一切安全事故就与地方无关了,即使发生事故,地方也概不负责。

祭祀 造桥开工,在此地是件大事。通常要备猪头三牲、公鸡、鲤鱼、香烛,祭拜木工祖师爷鲁班,同时要敬河神。祭祀时,上供品、点香烛、鸣鞭放炮,当场活宰一只公鸡,并将宰杀公鸡的第一滴血滴在主桥桩上,第二滴血滴在打桥桩的夯上,以求神灵保佑。同时,这天中午要举办开工酒,招待建桥工匠、庄主和捐献钱物的大户。

建桥 此地过去请木工建的桥,大多为骈木桥和拉桩木台桥。这两种桥通常则由桥桩、桥梁、桥面板、栏杆及扶手、挡土板、拉筋、剪刀撑夹木组成,用锔钉、螺丝、道钉连接固定。此地的风俗习惯是:先打桥桩,谓之"砥柱中流";后上横梁,谓之"龙盘玉柱";再上桥板,谓之"脚蹬云梯";最后再装扶手,谓之"扶摇直上"。这些叫法,均是为取吉利。

闭龙口 桥基本建成以后,在桥的正中位置上通常要留一块四寸对方的木板,谓之"龙口板"。竣工时从桥的两端拉一根红头绳于龙口板处。在桥面摆上祭品,点烛上香,鸣鞭放炮,谓之祭祀桥神。此时,一般人是不能随便上桥去观看的,否则遇上"闭龙口",则有可能被误为祭桥的第一人。地方上的说法是被祭桥的人是活不到三年的。后来,为了避免这一情况的发生,通常会找一个乞丐,事先给以赏钱并给其一定的供品,让其第一个从桥上通过。木工师傅也常常趁其通过"龙口"时执斧将红头绳剁断,用四根铁钉将龙口板钉好,谓之"闭龙口"。由于这种风俗虽有虔诚地祭桥神的一面,但同时又有对第一个过桥的人具有诅咒的一面，故此俗现已废除。

定桥名 造桥在此地被人们视为修心积德的好事。一般情况下，大桥建成以后，通常都要为桥起一个名字以作纪念。此地起桥名的风俗习惯大体有以下几种情况。一是以流域性河流之名或地名命名，如灌河大桥、阜宁大桥、千秋大桥、黄沙港大桥、新洋港大桥等。二是以民间传说、神话故事或历史事件来命名，如东台的"二女桥"、盐城过去的"景忠桥"等，是为了纪念为民造福的"二女"和褒扬民族英雄陆秀夫的。三是以建桥牵头人的姓氏命名，比如蔡家桥、尹大桥等，就是由姓蔡和姓尹的人牵头建造的。以姓氏命名，其目的主要是让人们记住他们的恩德。四是以人的心愿和愿景来命名，如瑞平、广平、太平、庆丰、通济、便民、团结、胜利等。五是以时代特点来命名，如新建、东风、跃进、战备、样板等。这些桥名无不跳动着时代的脉搏，烙上了历史的印记。

剪彩 过去桥建成以后，此地都要举行剪彩通行仪式。这种仪式通常是在"闭龙口"以后进行。先由工匠师傅站在桥中，手托方盘，向四周抛撒馒头、米糕等，众人喊好喝彩，然后由地方士绅剪下彩球，宣告大桥落成，以示开始通行。

六、商业习俗

经济生产的习俗，必定紧密地联系着产品的生产和交换。千百年来，在产品的交换贸易中，此地形成了各种各样的经营方式，也伴随着产生了各式各样的经营习俗。经商的方式一般分为行商、坐商和中间商三种类型。

行商 就是常见的小商贩，他们走村串户，往来于大街小巷，以"叫卖声"和"标识声"作为经营标志来招徕顾客。这种叫卖声是约定俗成的，卖什么货物，叫什么声，人们住在家里，就会根据声音，知道是何种买卖。如卖糯米藕的叫唤"糯米——藕"，卖烟糖的叫唤"香烟薄荷糖"，卖卜页豆腐的叫唤"卜页豆腐——卖"，卖炕山芋的叫唤"滚热的大山芋"等。这些叫卖声或抑扬顿挫，或粗犷柔和，富有音乐感，使人听了十分悦耳，容易产生购买欲。有些小商贩或手艺人，会用其他器物发出声响作为叫卖标志。如卖糖球的会晃拨浪鼓，用"扑通、扑通"的声响吸引孩童；卖麦芽糖的敲小镗锣，俗说"敲锣卖糖，各干一行"；卖八宝粥的敲竹筒，发出悦耳的笃笃声；卖糖炒栗子的敲锅边，发出响亮的当当声。有些工匠也用这种识别声，如磨剪子、修伞的用铁丝穿上许多铁片，不断晃动发出铿锵声。有的商贩还直接使用乐器，如换糖担子吹竹笛，卖酒酿的打快板等，各具特色，互不混淆。现在，这些标志声随着文明经商的进程已不多见了。20世纪七八十年代，街头巷尾卖棒冰的小贩，用一块小木砖在木箱上敲作为标志声，一时间满街的"啪、啪"声，遭人反感，成了城市的噪音，经过一段时间的整治，终于销声匿迹了。

坐商 在固定地点开门营业的店铺即坐商，为招徕顾客，都十分讲究商品的宣传和门面装饰，不论生意多少、店面大小，店号、店招和幌子是必不可少的。传统店号都很讲究取词用字，有的引经据典，有的注意口彩，有的追求别致。所用的字词多为吉利祥和之意，如发、祥、盛、宝、和、长、永等，行业不同，选用的字号也有所不同。浴室多用"池"字，如华清池、温泉池等；药店多用"堂"字，如同仁堂、养生堂等；书店多用"斋""阁""房"一类的字；旅馆多用"栈""社""馆"一类的字；绸布店多用"祥"字，如旧时盐城的同裕祥、乾泰祥等；理发店又爱用花卉名作店号，如"红玫瑰""白玉兰"等。这些店名店号，商家多数是写在牌匾上用金字和红字，装饰得古色古香，以显示出店铺的悠久历史和社会名望。一些传统老店十分讲究店铺的门对即楹联，不仅装帧得十分精美，而且造词用句非常儒雅，如理发店有联"做头等事业，行顶上功夫"；染坊有联"青黄赤白黑，紫绿朱蓝橙"等，几乎各行各业都有对应的妙联趣对，形成了商业习俗中浓厚的文化色彩。

传统的店铺十分讲究招牌，追求商品的形象和标志的醒目，有的会在店堂门前写上一个特大的字，如典当铺的"当"字、酱园的"酱"字、酒店的"酒"字、茶叶店的"茶"字，十分醒目，顾客在很远处就可以看到。招牌不但店外有，店内也有，一般放在柜台尽头，俗称"青龙招牌"。多为黑底金字，字数多为四个，如酒店为"太白遗风"，药店为"天地同春"，米店为"粟裕太仓"等。

在店铺的装饰中，最引人注目的是店铺的幌子。幌子可分为四类：即文字类、实物类、标志类和杂物类。文字类如酒店会悬挂酒旗，旗上写出个"酒"字；米店会在门前悬一个写了"米"字的招牌。实物类如鞋店会在门前摆一只硕大无比的鞋子模型，烟店会放一只特大的烟斗，酒店堂口放上一口大酒缸等，让购者一目了然。标志类如理发店门前有一个能转动的圆柱体灯座，药店门前常挂一张大膏药图案，染坊用一根长木棍分段涂上各种染料，使人一望便知是什么店铺。杂物类如饭店门前夜晚挂上一串红灯笼，浴室店外挂走马灯，只要灯亮着，即表示正在营业。即使农村的豆腐店，也会竖起一个高高的幌子，使人老远都能看到。如幌子高高竖着，即表示有豆腐卖；如幌子降下来，即豆腐卖完了，省得人们白跑一趟。一个老店铺的幌子，一般不轻易更换，它实际上是店铺的无形资产。

商业经营习俗必定随着时代的发展而变化。在发展变化过程中，一些行之有效的传统宣传方法，还是值得借鉴和继承的。通过创新和发展，一些商业经营形式，不仅能够招徕顾客，扩大经营，提高效益，也能更加丰富和充实地方特有的风俗民情。

第三节　日常生活民俗研究

一、衣饰习俗

盐阜人的穿着，因时代不同，流行的款式和打扮也各不相同。

服饰　清末，此地城乡男子时兴穿长衫和长袍马褂；女子一般时兴高领大襟褂子，有钱有地位人家的女子时兴穿旗袍。民国年间，读书人时兴穿学生装；男子一般时兴穿中山装；境内妇女，无论贫富，多穿大襟上衣，腰系长裙（这种裙子，上至腰，下及膝，有前无后，因妇女每日围着锅台转，所以有的地方又称之为"围锅裙"），下穿长裤，后来时兴"八幅罗裙"。裤子无论男女均为大腰裤子，俗称"一把转"。婴儿多穿一种长领、捆带的上衣，下穿开裆裤，也有的地方叫"漏裆裤"，全身衣服没有扣子。中华人民共和国成立后，此地男子普遍流行中山装、学生装；青年女子时兴列宁装，后改穿两用衫。"文化大革命"期间，军装盛行，款式比较单一，除中老年男女仍穿对襟和大襟褂子以外，一般青年男女均以军便装为主体，男的黄色，女的灰色。改革开放以后，时兴小管裤、喇叭裤、踩脚裤，而后又风行西装、牛仔服、香港衫、滑雪衫、羽绒服、T恤衫、夹克衫等。尤其是女性，着春秋衫、紧身衫、百褶裙、一步裙、连衣裙和各种毛线针织外衫等。童装变化更大，除了仿照成人流行的款式外，一度曾流行海军衫、背带裤、松筋裤、蝴蝶裙、小披风等。现在，除了正规场合着西装以外，多以休闲服居多，而且面料档次越来越高。

鞋袜　清末民初，此地女人以不会做鞋为耻。当时，男女老少都穿家庭手工制作的圆口纳底布鞋（千层底）与布袜，民国后始见纱袜。境内大多数人春秋穿单鞋，或者"双梁鞋子六重条"，俗称"和尚鞋"。男女有别的是，女式鞋子鞋头绣花，多数为出嫁和出客所用，日常穿的布鞋鞋面多有搭扣。绣花鞋，是此地人过去检验妇女针工手艺的一个重要标志，也是妇女的一个基本功。过去，女人们都爱穿绣花鞋，每逢四时八节或者是走亲戚串门子，都要穿上一双漂漂亮亮、色彩鲜艳、亲手制作的绣花鞋。小孩子穿的花鞋更是打扮的重点对象。通常端午节为孩子绣虎头鞋，中秋节为孩子绣兔子花鞋，过年为孩子绣一双喜鹊登梅或者吉祥如意的花鞋。至于妇女本身，更是花样百出，有喜鹊登梅，有蝶穿牡丹，有花开富贵，有菊花争艳，也有十二生肖的，可谓别具一格，醒目突出。尤其是新娘子的花鞋，更见针功，一对并蒂莲或者是一对鸳鸯常常被她们绣得栩栩如生、活灵活现。冬天男女一样，都穿两片式棉鞋；雨雪天则穿钉鞋。钉鞋亦为两片瓦式较多，厚底，高帮或浅帮，外抹桐油，底部钉满圆头铁钉，用以"扒滑"。20世纪30年代以后，此地城镇富户人家穿皮鞋、套鞋、胶底鞋。一般农家劳动时赤脚或穿草鞋，平时多穿蒲鞋；冬天则穿用芦花、家禽羽毛和稻草、布条编织成的"毛窝子"。沿海地区因土质关系，多穿蒲鞋或在鞋底加钉木板的木屐。中华人民共和国成立以后，布鞋式样向牛筋口、塑料底或橡胶底、牛筋底转变，同时，又先后有了元宝口胶鞋、解放鞋（俗称球鞋）、塑料凉鞋、高筒靴子和旅游鞋问世。现在，青年男女多数穿中高跟皮鞋，式样、颜色不断翻新，传统的两片瓦棉鞋、圆口布鞋和绣花鞋已基本绝迹。

　　帽子　民国初年，境内的地方士绅多戴瓜皮帽，少数戴兽皮帽；一般人秋冬季节戴礼帽、毡帽（俗称"箕帽"），或者"马虎帽"，夏季戴草帽，雨天戴斗笠（俗称"斗篷"）。妇女多扎头巾。沿海妇女喜扎花头巾，水乡妇女喜扎四方巾，老年妇女则喜用顶头布，或者是喜用戴黑色平绒的"勒子"来御寒。小孩子的帽子花式最多，出生后初戴"六裥帽"，此帽顶部为收口，每裥均饰一小块红布，形如汤罐，故有的地方又称"汤罐帽"或"和尚帽"。一周岁后戴罗汉帽，也叫"滑稽帽"，七八岁以后戴有顶的瓜皮帽，又称"官帽"，后来则戴军帽。至于冬天，大多戴有各种玉饰或银饰的绣花的兔头帽、虎头帽、狗头帽等。中华人民共和国成立后，除少数老年人还保留传统的帽式外，大多数人喜欢戴列宁帽、八角帽（又叫"解放帽"）、工人帽、鸭舌帽、绒线帽。"文化大革命"前后，以戴军帽为时尚。改革开放以后，时兴戴太阳帽、旅游帽和各式各样的线帽。其中，女式遮阳帽尤多，港台风味渐浓。

　　发型　清末，境内男女普遍留长发，男留发辫，女盘发髻。辛亥革命以后，男性中，老年男子剪辫子为平顶头、圆顶头、光头（俗称"和尚头"），青年人只剪西装头（俗称"分头"），小孩子剃"桃子头"。女性中，老年仍保留梳发髻习惯，青年妇女时兴剪齐耳短发，俗称"二道毛"，多数青年妇女则留长辫子。女孩子时兴羊角头（又叫"爬爬角头"），或在后面留一条辫子，额前梳有"流海"。婚后则改为梳头髻，主要有盘果髻、螺丝髻、高髻（近头顶心，以新娘子为多）。髻心用一根或金，或银，或玉制的"金扁担"闩住。髻发一般要扎12~24圈红头绳。发髻外部都戴发网，然后插花，髻心和左右多插绿蝶珠花和蝙蝠形珠花。中华人民共和国成立后，男子兴平顶头，和尚头已少见，多为分头；女子除老年妇女外已无人梳髻。"文化大革命"期间，妇女大多数都剪短发，发型简单、整齐划一。改革开放以后，发型变化较大，男性喜留鬓角长发、烫发、染发比较普遍，发型有青年式、游泳式、自由式、无缝式、有缝式等。女性中，青年普遍烫发，发式主要有波浪式、花瓣式、爆炸式、奔式、瀑布式、双花式、单花式等。

尽管盐阜人的衣着和发型随着时代的变化而变化，但作为地方风俗，有些并没有改变，那就是盐阜人讲究朴素大方，不问家庭贫富都讲求干净整洁。因为此地有"人是衣服马是鞍"之说，所以不论男女，在外出的时候，都很注意装扮自己，始终注意得体。

二、饮食习俗

盐阜地区地处江淮之间。由于沟河纵横，水网密布，盛产稻米和鱼虾，素有"鱼米之乡"之称。

这里的人们，习惯择水而居，喜食稻米。特定的区域方位，典型的生活环境，除了赋予这方土地上的人们特有的灵气和极富想象力、创造性以外，同样也给这方土地上的人们以丰富的生活内容，从而使他们在衣食住行等方面形成了许多极富地方特色的民间风俗和生活习惯。

俗话说，国以民为本，民以食为天。在人生的诸多大事中，吃饭是头等大事。这全因为生存是人的第一需求。在吃饭问题上，盐阜人先后经历了一个从没得吃到有得吃、吃得好的过程。尽管现在物质比较丰富，但仍保持着他们传统的风俗习惯。

三餐主食 盐阜人传统的饮食习惯为"一日三餐，两稀一干"，即早晚吃粥，中午吃饭。当然，随着物质生活水平的提高，二稀一干的主食制已经发生了较大变化，现在许多家庭的早餐不再是稀饭，而是牛奶、鸡蛋、面包、点心等，中餐和晚餐都是干饭，还要烧上几道菜。盐城的水稻种植历史悠久，由于气候、地理条件独特，经过多次改良，盐城的大米晶莹剔透，香醇绵甜，营养丰富，口感独特，现在是全国最大的杂交水稻种子生产基地。由于盐城地势是东高西低，串场河以东及中部冈沟堆一带，属高旱地区，又有多年种植杂粮的习惯，故过去盐城人的主食以稻米为主，伴以五谷杂粮，在地区间有所差别，西区人主食稻米，东区人主食杂粮。杂粮以玉米和麦子为主。盐城人的主食因加工制作方法不同，形成各种粥食和面点等不同食俗。以米饭来说，旧时多吃糙米饭，这种用砻子加工只脱去壳的米，出米率高，在粮食不宽裕的时代可以节约粮食。粥食是盐城传统的主食之一，一般家庭常年食米粥，部分家庭将米和玉米、麦子加工的糁子和在一起煮，吃糁子粥。旧时因粮食不宽裕，煮粥时会放进青菜、胡萝卜、南瓜、山芋等，称为"瓜菜代"。当今盐城人也十分喜欢吃粥，而且品种丰富，四季有别，风味独特。如春食菜粥，夏食绿豆粥，秋食八宝粥，冬食胡萝卜粥。吃粥不是为了填肚子，而是为了营养保健。此外，盐城民间还用各种米粉和麦面制成各种美味小吃，如蒸糕、涨饼、裹粽子、搓圆子（汤圆）。大年初一吃圆子，五月端午吃粽子，过生日涨饼、吃面条，这些已成定制，沿袭至今。有些地方的面点经历代人精心加工，还成了地方特产，如盐城街上的草炉饼、米饭饼，伍佑的糖麻花，大冈的脆饼，龙冈的油馓子等，别有风味，远近闻名。黄烧饼夹猪头肉、米饭饼包油条，成为老少皆宜的风味食品。一到腊月中下旬，家家户户都忙着蒸糕涨饼，蒸馒头、包子，寓意蒸蒸日上、家庭兴旺。过去，农村人喜欢用糯米或者麦子（小麦、元麦、大麦）炒熟磨成面，做成"焦屑"，用开水泡了就可以食用，既可口，又方便。盐城人过年吃圆子，圆子是用糯米粉做的，小圆子是实心的，大圆子里面有馅心，如芝麻馅心、肉馅心、猪油馅心、野菜馅心等，农家也称其为"大元宝""小元宝"。有的人家会在初一早上煮圆子时，往锅内放一些面条，叫作"钱串子"。旧时，盐城常见的面点食品主要有草炉饼（也叫黄烧饼）、米饭饼、金刚脐、油条、糖麻花、果子、大高饼、脆饼、馓子、大糕、馒头、寿桃、包子、蒸糕、八珍糕、黏烧饼、圆子等。

烹饪习俗　盐城的菜肴主要传承于淮扬菜系，以汤菜为主。旧时，民间喜宴盛行"六大碗"，主要菜肴为"鳔"（肉皮）、团子（肉元）、"肉"（红烧猪肉）、"羹"和"鱼"。首选是"团子"，没有团子不成席，结婚吃喜酒又称"吃团子"。"团子"用猪肉和糯米等做成，席上每人只能吃三只，少吃不妨，多吃则视为失礼，留下笑柄。随着生活水平的提高，后改为"八大碗"，以致后来十几道菜都有了，再不以"碗"相称了。

盐城东靠黄海，海产品比较丰富，各种生猛海鲜是宴席上不可缺少的美味，尤其是黄鱼、带鱼、条虾、乌贼、蛤蜊、鲜蛏、泥螺、小蟹等，成为人们的日常食品，经常出现在餐桌上。

逢年过节，家人团聚用餐，也有一些定制。如中秋节，一般家庭都会杀鸡宰鹅吃鸭子。除夕的年夜饭，一般人家会用马苋菜和扁豆角的干子烧豆腐，取名"安乐菜"，以祝愿一家人平平安安。年夜饭必有鱼，西乡人还喜用鲇鱼，表示年年有余。有的人家年夜饭上必有卜页，叫"百业兴旺"。有的吃芋头，因芋头俗名叫"芋好人"，预示来年会遇好人。年夜饭的锅巴不能吃，要留下过年，叫"稻囤子跟脚"，以预示来年吃用有余。

日常饮食中，也流传了许多传统的家常菜，如小葱炖蛋、涨蛋糕、煎豆腐、茄子加肉、小鱼煮咸菜、青菜豆腐汤、韭菜炒辣椒、蒸咸菜烧肉，扁豆角子烧芋头等，这些家常菜，就地取材，加工方便，价廉物美，经济实惠，至今仍广为流行，有的甚至上了宾馆高级宴席的餐桌。

长期的烹饪习俗使有些家常菜经过人们不断的精心制作，成了富有地方特色的精品菜肴。肉团子就是其一，可谓价廉物美，色、香、味俱全，成了喜宴上不可缺少的佳肴。有的地方食品，如糯米藕、荸荠串、五香蛋、油端子、糖麻花、油果子、豆腐干、八宝粥等，成了沿街叫卖的风味小吃。另外，如便仓的红烧肉，北龙港的鱼丸，楼王的虎头鲨炖蛋，潘黄的虎皮豆腐，伍佑的醉螺，大纵湖的醉蟹，葛武的嫩姜片，张庄的藕粉圆子，秦南的水牛肉，步凤的烧羊肉等等，都别有风味，独树一帜。有的成了地方的特色菜，待客的首选菜肴；有的经过精心包装，成了馈赠亲友的礼品；有的闻名遐迩，远销大江南北，走进店堂超市，成了当地百姓的致富门路。

吃接响 所谓"接响"，原本是在春耕大生产、"四夏"大忙或"三秋"时节，由家里人为在田间辛勤劳动的人提供的一顿腰餐。由于此时田间农活比较繁忙，劳动强度大，人的体力消耗也大，为了不至于使劳动者因体力消耗而影响田间农活，一般上午在十点钟左右，下午四点钟左右，家里人都要煮上一些熟食送到田头，供其食用。这样做，一来可以让劳动的人及时补充能量，二来也可以让他们借机稍做休息，有利于体力恢复。至于吃什么，由各家各户根据家庭经济状况而定，有好有差。但是，作为一种风俗，却充分体现了人们对劳动者的尊重，无论大家还是小户都会想方设法及时提供。

现在，随着生活条件的改善，"吃接响"的范围已经不再仅仅局限于田间作业的劳动者了，而是延伸到了日常的生活之中。大凡有亲戚朋友登门做客，或者是有朋友外出办事路过此地，只要尚未到开饭时间，唯恐客人挨饿，主家也常常会为其煮"接响"，让其食用，以体现主人的客气。由于家家如此，这种做法也就一代一代沿袭下来，很自然地就成了地方上的一个待客风俗。

吃弯弯顺 所谓"弯弯顺"，即指日常食用的水饺子，有的地方也叫"万万顺"。此地人喜食稻米，面食主要以馒头和面条为主，而且大多是在逢年过节或者是做生日时才会派上用场。后来，北方人经常到盐阜来做生意，把他们的生活习惯也带到了盐阜，谓之"抬脚饺子落脚面"，即出门必须吃饺子，回来必须吃面条。随着这种北方文化和风俗的进入，盐阜人也就把吃水饺子引进了自己的生活。人们之所以将水饺子称为"弯弯顺"，或者叫"万万顺"，全在于北方人对盐阜的赞誉。北方人认为，他们从北方到盐阜来做生意，虽然千里迢迢，一路弯弯曲曲，但可喜的是盐阜地区物富民丰，地方人通情达理，所以每次都很顺利，满载而归。即路虽弯，但事很顺，故叫弯弯顺。而盐阜人则把他们这种感受与地方风俗习惯"抬脚饺子落脚面"紧紧联系在一起，认为他们之所以生意顺利，同他们出门吃饺子不无关系，所以就这么叫开了，把饺子称为"弯弯顺"或"万万顺"，以示吉庆。受心理作用的驱使，此地人后来将其进一步扩大延伸，不仅做生意，只要出门办事都要吃饺子，以求万事顺达。正因为如此，家家仿效，遂成风俗。

吃蛋茶 这是盐阜地区广大农村热情待客的传统风俗之一。即只要有客人登门，除了热情接待，递以茶水以外，家人常常会借主人与客人交谈之机，再煮几个荷包蛋，端至客人面前，供其食用，以表示主家对客人的尊重。具体做法是，先将冷水煮沸，然后朝锅里打几只鲜鸡蛋，待蛋黄和蛋白融为一体时，将其装入碗中，再加入少许食糖或者用蜂蜜调匀即可。这种风俗在盐阜地区北部的滨海、阜宁、响水及射阳河两岸的农家较为普遍。

吃糕粽 在盐阜地区吃糕粽是一种图吉庆的传统习惯，也是家中有喜事的一种象征。过去，包粽子仅限于端午，多为节日风俗所为。后来，因为包粽子具有纪念意义，于是人们便将其广泛地运用于家庭生活中的孩子生日、儿子结婚、砌房子等重大事情上。现在，大凡家中有子女参加升学考试，或者是参加就业考试，家中的长辈或者是细心的家庭主妇通常都会为其包粽子或者是蒸糕，让其食用，寓意考试必定"高中"，即取糕之"高"和粽之"中"的谐音，以寄托一家人的深深祝福。此外，孩子生日、儿女结婚、砌房子用糕粽相送，也都含有这个意思。人们主要是寄希望于他们日后能步步登高，不仅事业有成，而且生活会越来越兴旺。由于"糕"和"粽"含有吉祥之意，因而在现实生活中，已成为人们家庭喜庆和馈赠的一种礼品。

盐阜人的饮食内涵很丰富，除了上述几种地方风俗以外，就其饮食结构和饮食习惯而言，还有多种多样。众多的风味小吃，比如汤圆、春卷、鱼汤面、藕粉圆子、糖麻花、油条和阜宁大糕等，堪称一绝。各种菜肴诸如醉螺、醉蟹、条虾、四腮鲈鱼汤、炒文蛤、蟹黄羹、冰糖扒蹄、红烧鳗鱼等更让世人叫绝。除此以外，还有各种点心，诸如蟹黄包子、小笼蒸饺、糯米糍粑等，更是让人食而不厌。总之，盐阜地区的饮食风俗和习惯，不仅具有鲜明的地方个性，而且很具文化底蕴和丰厚的内涵。虽说只是一般的饮食，但只要经过他们亲手加工，就会赋予其新的含义，让人看了一饱眼福，吃了津津有味。

三、住宅习俗

盐阜地区地处苏北平原，虽然境内无山，但是土地资源丰富，盛产林木和柴草。过去，此地人建房，多为就地取材，以草房居多。按建材区分主要有砖墙瓦盖、砖墙草盖、砖包门、砖包窗、泥墙草盖、丁头舍子、篱笆房等。除了丁头舍子为竖式结构外，其他房子都为横式结构。历史上，盐阜古民居以庭院式、一条龙、两合头、三合头为多。朝向大多为坐北朝南，或者是坐西面东。除了临街以外，通常情况下是很少有人家门朝北或者是朝西的，他们认为"门朝北，阳光少，阴气重""门朝西，寒夏受人欺"。一般人家通常以三间为一个单元，中间一间较为宽大，俗称明间，也有的叫"堂屋"。此地人不作兴开后门，只是在与大门相对的后檐墙上开一个窗户，以便室内通风透光。堂屋的两侧为家人居住的房间，也是贮存粮食的地方，俗称"房间"。此地左房间为上首，通常为父母居住。待儿子成年结婚时，父母则要让出住下首；若再有儿子结婚，要么另砌新房，要么父母还得让出住进锅屋。房间内的床，通常靠后墙放置，男东女西分头入睡。此地房屋的光线比较暗，一般只在房间前檐墙上各开一个窗户，后檐是不能开窗户的，如果开窗此地人谓之"不聚财"。在此地，只要是砖墙，一般窗户都开得比较大，无论是堂屋还是房间光线都比较明亮。泥墙房子的窗户普遍开得比较小，有的仅仅就篮球大小的一个洞，内插两根木棍作为窗户挡子。一般人家在窗下放置梳头小桌，以便妇女就亮光梳妆。房间，素有"房门大于衙门"之说，也就是说一般人是不能随便进出的。这不仅因为房间是家人居住的地方，同时也是家庭的经济重地，有关钱财、粮食、衣物均置于房间之中。

在盐阜人眼里，砌房子是一个家庭的大事情。用他们的话说，砌房子不仅直接关系一个家庭现实的居住问题，而且从长远来看，房子砌得好坏，也直接关系子孙后代的凶吉兴衰问题。正因为如此，盐阜人对砌房子很是讲究。

夯屋基 由于盐阜地处水网地区，因此，通常在宅地位置确定以后，都要积土，想方设法来抬高宅基的地面，此地人叫"杠屋基"。因为屋基的高低和密实如何，不仅事关家庭的"旺气"，也直接关系所建房屋的基础是否牢固，所以主家通常要请上一帮人，在车推人挑抬高地面的同时，还要极力将屋基夯实。此地"夯屋基"过去通常使用的是"石夯"，没有"石夯"的，通常用磨盘绑以绳索以代之。"夯屋基"虽然是个苦力活，但也是一种乐趣。在"石夯"起落的过程中，一般由一个人领唱"夯歌"号子，众人和，抑扬顿挫，很有节奏，深得主家欢心。在此地，比较流行和使用较多的"夯歌"号子有"抬起来呀—哼唷""夯屋基呀—哼唷""砌新房呀—哼唷""亮堂堂呀—哼唷""冬天暖呀—哼唷""夏天凉呀—哼唷"等。当然，随着生活水平和人们文化水平的提高，夯歌号子的内容也是在变化的。虽然多以积极向上的内容为主，但也不乏相互开涮和拿主家寻开心的内容，且号子长短不一，随兴致发挥，尽显幽默风趣。一般情况下，打夯的人都会拣好话说，不敢得罪主人。当然，对一辈子也许只建一次房屋的主人而言，为了图吉利，也为了图个好名声，通常也不敢得罪打夯的人，总是尽量满足他们的要求，皆大欢喜。

破土 待屋基夯好以后，由主家请人选择良辰吉日，举行"奠基礼"，进行理线、挖槽、破土动工砌房子。因为砌房子是事关家庭居住和子孙兴旺发达的大事，所以按照此地风俗，一般人家都必先点香烛，鸣鞭放炮，待敬过天地以后方能破土动工。通常奠基喜话为"鞭炮放得震天响，恭喜主家砌华堂。房子砌在诸侯地，子孙万代大吉祥"。为了图吉庆，也为了防止传说中的妖邪干扰和作祟，通常在砌房子时要先在房子的两端竖起旗杆，在上面各挂一面筛子，将圆镜和剪刀分别置于两筛之中，并在筛子上披上红绿条布，谓之"照妖""除孽"，用以镇邪。这一做法，在今天看来，虽然带有一定的迷信色彩，但从另一个角度来看，也反映了人们对砌房子的高度重视，这是为了求得心灵上的一种安慰和平衡。

跑梁 这是盐阜人砌房子过程中的一个风俗。待新房砌至平檐口时（上桁条前），主家的亲戚朋友要前来送礼庆贺，此地谓之"跑梁"。为了表明人们的良好祝愿，一般亲朋常常借此机会先行庆贺，祝愿"新房根基牢，上梁诸事顺"。为了迎合主家的心理，此地人"跑梁"所送的礼品，通常为绸缎被面，糕点和镜匾之类也较多，主要取意于"前程似锦""步步登高"和"照妖避邪"，象征新屋砌起来以后，一定会大吉大利，人财两旺。

上梁 这是砌房子过程中很重要的一个环节。通常上梁要选好日子，以图吉庆。上梁的具体时间，大多选择在清晨一般人家尚未起床以前。此地人之所以这么做，主要出于两个方面的考虑。一是心理作用。因为时值拂晓上梁，天色将越来越明，昭示着新房砌起来以后，一家人的生活将会随着新屋的落成越来越兴旺。二是为了避免人多嘴杂说闲话。有的人家平时与邻里关系相处得不是太好，选择在拂晓上梁，则可避开有关邻居在上梁时说不吉利话，或者是做手脚，以图吉庆。

此地上梁，有一整套的程序和礼仪。上梁前，先要由掌工师傅（通常在木工和瓦工中各选一名代表）找两枚铸有"顺治""乾隆"二字的铜钱，配以红绿布条，将其压于中脊两端，取意于"顺利"和"兴隆"。然后，在中脊上贴上大红的"福"字，或者是"福禄寿喜财"，或者是"立业千秋""吉星高照""紫气东来"等作为横幅，再在两侧中柱上贴上"上梁喜逢黄道日，竖柱巧遇紫微星"的楹联。上梁时，鸣鞭放炮。通常掌工师傅站于梁上，一手执开山（斧头），一手捧盘，将盘内所装的糕、粽、米、糖果、钱币等抓在手中，边说"喜话"（祝贺语）边向屋下抛去。掌工师傅的喜话通常都是一些讨好主家的吉庆之语，诸如"紫气东来喜洋洋，恭贺主家建华堂。一边建的金银库，一边建的米粮仓""上梁是大喜，发财从今起"等。屋下的人一边喊好，一边捡拾所抛物品。为了图吉庆，事先主家通常都会给掌工师傅施以"红包"，谓之"给得多，说得好"。据说，捡拾到上梁所抛钱币的人，必将会交上好运；捡拾到糕粽的孩子，日后学习必定会大有长进；如果是上学读书的孩子拾到糕粽，外出考试必定会"高中"榜首。

随着"上梁"程序的结束，房屋建筑即进入了盖屋、粉刷、门窗安装的扫尾阶段。这时，虽然主体建筑已大功告成，但是为了有始有终，通常主家仍不敢有任何怠慢之处，对上门头砖和安装门窗的师傅，仍要施以"红包"，以礼相待。一般木瓦工师傅也会迎合主家心理，说些吉利话，让主家开心。在此地，上门头砖的喜话为"青色门砖四角方，不偏不倚安中央。门砖上面四个字，富贵荣华万世昌"。安窗户的贺喜词为"窗户安得四角方，室内光线亮堂堂。女儿窗前插金花，儿子窗下写文章"。安装大门的喜话为"堂屋大门朝阳开，亲朋好友八方来。送往迎来喜事多，恭喜主家大发财"。总之，愈是进入建房的后期，通常主家对建筑师傅愈加客气，不仅递烟送茶，按时结算工钱，而且待新居落成以后，还要专门为他们置办"收工酒"，向他们表示感谢。这便是盐阜人砌房子的风俗和规矩。

四、出行习俗

盐阜地区因为是历史上形成的冲积平原，人们过去生活主要以农耕和渔猎为主，故而习惯日出而作，日落而息。出行，很多因生产生活所需和亲朋之间礼尚往来而成行。此地人的出行风俗，主要有如下几种。

回娘家 此俗多为出嫁闺女所为。此地闺女回娘家，在盐阜地区的历史上通常有被动和主动两种情况。一种是约定俗成的地方风俗，比如带孩子回娘家"晾尿汪"，二月二"龙抬头"回娘家吃馒头，五月端午节后回娘家"吃粽子"，六月初六回娘家"歇夏"，八月十五中秋节后回娘家吃月饼，这些均是女方娘家为主动，主要是按照地方风俗带闺女回家，以体现父母对女儿的关爱。另一种情况是闺女主动回娘家。闺女主动回娘家，大多不外于两种情况：一种是借助农闲，主动回娘家帮助母亲做做家务或针工杂活，以体现女儿的孝敬；一种是闻听父母身体不舒服，主动回娘家进行伺候和照应。这两种情况，均充分体现了做闺女的对父母的一片真情。同时，也证明了盐阜人为什么喜欢把闺女比作"小棉袄"。此俗现在仍很盛行，特别是一曲《常回家看看》，不仅道出了老年人的心声，也让许多青年人加深了对父母心情的理解，从而更主动地承担起孝敬双亲的责任。在此地，过去无论被动回娘家，还是主动回娘家，通常闺女回娘家时都要自带一个小包袱，手拿铜尺，在娘家力求为父母多做一些针工线活。

走亲戚 这是加强血亲和姻亲之间感情沟通和联络的一种地方风俗。此地人认为，是亲戚就应该经常互相走动，谓之"面皮越擀越薄，亲戚越走越亲"。当然，盐阜地区的走亲戚，并不是两下跑跑为了好看，也不是为了凑热闹，都是有特定内涵的，主要是为了增进了解和感情。通常情况下，除了正常的礼尚往来以外，有这么几种情况肯定是要主动上门的：一是对方家庭遇有不幸，都会主动登门进行安抚和慰问；二是对方家庭不和睦或者是遇到不顺心的事，感到苦恼和苦闷时，都会借走亲戚之名，上门进行认真疏导和规劝；三是得知对方家庭生活困难，或者经济拮据，也都会主动上门解囊相助，或者是帮助其想办法；四是闻听对方家庭与邻居发生矛盾和冲突时，为防意外，也会主动上门，以亲戚的名义进行化解和协调；五是时间长了，主动上门问问情况，若对方主动提出一些问题与之相商，也会毫不保留地直抒己见。除此以外，大凡田间青蔬瓜果新上市，也会主动挑选一些，借助走亲戚以此相送。

"走亲戚"，虽为亲戚之间互相往来和走动的一种形式，但充分体现和反映了盐阜人互相帮助的一种精神，把往来置于情理之中，既使人感受到亲情的温暖，又能使人受到理性的启发，日久也就成为盐阜一俗。

访故旧 盐阜人很重感情。在日常交往中，他们不仅注意结识新朋友，同时也从来不忘老朋友，特别是对一些曾经有恩于自己的老领导、老同志、老朋友、老熟人，或者是老师、老邻居，他们都会利用闲暇时间或者是节日主动登门看望。由于这种看望多带有感恩和报答的意思，因此，前往时通常都会事先备置一些礼品，既作为故旧相见的见面礼，也作为个人的一种心意表达。宾主相见，分外亲切，既询问近况如何，又畅叙友情。询问近况，主要对其近来生活及健康状况进行全面了解，以便更好关心；畅叙友情，主要是通过往事重提，来促进感情的进一步交融。即使有些故旧已经离开了人世，他们亦会通过走访和看望这种形式，把自己的一腔真情充分地表达出来，对逝者进行缅怀，对其遗孀和子女进行安抚与慰问，从不做"人在人情在，人死两分开"的无情之事。也正因为盐阜人非常注重人际交往过程中的这一份真情，所以很多人都认为盐阜人诚实厚道，很乐意同盐阜人打交道、交朋友。盐阜人自己也将其视为一份不可多得的精神财富，倍加珍惜。

赶庙会 这是盐阜人过去出行参与社会活动的一个重要内容。所谓"庙会"，在盐阜地区过去是一个集祭祀、经营和演艺于一体的集会。它通常是在节日或者规定时间内，在寺庙里边或者在寺庙附近的集市进行。赶庙会，此地的风俗是不管男女通常都先要到庙里去敬香、祈祷或许愿。其中，男子多以去文庙朝拜孔子为主，祈求孔子能使子孙才思敏捷、文采过人。如果是女子赶会，一般为两个女子结伴而行，以便互相照应。当然，人们出行赶庙会，不仅仅是为了参与各种祭祀活动，以表虔诚，为求神灵保佑风调雨顺，人畜平安，还常常借用这个机会来购买自己所需的生产和生活用品，同时，亦可尽情地观看各种手艺人精巧的手工技艺，诸如捏泥人、剪纸花、糊灯笼等。有时还顺便看看各种艺人所表演的各种各样的"杂耍"，可谓一举多得。所以，每逢庙会，此地的男男女女只要有空，一般都会争相前往，即便在过去较为封建的时代，由于有这个风俗，一般长辈也从不阻拦。

跑码头 这是此地生意人的出行所为。此地一些生意人很注意本地资源的充分利用。他们通常会把本地各有特色的地方产品聚集起来，然后用船只将其销售到各地去，同时将其他地方的产品，特别是本地紧缺的产品，再用运输船只顺便带到本地来进行销售，从中赚取利润。此地人叫其为"闯江湖的"，也有的叫"跑码头的"。由于他们是为做生意而出行的，而且又走水路较多，因此，为了招财进宝和求一路平安，通常要选日子，有的常常还会以猪头三牲敬供河神、船神，在家里亦要焚香祈祷，以求神灵保佑。跑码头的人很辛苦、很灵活，也很讲诚信，不管生意做成与否，从来不会忘记自己的承诺，回来后都要向家堂菩萨上一些香火钱，以表自己经商人的诚信。

看社戏 所谓"社戏"，是此地人过去利用寺庙戏台，或者在露天搭台用来迎神赛会的一种演出。由于这种演出多为祭祀时对神灵的承诺，带有还愿性质，同时又是一种文艺演出，因此，为了表明人们的诚意，一般人家除了留下老人看门外，无论男女还是大人小孩，都会争相前往观看。这种出行多半是自发的，当然有时也是有组织的。对此，有的是全家同往，有的则是邻居相邀结伴同行。这种演出，有的在白天开场，有的在晚上进行。在此地演出场次最多，也最受观众欢迎的，就是淮剧《白蛇传》，蛇精白素贞为救丈夫许仙，发动虾兵蟹将水漫金山，大战老和尚法海。由于这出戏把爱情置于天地、山水、神仙和宗教及人与人的矛盾冲突之中，剧情跌宕起伏，无不给人留下深刻的印象。因此，时至今日，只要上了一定年纪的人，若是兴致所至，没有人不会唱一段许仙"自从去到金山后"的唱词的。

由于社戏通常是在地方遇有灾害的情况下，地方庄主在祭祀时做出的承诺，因此，在地方风俗上不仅要求地方人尽量参加，而且要按人头或田亩筹资，以不断神灵香火。为此，此地人看社戏更多也是为了表达虔诚之心。

赶集 这是此地人过去进行物质交换的出行风俗。所谓"赶集"，就是忙着到附近的集市上去出售自己生产的产品，或者是进行简单的物质交换，购回或者是换回自己所需的生产资料和生活资料。此地有兴集的风俗。为了便于人们进行物质交换，过去此地一般在方圆二十里左右就要兴一个集，而且附近每个集的逢集时间又是相互错开的。通常五天逢一节，有的选择"一六"集，有的选择"二七"集，有的选择"三八"集，有的选择"四九"集，也有的选择"五十"集。此地集市上销售和交换的产品多为农副产品。在集市上专门设有粮行、草行、牲畜行、家禽行、纺织品行等。具体的由开行的对买卖双方进行合价，开行的只拿一个手续费用。逢集期间，集镇上大多经商的人家，也借此机会面向大众销售花布、日杂、生产工具和生活用品等。所以，此地每到逢集，集市上通常都是人山人海，好不热闹，满街的叫卖声、讨价还价声、成交拍板声，构成乡村集市特有的主旋律。

由于集市上买卖双方的需求不同，有时候有些产品在一个集市或一次集市上是不能销售完的，也有的是不能称心如意地购进的，为了早卖完或早购进自己所需的产品，人们通常是跑完这个集，又要忙去奔另一个集，故而也就有了"赶集"之俗。

赶考 这是过去读书人的出行所为。在科举制度下，此地设有学宫，多以乡试、会试为主，主要选拔童生和庠生，然后再赴淮安府或泰州府（盐城历史上曾经分属淮安府和泰州府）应试考秀才，直至考举人和进士。民国以后，提倡新学，但此时公学和私学并举，一般人只能在就近的地方读小学和私塾。那时候，教育并不普及，即便是县一级初、高中也是很少的。好在过去学校实行自主招生，并没有统一的招考时间，所以一些求学心切和想深造的学生，常常阅读各地学校的招生简章，赶赴各学校参加招生考试。有的人唯恐有误，常常是备足经费赶了这场考下场，一个夏天能连赶几场。待到发榜时，也常有同一个人同时被几个学校录取的情况。出行在外忙于赶考，很是辛苦。中华人民共和国成立以后，本地的考试制度和全国一样，普遍实行地方统考，而且日益规范。但"赶考"出行之俗在本地仍很流行。人们仍然常常把孩子参加统一考试叫作"赶考"，并保留着传统的风俗习惯，即在孩子临行前，各家家长都要为他们包一些粽子或蒸一些糕点让他们食用，希望他们能"高中"榜首。

做客 所谓"做客"，此地人也叫出行做客，俗称"出客"。出客大多是因为亲戚朋友家庭遇有大事，诸如孩子生日满月、儿女婚嫁、老人祝寿、家有丧事、子女参加工作等，按照地方风俗，以家庭友好使者的身份前去祝贺，或者是凭吊，或者是庆祝，以表亲友之间的一份真情。作为客方，主家对其到来一般都非常客气，通常在其到来时都会以茶水相待。按照此地风俗，若主家上圆子茶或枣子茶，作为客人是不能全部吃完的，正常情况下应留一些，以表礼貌，也作压碗所用，否则就会被人笑话。若是参加别人家喜宴，一般膘团席中的肉团子每人三只，只能少吃，不能多吃，这也是此地规矩。当然，盐阜人的出行风俗并不仅仅局限于这些，还有多种情况。但是，按照盐阜地区的风俗习惯，不管是哪种情况，只要出行在外，有三点是必须要做到的：一是家不问贫富，衣不问好丑，但必须注意端庄、整洁、干净、朴素、大方；二是不管是在人前还是在人后，都要注意仪表和举止，力求讲话得体，行为大气，与所参加的活动和氛围相协调；三是注重礼节礼貌，热情待人、严于律己，想人所想、帮人所帮、急人所急，这或许也是盐阜人出行在外能与他人相生相容的一个重要原因吧！

正常出行　"晴带雨伞，饱带干粮。"雨伞和干粮，这是盐阜人过去出远门必须带的两样东西。因为出远门毕竟不同于在家串门子，有一段赶路的过程。有道是"天有不测风云"，加上过去也没有天气预报，赶路的人最怕的就是遭雨。所以，有雨伞的带雨伞，没有雨伞的则戴草帽和斗笠（此地人叫斗篷），以防天有不测。就一般农家而言，多数人还是戴草帽和斗笠。因为草帽和斗笠既可以防雨，又可以遮太阳，走热了还可以当扇子扇风，走累了亦可以用草帽和斗笠当垫子用来坐下歇脚。现在，随着生活水平的提高，人们出行多骑自行车，为了防止外出遇雨，多带折叠式雨伞，晴、雨两用，极为方便，草帽、斗笠、蓑衣等物已淡出了现实生活。"饱带干粮"，因为过去沿途饭店较少，一般人经济也不宽裕，通常也不会在途中买饭吃，故而出门前常会自备一些干粮。干粮视家庭经济状况而定，在此地常见的有干面饼、米面饼、炒面、饼干子、面皮子，也有的会带些馒头（滨海、阜宁、响水等地称"大卷子"）、煮鸡蛋和煮熟了的山芋等。这些干粮通常放在包袱里面，斜背在肩上，可以连吃两三天。也有的会将干粮放在袋子里，并用木棍挑着扛在肩头，一看就知道是个赶路人。当然，也有少数人喜爱喝点老酒，用来解乏或者提神，他们的做法是，通常用葫芦或者瓶子装点散酒背在身上，随时可用。

雨雪天出行　过去没有现在这样的条件，雨雪天出行，都是不得已而为之。通常的做法是脚穿钉鞋和高木屐，头戴斗笠，身披蓑衣。所谓高木屐，就是将木板锯成与脚大小相当的板块，在板面前后处打上相对称的四个圆眼，用布带穿进去，再在木板下面前后各钉上两块木块，然后提起布条将其绑在穿有鞋子的脚上。这种高木屐雨天防潮，雪天防滑，是盐阜人在社会实践中的一种发明。如果下雪天出门远行，一般人除了多穿一些衣服御寒以外，有的随身还会带些干粮或者老酒，以增添能量和驱寒。后来，有了雨伞和胶鞋，此地人雨雪天出门多穿防滑雨鞋、胶底鞋和高筒靴子，手持雨伞或身披塑料布以防雨雪。

夜晚出行　此地人过去夜晚出行，通常会带上一根棍，照明主要靠纸糊的灯笼或马灯，即一手拿棍，一手持灯笼或马灯。灯笼和马灯的作用，主要是为了照明、壮胆、避"邪"；棍的作用，一方面，主要考虑是道路不平，用此当手杖；另一方面，是防疯狗和驱赶毒蛇。由于此地为平原，青纱帐比较多，过去亦常有野兽出没，因此，这两样东西一样也不可少。据说，一般野兽都怕火，所以也有人在走晚路的时候，常常会从人家火炉里抽一根烧红的木棍拿在手上用来壮胆，如果路遇野兽，野兽见到火光自然就会离开。中华人民共和国成立后，随着手电筒的普及和道路状况的改善，一般人外出夜行已不再使用马灯了。

此地人出行与人相遇，都会主动打招呼，相互问好。如果是同行，一方总会把另一方谦让到前边走。如果是过独木桥或者是路基不踏实的地方，一方又会将另一方让到后边走，并且会招呼"当心啊！""慢点走"，以此互相关照。如果年轻人与老年人同行，年轻人会主动帮助老年人提行李、拿东西；如果是男女同行，若非女方所求，一般男的不会主动帮助妇女提东西，以避嫌。这些均为此地人出行的基本礼节和行为习俗。此外，如果在出行过程中遇到人家带新娘，都会主动为新郎和新娘让路。因为新娘坐花轿是人生第一回，且是新人，均不会为难对方。如果遇到出殡的，同样会主动让路。因为此地有"死人为大"之说。这些充分体现了盐阜人行为举止的文明。

第四节　人生礼仪民俗研究

一、生育习俗

在人的一生中，生儿育女是一个家庭乃至一个家族中的一件大事。妇女怀孕，在此地无论是城镇还是乡村都称为"有喜"；妇女生孩子，有的地方叫"添喜"，也有的地方叫"坐月子"。正因为此地人把生儿育女作为家庭和家族中添人增口的一件大事和喜事，所以，人生的许多礼仪也就常常按照一个人出生时间的顺序展开，与一个人的成长密切相伴，并且逐步在家庭乃至家族中盛行起来。于是，这便形成了一地的风俗，为大家共同遵从。

妊娠　妊娠是妇女怀孕以后胎儿在母体内发育成长的表述。在此期间，此地的风俗最突出的就是禁忌较多。这些禁忌来自两个基点和两种力量的驱动。其一，由于传统观念的影响，人们习惯上认为孕妇不洁，故而要对其有所禁忌；其二，胎儿在形成期要受保护，所以又要对外物外事加以避免。在此地，这种禁忌十分普遍，也十分繁杂。指向孕妇的，多为不让孕妇参加红白喜事，不让孕妇接触做豆腐、进蚕房和砌屋上梁等事情。指向外物的，通常不让孕妇再做繁重的体力劳动；忌吃兔肉，以免生子豁嘴唇等。此外，地方另有一个俗信：即根据孕妇的喜好、举止来预测生男生女。有酸儿辣女之说，即孕妇喜酸生男，喜辣生女；有儿勤女懒之说，即怀男孩孕妇勤快，怀女孩孕妇疏懒；也有儿带母愁之说，即孕妇常带愁容必生男孩等。为了验证这些俗信的推断，也有的地方兴"算胎"，并有口诀，谓之"七七四十九，问孕何月有，除去母娘庚，再加一十九，逢单生男孩，逢双生女孩"，即以七七四十九为常数，加上怀孕的月份，减去孕妇的年龄，再加一十九这个不变数，看结果是奇数还是偶数。如果是奇数，预兆孕妇必生男孩；如果是偶数，预兆孕妇肯定生女孩。这些禁忌和俗信，均为千百年来的地方风俗，个中有些做法和说法迷信成分较多，但有些则带有明显对妇女歧视的成分和重男轻女的封建意识。应当看到，有关对妇女的歧视，并非是人们主观故意，而是长期以来封建伦理制度造成的，是套在广大妇女头上的一种精神枷锁。至于对孕妇生男生女之说，则是人们对孕妇生子一般规律的观察和预测，不足为凭，但反映出人们对孕妇怀孕情况的高度重视与密切关注。

催生 俗话说"知女莫如母"。一般情况下，姑娘出嫁以后怀孕情况和新生儿估计在什么时候出生，做母亲的是没有不知道的。所以，大凡在孕妇分娩以前，做母亲的常常会令家里人将事先为新生婴儿准备的衣服、鞋帽、袜子、围兜、棉袄、棉裤、包被、尿布，连同红糖、糯米等提前送到姑娘家里去。由于送东西大多在孕妇的预产期即将到来之时，因此，此地人常把孕妇母亲派人送东西过来称为"催生"。所谓"催生"，即含有提醒和催促男方及其家庭应该引起注意，孕妇已进入了临产阶段，应抓紧做好婴儿降生的各种准备。也正因为孕妇娘家的提醒，一般孕妇男方家庭还真就忙碌起来，进入有序的准备阶段。有的人家此时则开始预约"接生婆"，届时请其为孕妇接生；有的则为孕妇分娩和分娩后所需认真做准备；还有的人家常会找出一些破旧衣裤，将其洗净晒干，到时为包裹新生婴儿所用。用旧衣服特别是用父亲的旧裤子包裹新生婴儿，这是盐阜地方风俗。此地人认为，对小孩子不能娇惯，只有小时候多吃点苦，长大了才能经得起摔打。此地之所以用父亲的旧裤子包裹婴儿，全在于"裤"和"苦"为地方谐音。本地俗信认为，小孩子只有"出生时候穿得旧和破，长大了才能各样事情都肯做"。

接生 所谓接生，就是请接生婆或者医院助产士帮助孕妇分娩。在此地，过去孕妇临盆，接生婆通常要斥退闲杂人员，特别是男人。除了做好接生的各种准备外，此时在风俗上，接生婆通常还会让孕妇家人打开家中门、箱、橱上所有的锁，谓之"松关"。此地俗信认为，孕妇生子是人生的一个关卡。所谓"松关"，事实上是一种心理暗示，意在能顺利地通过这一关。即便用现在的观点来看，这一风俗也无可非议。它实际上是在营造一种气氛和创造一个环境，以减轻孕妇的思想压力，通过心理放松，消除紧张情绪，来确保新生儿顺利降生。在此地，新生儿出生以后，通常先要喂几汤匙"三黄汤"。这是必经程序，也是风俗。因为"三黄汤"虽然很苦，但作为中草药，既可以起涮肠去秽作用，又可以起昭示孩子必须从小苦起的双重目的，顺乎盐阜人先苦后甜的一贯思想。在此地，行这一风俗表明新生儿已平安降生，也常常被人们视为接生的完毕。

踩生 在盐阜地区，产妇分娩以后，做父母的不仅要记住婴儿出生的年、月、日、时，此地俗称"生日时辰"，同时还要注意和留心看看是谁给新生婴儿踩的生。所谓"踩生"，就是新生婴儿出生以后，除了家庭成员以外，第一个踩进家门的人，故称"踩生"。"踩生"，在盐阜南部地区的东台、大丰两地，又叫"踏生"，都是一个意思。"踩生"开始是无意识的，具有一定的随机性，只要是第一个踏进新生婴儿家门的，无论是成人还是小孩，即为"踩生"的。后来，民间认为，谁踩的生，日后新生婴儿的性格和人品，特别是长大以后的为人处事就像谁，这样一来，各家都很重视。现在，一般人家通常在产妇分娩前就物色了对象。所物色的对象，通常都是聪明伶俐，乖巧听话，长相和德行都比较好的孩子。一般事先同其家庭说好了，一旦新生婴儿降生，产妇家庭便会立即告知这个小孩子的父母，让孩子前来看望新生婴儿。由于"踩生"寄托着父母及家庭对新生婴儿未来的希望，因此，产妇及其家庭对前来踩生的小孩子特别好。他们不仅在"踩生"时对这个孩子特别热情，即便在日后的日常生活中也相当疼爱和关照，因为他们把这个孩子的好坏一直视为自己孩子未来的缩影。特别是一些生男子的家庭，不仅"踩生"时会给前来踩生的小孩子以糖果，有的还送红包，称为"喜钱"。因此，在地方上出色的小男孩得红包的机会常常要比一般小女孩多得多。

由于有这一风俗的客观存在，因此，一般人比较自觉，注意不去有孕妇临盆的人家串门子，以免不小心踩了生，让主家不高兴。当然，作为成年人，一般也都不太愿意踩生。因为俗信认为，孕妇临盆生子，血污气没有消散干净，闯进这样的地方会有"晦气"，要招灾惹祸。因此，若遇到这种情况，从道义出发，主家通常会如实告诉踩生人，感谢他，并把烧红的石头丢进装有酒或醋的盆子里捧到他面前，让白色的酒精蒸气驱除他周身的"晦气"，还要招待他一顿丰盛的酒饭。在踩生人回敬一些祝福新生婴儿健康成长的话后，主家通常还会热情地邀请他在"三朝礼"的宴席上做嘉宾。

报喜 在孩子出生以后的一两天内，作为新生婴儿的父亲，应向产妇的父母（即新生婴儿的外公外婆）报喜，也有的地方叫"报平安"。在盐阜地区，到岳父母家去报喜，生男孩与生女孩是有区别的。如果女婿带来的是红蛋，则表明闺女生的是男孩；如果女婿带来的是红糖，或者带来的是酒，则表明闺女生的是女孩。因为此地历来有"姑娘是爸爸的酒坛子"之说。但是，不管生男孩，还是生女孩，作为岳父母都会很高兴，特别是听说母子（女）平安，那么岳父母就会更加开心。有道是，生儿育女不容易，所谓"行船走马七分命，带肚婆娘一分命"，便是过去盐阜人对产妇生子风险的一种表述。所以，此地人历来把孩子能平平安安降生，视为祖上积德的表现，也当成家庭中的一件大喜事，故要向岳父母报喜。

按照盐阜地区的风俗习惯，姑爷上门报喜是不能空手回去的。通常的做法是待女婿返程时，丈母娘一般都会用红绿布包上鸭蛋让女婿带回，表示"压子"之意。也有的地方，丈母娘会将事先准备好的蒸糕，让女婿带回去，谓之给新生儿"添奶水"。当然，个中也无不包含着深深的祝福，祝愿新生婴儿日后能步步登高。

送毛米粥 在此地，产妇分娩后，无论是生男孩还是生女孩，主家都有向周围邻居端送"毛米粥"（也有的叫"猫咪粥"）的风俗习惯。在端送"毛米粥"问题上，此地生男孩和生女孩的唯一区别是：生男孩端送毛米粥的范围要比生女孩的大一些。有道是"生个男孩喜三庄"。所以有经验的人从主家端送"毛米粥"的范围大小，便可知道产妇生的是男孩还是女孩。

所谓"毛米粥"，就是用糯米煮成并伴以红糖的稠米粥。端送"毛米粥"这一风俗，具有三层含义。第一，用现代观点来看，主要带有信息发布和告知的意思。因为产妇从怀孕到生子，左邻右舍都是很关心的，吃上"毛米粥"则表明孩子已经平安降生。第二，通过产妇家庭向乡邻端送"毛米粥"这种形式，带有向左邻右舍的关心表示感谢的含义。第三，通过端送"毛米粥"，可以将其视作为新生婴儿将来广结人缘打基础。此地人认为，猫和狗之所以好养，全在于猫狗不仅吃主家饭，亦吃百家饭。所以通常人家虽然对孩子比较喜爱，但从内心则希望其能像猫狗一样平平安安地生活着，故而亦称所送的粥叫"猫咪粥"，并通过端送"毛米粥"这种形式，来寄托自己的希望。

端送"毛米粥"的，在此地主要是产妇的婆母或小姑子。由于这一地方风俗，因此，她们通常在孩子平安降生以后的第二天一早，就会把"毛米粥"端送到各有关家庭。众乡邻在接受"毛米粥"的同时，除了询问情况，祝贺道喜以外，一般都要象征性地给点钱让端粥的人带回去，谓之"压碗钱"，也含有"压子"之意，尽表乡亲们对孩子的良好祝愿。

送红蛋 这是此地专门为祝贺生男孩流传下来的一种风俗，尽管生男生女对于一个家庭来说都是添人增口，是人丁兴旺的喜事，但是，受长期封建思想的影响，此地人重男轻女的思想仍是客观存在的。他们认为，只有男孩才能延续香火、传宗接代。所以，生男孩时不仅要用红蛋去向产妇娘家报喜，亦要以红蛋相送给左邻右舍和亲戚朋友,让大家来共同分享这一喜悦。

过去,送红蛋是很有讲究的,一般人家通常只送3只。如果家庭关系比较好,或者是有人家子女结婚多年未育,或者是虽有生育但所生均为女孩的家庭,通常不是送5只,就是送9只或13只。主要取"福来是五""三三得九""九(久)必生子"及"十三太保"之意。对于盼子心切的人家,不但要送,而且要从煮红蛋的锅中间特意挑出3只来,专门让这一家儿媳妇背着人吃下去,称为"喜中添喜",以作造化。

开奶 这是盐阜人为新生婴儿正式喂奶时的一种风俗。盐阜人对孩子虽然都很喜爱,但对孩子并不溺爱。为了让孩子能够健康成长,此地人对"开奶"是很讲究的。他们通常在孩子降生后,先用黄连草熬苦汤,由一位长辈妇女用汤匙将黄连汤喂于婴儿,谓之"先吃苦,日后方才能晓得甜"。然后,再用早已准备好的糕汤或者是用放了糖、盐、醋、勾藤等熬好的鱼汤,蘸几滴于婴儿嘴上,谓之"品五味",而且要一边喂,一边说"吃了糕,长得高""再吃糖,寿命长""品五味,不受罪"。接下来才能由母亲抱起婴儿喂奶。在此地,产妇给婴儿喂奶前,通常先由邻居家吃奶的孩子为产妇吸吮第一口奶,然后再喂婴儿。如果产妇一时还未下奶,则可以让婴儿先吃别的产妇的奶。这种情况,旧俗规定:是男婴应喝生女孩子妇女的奶,是女婴则要喝生男孩妇女的奶。地方俗信认为,这种交叉方法便可使当事人日后能儿女双全。

从这些风俗中,我们不难看出盐阜人的良苦用心。特别是把吃苦放在吃奶之前,用这种形式为孩子开奶,不仅是为了让孩子能记住先苦后甜这一基本的道理,更重要的在于让他们永远记住凡事都必须要吃苦在前,只有吃得苦中苦,方才能成就一番事业。这也是对孩子获得幸福的一种良好祝愿。这或许也是盐阜人能特别吃苦的一个重要原因吧!此地也有新生儿出生以后,由其祖母向左邻右舍象征性地索要五谷杂粮,碾成碎粉,熬成糊状,供产妇食用,来增添奶水的。此俗谓之"讨百家饭"。相传,产妇吃了"百家饭"可以奶水充足,婴儿也可以消灾避难。总之,开奶这一形式,无不充分体现了此地人对新生婴儿的一种特别关爱。

洗三 就是在新生婴儿出生的第3天,为新生婴儿沐浴,举行三朝礼俗,请亲戚朋友来家吃"三朝面(饭)"。举行这一仪式,在盐阜地区南部东台、大丰、盐都、亭湖一带谓之"洗三"。

"洗三"这一仪式,在盐阜地区由来已久。最早可追溯到唐朝,谓之"三朝与儿落脐炙囟"。通常做法是由产妇婆母或者是接生婆查看新生婴儿脐带剪痕,然后再为新生婴儿沐浴更衣。后来,盐阜人依据这个规矩,不断丰富其内容,逐步发展成为生儿育女的一个重要礼俗。

当然，作为礼俗，盐阜人为新生婴儿"洗三"，是很有讲究的，不但有一定的程序格式，而且有很多的内容和要求。首先，为新生婴儿沐浴的澡盆，必须要是木制的，而且必须要用桐油油过的，同时，为新生儿"洗三"时还必须要朝盆内放一些艾叶、葱白或者是桃柳枝、钱币，这样做意在可以避邪；其次，新生婴儿沐浴所用的水，不可太多，也不可太少，水不可不热，也不可太热。为了保持一定的水温，此地的做法是，要不时地朝木盆里添水。添水时，接生婆或者是自家婆婆不但要一边给孩子沐浴，还要一边说喜话。诸如，"长流水，水流长，长大定是状元郎"等。对于这些要求，我们既可以把它视为老人的一种道喜和庆贺，亦可将其视为讲求消毒和注意卫生的做法。

此地给新生婴儿沐浴的流程和规矩，基本是沿袭自古以来的传统做法。据老年接生婆讲，这些流程和规矩，都是过去皇家定的。过去皇家生子"洗三"，首先是洗脑门，谓之"开天门"；再洗双眼，谓之"开龙眼"；接着洗鼻子，谓之"点龙鼻"；最后洗嘴，谓之"开龙口"。然后从头洗到脚。盐阜地区给新生婴儿"洗三"的流程基本也是如此。这也是接生婆业内祖传的规矩。所不同的是，在给新生婴儿沐浴的过程中，接生婆或者是自家婆婆所说的一些吉利话，含有时代色彩，更多是对孩子健康成长的祝愿。过去，此地给新生儿"洗三"的吉利话有"先洗头，做王侯；后洗腰，一辈更比一辈高；洗脸蛋，当知县；洗腋沟，做知州"。而且在给婴儿梳胎发时，还会说"三梳子，两拢子，长大置个红顶子"。有的在梳完头以后，还会拿起一根葱在婴儿头上象征性地打三下，谓之"一打聪明，二打伶俐，三打邪魔"，此举主要取"葱"的谐音，意在孩子长大以后肯定聪明。现在，在给孩子洗头时则说"拍拍头，到老不长瘤"，洗胸时则说"拍拍胸，到老不中风"，洗肚子时则说"拍拍肚，到老不拉肚"，洗背时则说"拍拍背，到老不生痱"，等等。这些看似顺口溜的吉利语，很有个性，朗朗上口，也很有针对性，无不充分体现了盐阜人对新生婴儿健康成长的一片深情和良好祝愿。这是为新生婴儿"洗三"过程中的必经程序。待新生婴儿沐浴以后，按此地规矩，有的地方会用鸡蛋在婴儿额角擦一擦，认为可以免生疮疖；有的地方会用金银首饰在婴儿身上擦一擦，认为可以为其镇惊；也有的地方会用姜片或艾团擦婴儿的关节，为其活血去湿。然后再将婴儿的脐带盘于孩子的肚脐上，敷以烧过的明矾沫，再用干净的棉花（现在用药棉）护上，并用带子将其裹紧裹好，最后为新生婴儿穿上家中老人特地为其早已准备好的毛衫毛裤，用包被（或者被单）包扎好，方才可抱至堂前与众人见面。

"洗三"，在盐阜地区生儿育女过程中是一个较为隆重的仪式。为新生婴儿沐浴更衣，只是这个仪式的前期准备。"洗三"的目的，主要是为了正名。所以，通常在沐浴以后，家庭要点上香火，燃烧红烛，还有的地方要在案头上摆上猪头三牲及饭菜供奉神佛和祖先牌位,烧"钱粮纸",一来告慰先祖家庭香火得以延续,二来祈求神灵和祖先保佑孩子平安成长。在此基础上要请家庭或者家族中一位长者为孩子起名,此为正名。与此同时,要鸣鞭放炮,以表庆贺,并要设宴款待各位亲朋好友。为了图吉利,宴席的主食通常以面条为主,象征长寿,故称"三朝面"。至此,"洗三"程序结束。

月子礼 大凡参加"洗三"仪式和被邀请前来吃"三朝面"的诸位亲戚朋友,一般在产妇坐月子的当月内,都要向产妇送"月子礼"。

"月子礼",在盐阜地区,特别是在广大农村,是人们日常生活中的一种正常往来。人们认为,庆贺亲戚朋友的家庭添人增口是件大事,也是喜事。人家有意告知和真诚相邀,既是对方对自己的尊重,也是彼此之间密切关系、相互走动的一个机会,所以通常都会在产妇坐月子的当月内,以礼相送,故称"月子礼"。盐阜地区的"月子礼",虽然有地区之间的区别,但大同小异,多以赠送食品为主,为产妇滋补身体所用。一般情况下,所送的"月子礼"中老母鸡、馓子、红糖、猪蹄是必不可少的。如果这几样不能一时齐备,也有的送馒头、面包、饼和鱼。通常产妇娘家较为客气,多为四样礼或者六样礼。这些礼品中少不了猪肚肺、老母鸡、红糖、鸡蛋、猪蹄和鱼,尽表娘家一片心意。现在,随着生活条件的改善和生活水平的提高,也有不少人不知道产妇家庭现有什么,或者是还缺少什么,常常也会以钱代礼,让其自行方便。

盐阜人很讲感情,也很注重礼节。通常人家送"月子礼"上门,主家必会以礼相待,除了上茶和留客吃饭外,对客人所送的礼品,常常在客人临走时还要让其带回去一部分,以作"还礼",地方叫"有来有往"。

满月酒 新生婴儿出生一个月,此地叫"满月"。通常在孩子满月时,主家要置办酒席,请亲戚朋友来吃满月酒,举行满月仪式。举行这种仪式,主要有两层意思:一是作为对各位亲朋好友赠送"月子礼"的一种答谢,以表感激之情;二来也是对新生婴儿满月和产妇身体康复的一种祝贺。当然,按地方风俗和规矩,在孩子满月时,还要为新生婴儿举行"剃胎发"的仪式。

"剃胎发",在盐阜地区有的地方也叫"落胎发"。这是孩子满月礼仪中的一个重要内容。所谓"剃胎发",就是在这一天要为新生婴儿理发。但是,如果恰逢"丁日"则不剃头,俗云:"丁不剃头,亥不杀猪。""剃胎发"有许多规矩格式:通常主家要给理发师傅以"红包",地方叫"喜钱"。按照地方俗信,一般情况下,剃头师傅在收下"红包"以后先要说一段喜话:"小小剃刀亮堂堂,老君炉里炼成钢。昨日添了个小太子,今日剃的状元郎。好啊,好!剃去胎毛就是好,子子孙孙做阁老。阁老头上插金花,富贵数你头一家。好啊,好!"这既是对收主家红包的回应,也是为了讨主家的欢心。接下来,理发师傅通常要在小孩子头上先比画几下，然后根据家庭对孩子所寄予的希望，理不同的发型，谓之"落胎发，长新发，日后平平安安年年发"。有的家庭或家族，由于子孙比较稀少，对新生婴儿比较娇惯，寄予厚望，常常额头要留"聪明发"，脑后要留桃子形的"撑根发"，也有的地方叫"百岁毛"，谓之"头上留一绺，活到九十九"。留下来的头发，有的叫"孝顺发"，也有的叫"胎里带"或"鬼见愁"，意在把根留住、驱邪避害、聪明绝顶。但不管胎发怎么剃，眉毛一般都要全部剃光，这是约定俗成的。至于眉毛为什么要剃光，说法不一。有的说眉毛的"眉"与"霉"是同音，剃眉毛是为了图吉利，意在剃去由娘胎带来的一切倒霉晦气的东西；有的说眉毛是眼睛的保护神，只有剃去旧眉，新眉才能长得更浓更密，有利于保护眼睛；也有的说剃眉毛是为了让孩子的眼睛更亮，能看得更远些，等等。这些说法，虽然不一，但无不包含一个共同的愿望，那就是有利于孩子健康成长。

由于婴儿的胎发在此地又称"血发"，受之父母，因此，除了要留一些表示对父母的尊敬和孝意以外，剃下来的其他头发必须要谨慎地收藏起来。有的地方是将剃下来的胎发用红布包好，放在大门顶上，谓之步步登高；有的则缝在小孩子的枕头里边，用以提高孩子的"火旺"；也有的是将头发搓成团，用彩线缠好，挂在床头，用来避邪。剃头仪式，通常由婆母抱着婴儿，由婴儿的舅舅主持。如果舅舅未来，亦可由表舅代之，或者是以其他形式以示舅舅在场。此俗由来已久，世代相传。

百露 婴儿出生100天，此地叫"百露"，也叫"百日"。由于"百"是一个很重要的数目，含有"圆满""完全"的意思，因此，孩子出生100天，此地人也常常会举行"百日礼"。

百日，也叫"百晬"，这是从古人"生子百日置会，谓之百晬"流传下来的。百日又称"百岁"，也是祖祖辈辈根据"一百日，曰婴儿百岁"的传说中沿袭下来的。盐阜人之所以对新生婴儿的百日如此重视，不只是沿袭传统，更主要是因为他们有自己的看法和见解。他们认为，一个人的生日年年有，但百日就一回，所以不能不热闹。同时，他们认为，凡事都是从头始，百日即为百岁之头，先有百日才有百岁，有百岁也才会有百福，所以不能不庆贺。也正因为这个原因，所以婴儿百日这一天，主家必须要请客，通常亲戚朋友也会借机来庆贺热闹一番。

虽然"百日礼"和"满月礼"一般主家都不做强求，甚至有的主家还会事先打招呼，不让大家出礼，主要是来聚一聚，热闹热闹。但是，不少亲戚朋友出于对孩子"百日"的纪念和庆贺，仍然要表示表示。过去，此地的风俗主要有以下几种。一种是送礼金。礼金或多或少，谓之"意思意思"，但是很庄重，通常都用红套封装现金，外写"弥敬"通用词语。给生男孩家庭的祝贺常写有"弄璋之喜"，给生女孩家庭的祝贺常写有"弄瓦之喜"，以此作为生男孩与生女孩的区别。第二种是送贺帐。讲究的多用红彩绸缎，次之则用红布，一般长4米，上书"天降麒麟"，或者是"长命百岁"之类的贺词。第三种是送贺联。一般多用装裱好的红色对联，各书不同的贺词。送贺联多为生男孩的家庭所用。过去写得比较多的对联有"麒书征国瑞，熊梦兆爱祥""英物啼声惊四座，德门喜气却三多"。现在的贺联更多了一些时代气息，多被"今朝虽道婴儿气，来日必成栋梁材"所代替，把人们对婴儿所寄予的希望，尽书贺联之中。第四种是送"百家衣"。这是最传统的，也最具有地方性和普遍性的一种做法。所谓"百家衣"，并不是百家所送的衣服，而是用许多彩色布头拼缝的衣服。这些布头均为邻居裁剪衣服时剩下的。虽然有时不一定是百家，但家数越多越好，具有众人抬举的意思。这种衣服俭省、实用，做工精细、针脚严密、配搭协调、色彩艳丽、深浅各异，富有线条，非常好看，完全可以称为一种手工艺品。据说，孩子穿上百家衣好养、不容易生病，所以它是小孩子上外婆家或是走亲戚时最爱穿的。外婆或亲戚们看到这个衣服，通常也都非常高兴，觉得小孩子父母与邻里是和睦相处的。

上述这些贺礼，虽然表现形式不一样，但反映了一个共同的问题，那就是盐阜人是极具文化底蕴的。即便是一个孩子的"百日"，他们也能把所要表达的内心世界和一片真情，都汇集到妙笔和巧手之中，是那么出神入化。特别是"百家衣"的制作，不仅体现和反映了盐阜妇女的节俭意识，而且能将零碎的布头，通过加工，变为珍贵的礼品，尽展她们的针工之巧，不能不令人赞叹。这种做法，即便在今天仍应倡导。

过瓦周 孩子年满周岁，盐阜地区叫过"瓦周"，有的地方叫"过头生日"，也有的地方叫"抓周"。

由于"过瓦周"具有两重意义，因此，对于这一礼仪各家都比较重视。在此地，主家通常于这一天举行"抓周"仪式，亲戚朋友也都会登门送礼祝贺。此地的这一风俗，最早源于历史上曹惠武王的传说。据说，曹惠武王过一周岁生日时，父母罗列了许多奇珍异宝和有关物品置于桌上让其观赏，测试其爱好。结果曹惠武王左手提干戈，右手取祭祀用的俎豆，过了一会又只拿了一枚大印，别的看也不看了。由于干戈是能征善战的标志，俎豆表示执掌祭祀，大印则是权力的象征，曹惠武王因为抓了这些，后来果然成就霸业，各家各户自从听了这个传说以后也就仿效开了。他们通常在孩子周岁生日那天，在桌上摆满各式各样的象征性物品，将小孩子抱到桌前让其随意抓取，来预测孩子将来的志趣和爱好。如果孩子先抓纸砚笔墨，就表明孩子长大后能读书成器；如果孩子先抓算盘，则表明孩子成人以后，必然会精于核算，善于理财；如果先抓章印，表明孩子日后必定会从政理事；如果先抓刀具，则表明孩子成人后必定会从军习武；如果先抓糕点或者是胭脂花粉，则表明孩子将来只能做凡夫俗子。当然，也有的人家会放一些葱之类的东西让孩子抓。如果孩子抓葱，则表明孩子将来一定会很聪明。人们之所以这么认为，主要在于有历史上的传说和受世代相沿相续的风俗的影响。其实，孩子在"抓周"时抓什么与孩子日后成长所为并没有必然的内在联系，也没有直接的关系。从科学的角度讲，孩子日后的成长，全在于教育引导和环境对其的影响。作为一种风俗，此举只能作为孩子过生日时的一个程序和游戏，切不可作为孩子日后成长的一种推测或是判断。如果将孩子在"抓周"时的所为，当成其志向所在，从而忽视教育和引导，那么对孩子的健康成长是极为不利的。

为孩子"过瓦周"，既是对孩子周岁生日的一种纪念，也寄托着父母和亲友对孩子的良好祝愿。所以，孩子过周岁生日，家庭不仅要举行"抓周"仪式，以作庆贺，而且通常要大摆宴席热情招待前来祝贺的亲朋好友。通常外公外婆家的礼是最重的，不仅送糕粽以表庆贺，祝愿孩子日后步步登高，同时还会送全套衣服和帽子，谓之"外婆家衣服、外婆家帽，升冠（官）发财福星照"。最有特色的是帽子。因为帽子在古时候称为冠，而"冠"在此地又与当官的"官"是谐音，所以此地人对帽子特别讲究。通常一个孩子从出生到过周岁，外婆家要送几种帽子，一为出生所用，二为平时所用，三为周岁生日所用。出生时所用的，此地俗称"汤罐帽"，也有的叫"和尚帽"或"六裥帽"。此帽多用绸缎做成，四面绣花或绣动物图案，上面叠皱收口，留有天窗，以便透气。平时所用多为罗汉帽，也有的地方叫"滑稽帽"。若是男孩冬天送"狗头帽"，是按照"狗头"来设计的，帽子上边有两只耳朵，并且在耳朵内和帽子的前沿嵌有动物毛。若是女孩，则送兔形的帽子。这两种帽子，一般在帽子的前面钉有两只"眼睛"，同时在周边嵌有银质的工艺品，在帽子的后面还钉有一排铃铛，十分精致。至于周岁生日外婆家所送的帽子过去多为"官帽"。这种帽子一般以黑色绒布做成，而且在帽子的前面会置一只较大的珍珠或者翡翠，以作身份的象征。后来，随着社会的发展变化，外婆家通常给男孩送兵帽，给女孩送绒帽。在此地，孩子满周岁，姑家主要送鞋子，姨家送袜子，谓之"姑家鞋，姨家袜，一直过到八十八"。也有的地方谓之"姑家鞋，姨家袜，孩子穿了朝上发（上进）"。特别值得一提的是，过去姑家送的鞋是很有讲究的，通常流行送"虎头鞋"。这种鞋子一般都是用黄布精心制作而成的，一双鞋子的零部件有上百个，分虎头、虎身、虎尾三个部分。在老虎的额头上通常要绣上一个"王"字，因为虎乃兽中之王。虎尾正好做鞋拔子。在此地，周岁前和周岁的虎头鞋是有区别的。周岁前的虎头鞋,多为软底,鞋底上纳的多为鸟雀纹,表示以后走路走得快,意在健步如飞;周岁的虎头鞋多为硬底,鞋底一般绣的都是万字符号,表示万事如意。据说,绣虎头鞋既可以为孩子走路壮胆,又可以避邪,有利于孩子安全成长。当然,也含有另外一层意思,那就是希望孩子能长得虎头虎脑的,意在健康结实。由于这种鞋子均为手工制作,做工精细,很具个性和特色,又富有深刻的文化内涵,故现在已被收入《江苏省非物质文化遗产大全》之中。其他亲友所送的礼品,多为布料、成衣,也有送礼金的。其中关系较好的,也有送银质手镯和脚镯的,谓之"手带银,有金银""脚带银,保太平"。比较讲究的,在手镯和脚镯上还要附上银质的铃铛,谓之"手脚铃铛响,孩子不愁长"。人们以此相送,除了作为一种纪念之外,还有两层含义:一层为给孩子手上和脚上系上铃铛,寓意孩子不管是走到哪里都会响到哪里,表示孩子长大以后肯定会有出息,这是一层积极的喻义;另一层意义在于,此时孩子大多可以挪步行走了,而此地又多为水乡,若听不到孩子的铃铛声,便会引起大人的警觉,孩子是否落水,大人多会立即寻找。这两层含义虽然不尽相同,但无不包含着人们希望孩子健康成长的一片真情。

产房禁忌风俗 由于产妇生子是件大事,因此,为了图吉庆,避免其他意外事情发生,作为地方风俗有几条禁忌。一是产妇生子以后,必须要在产妇房门口挂上一块红布条,既表明生子之喜,也表明在一个月以内禁忌生人入内,尤其是禁忌孕妇、寡妇和戴孝的人入内。这种习俗一方面根源于对女人的蔑视,另一方面根源于女人所具有的特性:心肠软且感情脆弱,看见孕妇和寡妇会因生出同情和悲伤的情感而落泪,从而引起感情的波动等。二是在产妇的房中忌讳说不吉利的话,或者是大呼小叫,以免产妇伤感、生疑,或者是由于受惊吓,引起不必要的情绪波动。这样,不利于产妇的身体康复。三是忌讳带铁器和其他金属器具进入产房,据说这些东西会引来血光之灾。同时,也忌讳将产房里面的东西外借。一般产妇坐月子期间,产房中的东西只能添置,不能减少,否则即为不吉庆。此外,产妇在坐月子期间,产房内忌冷、忌阴、忌潮,应注意通风透光,产妇更忌吃生冷食物,以免引起身体不适。这些风俗,有的有道理,有的也不一定有道理,但作为一种风俗,自古以来人们都是这样沿袭着,以作为对产妇及家庭的尊重。

冠笄礼 在此地,生儿育女是父母一辈子的大事。只要儿女尚未成家,在父母亲的眼里,便永远是孩子。但是,男大须当婚,女大须嫁人,这也是此地人自古以来的规矩。为了表明孩子已经长大成人,此地在过去也有择时为儿女举行冠笄礼的风俗。地方风俗习惯是,待男孩18岁生日那天,或是女孩15岁生日那天,请宾客到场,举行一定的礼仪,以示儿女已经成人,并分别为他们加冠和上笄。通常给男孩子加冠的，都是德高望重的男性尊长，给女孩子上笄的，多是子孙双全的老太太。冠笄礼，作为一种礼仪，其作用和目的不仅有表明孩子已经成人之意，而且昭示着孩子已经进入了谈婚论嫁的年龄，具有可以成家的含义。

这些均为此地人过去生儿育女过程中必不可少的风俗和礼仪。

二、起名习俗

姓名，代表一个人的姓氏和名字。盐阜人过去为小孩子起名有起小名和起大名之分。所谓小名，有的地方叫"乳名"，就是在孩子很小的时候，即在吃奶的时候就要起的。所谓大名，有的地方叫"公用名"，有的地方叫"学名"，也有的地方叫"官名"，一般都是在孩子上学以后用的，一直要用到老。有地位的人或者是文人，在此地除了名字以外，过去还有字（别名）、有号（即名和字以外另起的别号）。就多数人而言，一般通常只有小名和大名。

盐阜人为小孩子起名很讲究，也很有规律可循，通常要请家族中有"文水"的长辈或者是请教书先生（教师）给孩子起名。讲究的人家还会请"算命先生"，把孩子的生辰八字和属相结合起来，根据五行所缺来给孩子起名，以便给孩子的一生带来一个好的兆头。

盐阜人为小孩子起名，无论是乳名还是学名，多年来都是按照这一原则来操作和进行的。通常为孩子起小名的做法有以下几种。

以属相给孩子起小名 即根据所生孩子的生肖属相起小名。此地用得比较多的，如孩子属龙则多叫"大龙"，属虎的则叫"小虎"，属牛的则叫"牛牛"，属狗的则叫"小狗子"，等等。由于这些生肖有的属神圣不可侵犯，也有的虽然地位低下，但并不娇惯，好养，故而多为本地生男孩的家庭所用。

以天干地支为孩子起小名 用这种方法起名，既可以为孩子成长计年所用，又可以寄托父母的希望。通常用得比较多的有"庚辰"和"庚子"等。特别是"庚子"与"跟子"谐音，表示下胎仍有生儿子的兆化。所以大凡庚子年所生的人，取此为小名的特别多。当然，做父母的都希望孩子长大以后能广交朋友，也有的希望家中能应有尽有，所以为鸡年所生的小孩子起奶名，通常将"酉鸡"的"酉"改为"友"或者"有"，比如叫"小友""大有""才有""恒有""常友""全有"等。

以母亲生子的年龄为孩子起小名 这种起名多用来纪念，如"三十子""三六子""四十子""四三子"等。这些名字让人一听就知道是其母三十岁、三十六岁、四十岁和四十三岁时所生的。别看这些小名听起来很简单，但无不包含着父母的良苦用心。就多数人而言，这些孩子的小名后面，都会印记着他们父母在当时岁月和人生道路上不同凡响的经历，都会有一段感人的故事。

以美好的希望为孩子起小名　人们对孩子的出生和成长，通常都会寄予一定的希望。这种起名用得比较多的有"小福子""小喜子""小顺子""小鸭（压）子"等。通过这些名字，我们不难看出，他们希望生子能给家庭带来幸福，能为家庭添喜，能使家庭更加和顺，同时也能起到压子的作用。当然，为小孩子起乳名，还有多种多样的起法。如头胎生的是男孩，希望下一胎还能生儿子，则会给小孩起乳名为"大重子"。如果头胎是女儿，希望下一胎生男孩子，则会给女儿起乳名叫"纠女""招弟""来弟"，"纠女"意在将下一胎所生纠正过来。还有的则会根据出生时的季节或时令的变化来给孩子起小名，如春天所生的叫"小春子"，夏天闻雷声所生的则叫"小雷子"，秋天菊花开时所生的男孩叫"重阳"、所生的女孩便叫"小菊子"，冬天所生的男孩叫"小冬子"、所生的女孩叫"小梅子"等。所有这些小名，无一不具有深刻的含义。无论生男孩还是生女孩，父母为其起小名时都会寄予一定的希望，但在重男轻女思想的影响下，一般起乳名偏重于男孩。至于女孩，在没满周岁以前，通常的地方习惯是根据女孩出生的排列，有的叫"大丫头"，有的叫"二丫头"或者是"三丫头"。这里需要特别指出的是，有的人家明明生的是男孩，但是为了好养，表示并不娇惯，也有的是为瞒人，通常也称其为"丫头"或者叫"公丫头"。需要说明的是，盐阜人虽然偏重于为男孩起乳名，但并不等于不为女孩起乳名。此地的风俗习惯是，大凡女孩满周岁以后，一般人家通常也会为其起个小名。在盐阜地区，为女孩起小名，大多是用"梅兰竹菊"和与此相关的草字头或"木"字偏旁的字。比如"小芳子""小兰子""小英子""小菊子""小梅子""小桃子""竹香""冬梅"等。除此以外，用得比较多的还有"小秀子""小燕子""小萍子"等。这些名字用在女孩身上都非常贴切。待这些孩子长大以后，认真回味自己的小名，从中也无不感受到父母的良苦用心和希望所在。

至于孩子上学以后的起名，也多种多样。

以儒家经典名句为孩子起学名　盐阜人崇尚儒学，称孔夫子为"上大人"，认为孔子是个有学问的人，所以不少人家孩子学名的出典均来自《论语》这一经典之作。比如"仁、义、礼、智、信"等。以此为孩子起名，无不体现和反映了盐阜人遵循古训，希望儿女勤于学习，识天地乾坤，知人间经纬，懂伦理道德，做人严于律己，办事正大光明，以精忠报国之心求取功名，达到五世其昌和光宗耀祖的目的。

以吉祥如意的字为孩子起名　这方面的名字有"荣华富贵""招财进宝"

"福禄寿喜""登科及弟""太平""万寿""双喜""永福""全福""家福"及"国泰民安""政通人和""吉庆有余"等。这种起名方式，不仅体现了本地人对社会世道的关注，希望国泰民安，政通人和，盛世太平，而且寄希望于这种祥和盛世会给人带来福禄寿喜，以经济上的荣华富贵给人精神上的吉庆有余。从中不难看出，盐阜人历来都是把国和家、个人与社会紧密联系在一起的。这也是盐阜人特别关心国家、踊跃参军、精忠报国的一个重要原因。

以父母的希望为孩子起名 由于父母所处的社会地位不同，扮演的角色也不同，因此，对孩子的起名也各不相同。在此地，农家人通常给孩子起名用"庆丰""平安""富贵""立勤""克勤"等，把对农业的丰收、家庭的平安、生活的富庶寄希望于孩子的勤奋和克勤克俭上。知识分子和干部为孩子的起名多用"登科""鹏程""鹏举""文进""文远""学思""学海""学士""成功"等，希望孩子能学有长进，鹏程万里。军人为孩子起名多用"胜利""爱民""耀武""金戈""学军""爱军""建军"等。他们不仅自身献身国防，同样希望孩子能子继父业，金戈铁马，跃马边疆，为国家建功立业。

以孩子出生时发生的重大事件为孩子起学名 这一类名字多带有一定的政治色彩。有的是父母亲身经历，也有的则是为了纪念。比如"建国""定国""正国""国庆"，多为中华人民共和国成立和国庆周年所生；又如"抗美""援朝""卫国"，多为抗美援朝时期所生；再如"跃进""超美""卫东""卫红""卫兵"，敏感的人一眼就可以判断出是"大跃进"和"文化大革命"时所生。此外，像"志诚""志坚""志毅"等，尽管有的为家庭辈分所致，但更多的则贯穿着父母生子的艰苦年代，表明了父母与艰难困苦作斗争的一种内心世界。

以孩子的出生地为孩子起学名 这类名字多为父母远离故乡，工作在外，以孩子的出生作为对一个地方的纪念。比如"淮成""淮生""江淮""治淮"，多为在淮海大地所生或者是在水利治淮工地工作时所生；"苏平""苏东""苏海"，多为在苏州所生；"宁红""宁燕"，多为在南京所生；"盐萍""盐生"，多为在盐城所生。也有的会把出生地和故乡有机结合起来，如"沪宁"则表明出生在上海，故乡在南京；又如"沪滨"，即出生在上海，家在滨海。除此以外，也有的直接用所在地的地名为孩子起名，比如"华山""东海""桂林""南宁""海南""海宁"等。

以山川和花草树木为孩子起学名 以山为男孩起名的多用"大山""高山""崇岳""峰岭""泰岳""国峰""剑峰"等；也有的直接用名山为孩子起名，如"华山""嵩山""衡山"等。以水为男孩起名的多用"江、湖、淮、海、清、波、浪"，或者是"达、道、远、近、逍、遥、游"，以表智者乐水、仁者乐山之意。以树木为男孩起名多用木质坚硬、经霜耐寒、品格较高的品种，如"松""杉""柏""樟""桦"，还有的如"桂""榕""白杨"等。对于女孩的大名，通常只是在小名的基础上，再加上一个辈分用字。除此以外，也有的人家为了使小名与大名相区别，常常会根据孩子出生的季节或时令，结合自然万物为女孩起名。这方面用得比较多的，如"春桃""荷花""秋菊""菊香""桂花""桂芳""柳春""冬梅""红梅""梅花"等。当然，在此地还有的父母常以吉祥的鸟类来为女孩起名，用得比较普遍的有"晓燕""春燕""海燕""宁燕""金凤""喜凤""成凤""百灵"等，尽表父母的希望。

现在，此地男子的名字正趋向于单字，使用频率比较高的通常有"明、峰、海、辉、德、民、祥、斌、浩、平、利、鹏、强、军、俊、华、荣、勇、超、刚、健、标、杰、林、成、坤、伟、忠、春、亚"等。女子起名，随着社会的发展与进步，也发生了很大的变化。概括起来最大的特点就是模仿性强，重名较多。在20世纪五六十年代多模仿国内名人，用"秋香"和"兰芳"的比较多，这无不受全国劳动模范张秋香和京剧大师梅兰芳的影响。后来一段时间内叫"素文"和"秀莲"的比较多，这全为全国劳动模范李素文和全国第一个女省长顾秀莲的出名而加以仿效。现在，模仿外国人的名字比较多，如"维娜""利娜""丽娜""妮娜""亚妮"等，并且成为一种时尚。当然，就多数人而言，起名字并不是赶时髦，也不是跟浪头，仍然比较慎重。但是，名字趋向单字的也越来越多。综合境内女子起名，无论是单字还是双字，一般使用频率较高的亦有如下30个字：英、兰、芝、芳、香、芬、云、红、梅、花、惠、琴、淑、艳、丽、凤、燕、雅、萍、娥、霞、娟、美、珍、菊、秀、玉、媛、莲、玲。

盐阜人给儿女起名字不但很讲究，而且给男女起名字也很上规矩和有规律可循。最基本的规矩有这么几条：一是起名字是件大事，无论大名还是小名，一定要注意吉祥，听起来顺口，不能别别扭扭；二是为小孩子起名，不能与家庭或者是家族中的长辈相同，否则叫"犯上"，如有则为忌讳，应该慎之又慎；三是要请长辈或者是有身份和有"文水"的人为孩子起名，对名字的内在含义要能说得出出处，同时要能体现和贯彻父母的希望和意图，所起的名字不仅要对孩子有利，同时要对父母及孩子今后有好处，否则叫不慎重；四是同宗同姓的家族中凡同辈分的孩子取名，其中应有一个字相同，以便于区分班辈，认祖归宗，过去许多大姓对晚辈起名用字早已做出规定，一看到姓名就知道何宗何族何辈，祭祖修谱时就不会乱了辈分；五是为小孩所起的乳名，一般只适用于孩子的童年时期，待上学以后要改用学名，除家庭亲属长辈以外，一般人不能再叫其小名，否则就有"称大"之嫌。

三、婚姻习俗

盐阜地区青年男女谈婚论嫁，除了需要经历一些必不可少的程序外，还有许多需要遵从的地方婚姻礼俗。这些婚姻礼俗，产生于长期的社会生活，为多种文化的融合，约定俗成后扎根于这片土地，为大家共同遵从，很具个性。虽然这些风俗现在有的已经时过境迁，但是作为在特定时代和特定环境下形成的一种社会现象，就像一根红线贯穿于人们谈婚论嫁的全过程，至今仍存在于人们的心中。

请媒人 媒人是青年男女谈婚论嫁的中介，这在盐阜地区儿女婚嫁过程中是不可或缺的。即便现在时代不同了，时兴男女自由恋爱，但到时候仍需要请出一个人来充当媒人，作为连接男女双方及其家庭的中间人。所谓"请媒人"，从广义的角度讲，不仅仅只是请媒人提亲做媒，更主要的在于，在谈婚论嫁的过程中，男女双方及其家庭不可避免地会提出一些条件、要求或者是有关问题，需要请媒人进行疏导和协调。因为在谈婚论嫁的过程中，有许多事情是当事人及家庭当面不便也不宜向对方提出来的。有些事情虽然能当面提出来，但基于多种原因，有时候双方也不一定就能取得共识。只有通过媒人进行沟通和周旋，才能促进双方互相理解，这样才能促使婚姻得以顺利进行。否则，双方很容易陷入僵局。正因为媒人在婚嫁过程中，具有如此特殊的地位和作用，所以不论男方还是女方对媒人都很尊重。一般情况下，他们若有些什么想法和要求，通常都会事先同媒人商量，然后再由媒人同对方进行沟通和协商，故称其为"请媒人"。这样，"请媒人"在长期谈婚论嫁的过程中，也就很自然地成了此地的一个风俗。

发口谕 这是盐阜人过去谈婚论嫁时必经的一道程序。盐阜人过去认为，男女婚配的关键，在于命相是否相合。所谓"千里姻缘一线牵"，全在于一个"缘"字，即缘分。所以，当媒人上门提亲以后，女方家庭若有意做亲，首先应由女方父母先发口谕。所谓口谕，即由女方父母先报女儿的生日时辰，好让媒人告知男方。男方则会请星命术士推算，看看命相是相生还是相克。如果认为"命不相克"，才会将男方的"八字"生日时辰报给女方。

合婚 这是古代传统婚姻流传下来的一个地方风俗习惯，也有的地方叫"看八字"，看看婚姻能否相配。所谓"合婚"，就是根据青年男女出生的年、月、日、时，俗称"生日时辰"，和天干地支相配所得的八字，交由算命先生依据生肖属相和阴阳五行学说，看看两者命相是否相生相克，或者相生相冲。如果两者相生则婚姻可合，如果两者相克或相冲，则不可合婚。过去，此地人合婚时，根据"可对"和婚配"是否相克"的具体情况，通常把婚姻分为上、中、下、差四类。上类叫"天衣婚"，中类叫"复德婚"，下类叫"中收婚"，差类叫"游婚"。一般人家看到合的是游婚，通常也就不敢再提这门亲事了。此地人很讲究，过去即便可以婚配，但仍须将对方"八字"写在一张红纸上，先要在家堂神佛祖先牌位前供奉三天。如果在三天时间里，家中发生吵架、失窃、摔坏东西及发生其他意想不到的突发事故，就认为是不吉的凶光，那么这门亲事也就不必再谈下去了。反之，如果这三天时间里，男女双方家中一切平安，也没有发生任何意外之事，就被认为受神佛和祖先的保佑，乃为大吉之光，这门婚事就可以继续谈下去。

关于这方面的合与不合，民间流行许多民谣，相合的有"兔狗古来有，马羊寿命长，鼠牛两兴旺，牛猪喜洋洋，龙鸡相配更久长……"还有"蛇盘兔，必定富""龙配鸡，笑嘻嘻"等。不合的有"白马犯青牛，羊鼠一旦休，蛇虎如刀错，龙兔泪交流，金鸡怕玉犬，猪猴不到头"等。此外，盐阜地区还有"龙与虎""虎与羊""蛇与鼠"亦不能相配之说。认为龙虎相配为"龙虎斗"，夫妻不会和睦；虎羊相配不到头，羊为虎所克；蛇鼠相配合不来，都有心计。现在只有在农村尚有一些老年人还会谈及此事，而绝大多数青年男女对此俗已不再遵从。他们认为"合婚"并无科学依据，是封建迷信的产物，因而对相生相克或是相生相冲并不忌讳，只要两人有意，彼此间情投意合，就会很自然地走到一起。

会亲家 这是儿女联姻过程中一个特色的礼仪。由于过去婚姻主要靠"父母之命，媒妁之言"，即便青年男女有意，若父母不同意这门亲事也是决不会成功的。因此，在谈婚论嫁的过程中，根据事态的发展，若青年男女情投意合，双方父母又有意做亲，男方父母到时则会通过媒人向女方父母发出邀请，欢迎他们前来做客，此地俗称"会亲家"。如果女方父母接受邀请，欣然前来，则表明这个婚事已经是十有八九能成功了。所以，此地人把"会亲家"看得很重，也非常重视。特别是男方父母，更是将此视为儿子谈婚论嫁过程中的一件大事来操办。他们不仅要亲自张罗，买鱼买肉来招待亲家，而且在交往中对女方父母多说溢美之词，努力造就"亲家亲家，亲如一家"的气氛。女方父母此行不只是"摸摸门，认认人"，更重要的是想通过此行对女儿所谈对象的家庭情况做进一步的了解。女方父母通常在交谈中更多用一些自谦之词，常以"家庭贫寒，将来小女成亲不会有多少陪嫁"等托词，来试探对方的态度。如果男方父母落落大方，态度诚恳，对此不予计较，强调"父母养其身，成家靠个人"，则表明此亲家是通情达理的，女方父母也不会再提什么问题，最多以"我家孩子还小，日后过门还要请多关照"等加以拜托。由于"会亲家"是两亲家之间第一次见面，为了能给对方留下一个好的印象，双方不仅都很注意谈话语言的分寸把握，而且对自己的穿着和举止也都非常注意。事实表明，儿女婚姻如果到了会亲这一步，亲家受邀能主动上门，即向社会表明女方家庭已经有意做这门亲了，日后两亲家之间也就可以正常往来了。

  穿庚柬 这是在请人看八字合婚和会亲的基础上，为儿女举行订婚仪式必经的一个程序和风俗，此地俗称叫"红订"。所谓"红订"，即先要由男方用一张红纸，叠成3折，一面写上男方的生辰八字，即"乾造××（即男方）于××年××月××日×时"，中间的一面写上上联"苏才郭福"，再用红纸包好，由媒人送到女方家中去对个下联。女方家庭接到这个"帖子"，则要请先生配上相应的内容，在"乾造"旁边写上"坤造××（即女方）于××年××月××日×时"，同时要对好下联"姬子彭年"。这一做法，此地又叫"配红令"，也有的叫"配红帖"，或者叫"配红联"。"配红令"的字数一定要成双。若成单数时则必须加一个虚词以代之。所谓"苏才郭福"就是指的苏东坡父子的才学，唐朝大将郭子仪七子八婿的福分；所谓"姬子彭年"，即周文王的社会地位，彭祖八百岁的高寿。当然，除此以外，常用的对子还有"百年好合"对"五世其昌"，"子女合好"对"日月共明"，等等。如此"红订"，此地人通常也就叫"穿庚柬"。这是举行定亲仪式书写婚约文书的依据，也是对儿女婚姻最美好的祝愿。

  过礼 这是盐阜地区青年男女在举行订婚仪式上的一个重要内容。原则上，在"穿庚柬"的基础上，男女婚事已经确立。但为了表明男方诚实守信，对亲事永不反悔，通常还必须借定亲仪式，请女方父母就需要男方提供多少礼金和哪些礼品开出正单，并写入婚约文书。与此同时，由男方父母向女方及其父母赠送礼品，并在给女方"见面礼"的基础上，还要给女方一个定情之物，这就叫"过礼"。定情之物，此地也叫"信物"。过去男女婚姻关系一经明确以后，一般情况下女方是不轻易反悔的，地方有"嫁鸡随鸡，嫁狗随狗，嫁给扁担一挑就走"的说法，表明女方对婚姻的态度是坚决的。通常反悔的多半为男方。盐阜地区在男女婚嫁问题上之所以有"赠信物"之俗，主要是基于两个方面：一则用来作为男女订婚的见证，以表男方对婚姻的高度重视；二则用来作为女方对男方的感情寄托，可以起到"见物思人"的作用。男女订亲信用之物，通常根据家庭经济状况而定。一般家庭殷实、生活富有之家，常常会做两枚相同的金戒指，铸上相关联的吉利字，或者做上特殊的记号，由男方家庭给未婚男女各执一只，以此为记。也有的人家，会将祖上流传下来的一对玉镯，或者是有纪念意义的相同的两样东西，给未婚男女各人一只，作为纪念；也有的家庭会用银圆到银匠铺去特做一对象征吉祥或者是好合的纪念品，分别给未婚男女作为定情之用。总之,作为一种风俗,不管家庭贫富,男方家庭都会想方设法为青年男女订婚做一对纪念之物。

下聘礼 有的地方叫"下彩礼",也有的地方就叫"下礼"。这也是盐阜地区婚俗当中一个富有特色的环节。因为按照盐阜地方风俗,只有完成这一仪式以后,男女亲事才能真正说定,男方也才能迎娶女方过门。

男方给女方送彩礼,大多在定亲以后择日进行。送彩礼通常是根据女方所开正单置办。这样做既是根据女方所需,也是为了给自己装门面。过去,在这个问题上是很讲究的。一是下聘礼的日子的选择,必须要是偶数的吉日,谓之好事必须成双。二是下聘礼必须由媒人带着男方及其父母和相关亲戚(主要是姑母)亲自前往。此举一来表明男方父母对这件事的重视,二来也作为男方父母对亲家的一个回访。三是所带礼品必须陈列在由两人抬的大食盒之上,然后按照吹鼓手在前、媒人押后的阵容,一路吹吹打打到女方家去,以显庄重。现在此俗已经简化,大多由媒人事先说好,到时由媒人带着男方将彩礼直接送去就行了。

男方给女方所送的聘礼,通常以衣饰布料为主,有的也会根据女方的要求,为其置办一些喜欢的东西,如毛衣毛裤等。富有的人家,有的也会送上一些金银首饰。当然聘礼不仅包括礼品,也包括礼金。这样做,主要是为了便于女方家庭根据自身的实际情况,可以再添置一些所需的物品。除此以外,下彩礼时,糕粽、猪肉、鸡鸭及茶食是不可缺少的。

过去,盐阜地区婚事下聘礼,男女双方及家庭都比较客气。男方通常由父母陪同儿子亲自到女方家去,以体现男方家庭对女方家庭的尊重。作为女方及其家庭,对男方和父母的到来也必然会热情接待。为了示好,过去常规的做法是:女方待男方及父母登门时,必先上圆子茶,然后中午再以酒席相待。男方不仅要对女方的盛情款待表示感激,而且必须给每桌酒席奉送银钱以作谢礼。至于下聘礼的礼金,因年代不同,家庭经济状况不同,数量也各不相同。但有一条是必须注意的,那就是礼金的尾数位要带"6",取"禄"的谐音,谓之美满幸福。现在,对于下彩礼,男女双方都心照不宣,也不计较,只是一种形式。因为此地的风俗是来多少陪多少,双方都不会互相为难。

回好 即男方在给女方下彩礼的时候,女方不仅要鸣鞭放炮,对男方父母及男方热情接待,而且要向男方回赠礼品。在此地的基本做法是,对男方所送的礼品,除了金银首饰、布料、礼金以外,一般是收一半回一半,并在回礼中再加上女方所送的糕粽、圆子(寓意高中团圆),另外,要专门给女婿买帽、鞋和围巾等。有的地方把这种回礼,美其名曰"上下龙",这才叫正式订婚。也有的将这个过程,统称为"回好"。这里特别需要说明的是,对男方所送的东西，一般什么都可以收一点，但猪蹄子必须退回给男方，其意是男方"肉可以给人吃，但骨头不能让人啃"。如果女方把猪蹄收下，意味着是对男方的不礼貌。

送日子 在过去，此地称"送日子"为"请期"，也有的叫"告期"。即男方通过媒人和女方家庭协商，将择订完婚迎娶的吉日良辰告知女方家庭，谓之"送日子"。在盐阜地区，过去"送日子"通常都是口头进行的，后来口头和书面的都有。现在，为了表明慎重，一般都是以书面形式进行。"送日子"，事先要请人将择订完婚的吉日良辰写在红纸上，其内容大意是"择于×月×日正逢迎娶之期大吉"，然后将其扎在一块红绸（或者红缎）礼布上，由媒人带着男方，将其送到女方父母手中。女方父母接到男方所送的日期，要置于家堂菩萨或者神佛祖先牌位前，进行烧纸祈祷。从这天开始，即忙于为女儿筹办婚事。过去，完婚的吉日不是随意定的，通常应由算命先生根据女方年命来推算，并要和女方父母协商。吉日的择定，一般要在一个月里的上半月和下半月各选择一个好日子，供女方父母参考，以避开新娘子的月经期，而且要根据新娘子的年命，明确新人何时沐浴，水倾何方，何时上轿，应避忌何人等。过去，女方收下男方所送的吉日帖子后，同时要在男方带来的红绸布上，书写"允台登嘉"四个字，交男方行礼人或媒人带回，表示决不更改。现在，送日子很简单，通常只是把完婚的具体时间写在红纸上，装在一个信封里，由男方自己或者请媒人陪同送给女方家庭即可。当然，大凡这么做的，事先都已沟通过，只不过是一种形式。

下请帖 喜期临近，男女双方家庭都要向至亲好友报喜讯。特别是娘舅、姑妈、姨母、祖母娘家的亲戚等，要优先向他们发请帖，请他们届时来喝喜酒，尔后再请其他亲友。过去都是口头告知，现在通行下请帖。在盐阜地区，下请帖一般不空手，通常都要随身带点红纸包糕、糖果或香烟之类的，主动上门邀请，并告知喜宴的具体时间和地点。在此地，送请帖也有规矩。一般亲朋，只要主家事先打招呼，届时派人将请帖送上即可。唯新郎的娘舅，新郎必须亲自登门，否则为不敬重。

迎嫁妆 即在结婚前，由男方派人先将女方准备好的嫁妆接回来，以便布置新人房间。过去，女方置办嫁妆多为男方出钱，女方至多陪"子马脚桶，梳头物桌"之类。按照地方风俗，女方在陪嫁的马桶里还必须放上红筷子一把，另加红枣、桂圆和煮熟的红鸡蛋，意在"快生贵子""早生贵子"以作造化。当然，有些富有的家庭，过去也有陪全套妆奁、田产，让女儿把田契带走的。女方穿的和随身用的陪嫁品，通常都会装在一只事先准备好的箱子里，父母和哥嫂一般要朝箱子里放一些钱，谓之"压箱钱"，以作压箱之用。同时，按照地方风俗，会朝箱子里放上一对"富贵碗"和一些枣子，希望女儿成家后早生贵子、花开富贵。这些东西均由新娘随身所带。"迎嫁妆"作为一种婚姻礼俗，在盐阜地区由来已久。此俗的作用，对于男方而言，完全可以把它视为结婚的前奏，为结婚制造喜庆的气氛。对于女方而言，这样做也完全可以避免女儿出嫁时因搬运嫁妆而带来的忙乱。与此同时，也表明新娘子离出嫁已经临近了。这个时候，对于女方而言，有关至亲和要好的左邻右舍，则会请新娘子吃"让家饭"。所谓"让家饭"，即专门为即将出嫁的新娘子置办一桌酒席，让其坐上席，作为告别之礼。此俗，至今在广大农村仍很盛行。

铺喜床 作为男方，待女方嫁妆迎回来以后，则进入了布置新人房间的程序。此时，男方通常要请"全福人"为一对新人缝结婚被子和"铺喜床"。所谓"铺喜床"就是为一对新人安置和整理结婚所用的床铺。"铺喜床"在盐阜地区婚俗当中是一件大事，也是很讲究的。一是铺床的人，必须是夫妻双全和儿孙满堂的人，而且铺床时必须夫妻同时到场，共同操作。二是所请的铺床人，必须和主家关系比较好，而且也是相当知心的人，以免有人借此机会做手脚。过去，盐阜地区有的人家常常会为一些生活小事与邻里不和，一些较为愚昧的人，也常常会借邻里儿女成婚的时候做些手脚，令主家不快。他们通常的做法有，将针尖和麦芒绑在一起，或者将嗑开的两个瓜子口对口套在一起，通过铺床人或者是趁铺床人不注意，置于新人床上不容易被人发现处。意在针尖对麦芒，小夫妻日后会针锋相对、互不相让；口对口的瓜子意在小夫妻日后必生口舌是非、争吵不休。此俗是否灵验，虽然不得而知，但此物常常也会让一对新人不快，从而蒙上阴影。故请什么人铺喜床，主家常常会十分慎重。三是为了防止有人做手脚，主家常常会请人在红纸上写"百无禁忌"四个字，同时，请铺床的人一并插入床铺特制的"子孙楔"中去，以求吉庆平安。

忙催妆 结婚前一天，此地称为"催妆日"。所谓"催妆"，即含有催促男女双方家庭要为第二天儿女完婚早做准备的意思。是日，男方家庭的新人房间一般不再随意让人进出，晚上通常要找一男孩陪同新郎同宿（也有的地方会请两个男童同宿），谓之"压床"。为了吉祥，在喜床上一般撒有枣子、花生、桂圆、松子，谓之"早生贵子"。也有的在枕头边，或者是在被褥之间放一些钱币，谓之"恭喜发财"。对于这些食品和钱币，男童可以随便吃，也可以随便使用，以作造化。因为找童男"压床"是为了让新娘早生贵子，所以，此地在童男的选择上也是很有讲究的。一是童男的生辰八字不能与新娘相冲。二是童男不能有尿床的习惯。因为新娘子的被子被尿湿了，不但新娘结婚不好使用，即便亲友闹新房时，也不成体统。三是童男要不认床。因为有些孩童换了床就睡不着，夜里唧唧咕咕，会影响新郎休息，会使新郎第二天眼犯红丝，哈气连天，此地人认为不是好兆头。是日，女方新娘子仅以桂圆、蜜枣之类充饥，而不食或很少食饭菜，谓之"剀饭"，好为来日出嫁远行做准备。

"剀饭"，是此地的婚姻风俗。即便现在，这一风俗仍很流行。其实，用现代观点来看，这是对新婚女子的一个折磨。所谓"剀饭"，说到底就是"节食"。过去，新婚女子一般在结婚前三月就开始准备，当吃三碗的吃两碗；到婚前两个月，当吃两碗的吃一碗；到了婚期当月，上半月吃半碗；婚前十天，连半碗也不吃了，每日只以桂圆茶加人参片，或者是以去油的鸡汤代之。"剀饭"的目的主要是解决方便问题。这些又全都因有拜堂和新婚当日不能随便大小便的风俗所致。由于长期"剀饭"，肠胃无食，自然也就解决了方便问题。

正日　催妆第二天谓之"正日"，也有的叫"男日"。是日，新郎必须亲自前往女方家庭迎娶新娘过门，称之"迎亲"，有的地方叫"领亲"，也有的地方俗称"带新娘子"。

带新娘子，盐阜地区过去通行是用船或者是轿子。按照风俗规定，一般地方新郎必须于正日早晨出发，当日必须返回，应早去早回。当然，如果两家相距不远，则不宜早走，一般中午前赶到即可。东台、大丰一带兴夜里带新娘。通常女方家庭晚上六时左右宴请宾客，九时结束，新郎十一时左右上门。过去，这一天，男女双方要做的事情都很多。就男方而言，早晨起来，通常要在自家中堂放一把椅子，让新郎坐在上面，面对神佛与祖先牌位，由"全福人"从新郎后面给他梳三次头，然后再让他穿上结婚礼服、戴上礼帽，祭拜天公、观音、神佛与祖先，祈求结婚后子孙绵延不断，万世荣昌。然后家中备轿或者备船，举行隆重的仪式，鸣鞭放炮，欢送新郎去女方家迎亲。此地迎亲的规矩是，媒人先导，接着是新郎、伴郎、花轿、乐队、礼品盒，通常都要摆一个阵势。就女方而言，是日早晨要举行"上头戴髻"仪式，俗称"上盖头"。女方"上盖头"，通常也是在家堂正厅举行，也要摆一把椅子。与男方不同的是，女方必须面要朝外，象征即将离开娘家，所以才采用与男方正好相反的方向。女方此时由母亲或者姐姐为其梳头，用丝线绞去脸上的汗毛，并进行化妆，谓之"开面"，俗称"绞脸"。与此同时，要穿上结婚礼服，为其插上发簪，讲究的人家则为其戴上凤冠霞帔，然后再拜神佛祖先，以保佑平安。接下来将其扶入闺房之中，也有的扶入母亲房间，等待迎亲花轿的到来。

带新娘的队伍一旦到达女方家，一系列礼俗也就接连不断地开始了。一是当女方家庭听到迎亲队伍到来的信息后，立即鸣鞭放炮，以表欢迎。这种做法，此地叫"接鞭"，即迎接新女婿上门，以示女方家的重视。二是待这个程序后，由司仪（东台、大丰一带由舅老爷）引领新郎入室就座，先由新郎向岳父母请安问好，并由新郎向岳父母奉上所带礼品，以表尊敬。作为女方家庭，对新姑爷的到来，此时则会安排上"三道"茶，即欢喜团茶（圆子茶）、糖茶和清茶，象征团团圆圆、甜甜蜜蜜、清清楚楚之意。三是用茶以后，不能把新郎冷落一边，而要安排与姑爷平辈的相关人（包括送亲的）陪伴新郎，同其进行亲切交谈，直至中午喜开宴席。四是下午新郎请新娘上轿时，新娘要蒙上红盖头。红盖头即一块两尺见方的红布，可蒙住新娘的头面脖肩，使其不被人看清楚面目。据说这种习俗很古老，有类于女娲"以草为扇"，是遮丑的。红色象征火，可以避邪。在新娘与父母告别时，有的地方则由媒人引领一对新人向新娘的祖宗牌位和长辈行告别之礼，然后则由伴娘搀扶新娘上花轿。也有的地方新娘则由父兄或者是弟弟"抱腰"，送上轿子。如果是用船带的，新娘从母亲房中出来时，必须要跂父亲或者兄弟的鞋子，到登船时才能脱下，谓之"不把娘家的土带走"。有的地方称此为避免惊动地神。新娘上轿，通常有伴娘陪伴在侧。按照盐阜地区风俗，伴娘陪新娘上轿时，新娘宜哭几声为好，此地人叫"哭嫁"，以表对父母和家人的依恋。新娘上轿后，通常会让媒人或伴娘给轿夫施以红包，目的是让他们尽量把轿子抬得平稳一些。待关好轿门，娘家礼炮三响，花轿起行。按照此地规矩，新娘起轿后，娘家人通常要泼一盆水，表示嫁出去的女儿如泼出去的水，意在让女儿一夫到老，从一而终，断了离夫回娘家这条心。

此地风俗，带新娘子来和去不能走同一条路，必须另选一条路，因此，有时候要绕着路走，俗称"不走回头路"。俗信规定，新娘子在到婆家前，脚不能沾地。路上不管遇到什么情况，新娘子都不能下轿，故地方有"只管新娘子上轿，不管新娘子拉尿"之说。如果路上遇到庙、井、祠、坟、古树、奇石等，都要把轿子遮起来，为的是避邪。如果是遇到桥、涵、闸、站，则要放鞭，以表对各神的尊重。如果遇到另一家娶亲相对而来的，新郎与新郎之间拱手相拜，也有的会互换胸花，以表友好和互相祝贺。若是同向而行的，有些地方则有"抢上首"的风俗，即轿夫们常常要摆开架势，加快步伐，力争超过对方，或不让对方超过。此乃名为"抢上首"，实为轿夫们之间的一场技艺比试。若是途中遇到出殡的，有的地方则绕道而行，也有的地方并不忌讳，只是随口说道"今天大吉，喜事又遇上财宝了"，聊作自慰。

捺性子 就是新娘随新郎到达男方家时，将轿子停在大门外，或者是将带新娘的船靠在码头，暂不搀扶新娘出来，要等上一段时间方可进入家庭，谓之"捺性子"。

所谓"捺性子"，就是通过暂不进门这种方式，力求把新娘子的性子憋得更柔和与更顺从一些。当然，这一段时间内亦有许多内容和事情要做。"捺性子"实际上既是一种形式，也是一种礼仪，并不是真的把新娘子冷落在一边来捺新娘子的"性子"，而包含许多关爱和深深的祝福。通常的做法是，在新娘落轿以后,一般先要由司仪为新娘打圆场。因为新娘的到来,必然会引来许多人观看。而这些人多自发而来,场面是无序的。为了能顺利举行各种仪式,也为了能给新娘顺利进门留有一定的空间,一般人家会请出婚礼的司仪,有的地方叫执事,现在通称主持人,先唱迎轿词"花轿到门前,宾主站两边。鼓乐迎淑女,各位莫争先",以此来维持秩序。如此,先在门前整理出一片空间,好让新娘行进,并指挥鸣炮奏乐。一般情况下,新娘轿子落轿以后,新郎先要象征地朝轿子拜上三拜,作为谢轿之礼,也有的地方叫"煞",意在可以避邪驱祟。接着由主持人到新娘轿前唱贺喜词,"鸾凤鸣双喜,蓝田多美玉。聚乐迎祥瑞,佳女配佳婿",对新婚夫妇进行讴歌礼赞。然后,有的地方由主持人手持小斗(内装麦麸和甘草),代表主家唱下轿词,一边撒,一边唱:"一撒麸子,二撒料,三撒新人请下轿。"(因为盐阜地区有新媳妇上门为"野马上槽"之说)对新娘的到来表示欢迎,并指挥"全福奶奶"和伴娘搀扶新娘下轿。此时,宾客则向一对新人身上撒花以表欢迎。新娘下轿后,站立轿前,主持人同时指挥有关人员将事先准备好的芦柴,铺在通往家中堂前的路上,并唱引路词:"新郎前边走,新娘请举步。堂前多祥瑞,共走发财路。"在新娘通过的路上铺柴,主要是取"柴"和"财"的谐音,同时也是为了不让新娘子的鞋子沾上泥土,谓之"步步得财"。最后是"跨火盆",也有的地方叫"跨马鞍",即在新娘进屋的路上,事先摆放一只火盆或马鞍,让新娘从上面跨过去。"跨火盆"意在烧去一切不吉利的东西,日后夫妻好合,一定会越过越红火。"跨马鞍"则意味着夫妻扬鞭跃马,春风得意。当然,新娘跨火盆或跨马鞍时,主持人亦要有唱词,谓之"新娘跨火盆、消灾保太平""新人跨马鞍,成亲保平安"。这一切人们都视为主持人对一对新人的深深祝福和良好祝愿。到了门前,虽然婆母此时已在门口等候,但新娘仍然不能进门,还须主持人唱进门词,以便与婆母等候相衔接,讨主家的欢心。进门词为:"一撒金,二撒银,三撒新人请进门。"只有待主持人唱完进门词后,新娘方才能在"全福奶奶"的搀扶下,迈步跨入家门。别看迈步跨门这个动作简单,许多老奶奶们是很注意和留神的。她们常常会通过看新娘是哪一只脚先进门的,来判断将来新娘头胎生男生女。如果新娘是左脚先进门,则谓头胎必生男孩,如果是右脚先进门,则谓头胎必定生女孩。因为盐阜地区有"男左女右"之说,是否灵验,未加考察,不得而知。

"捺性子",说起来是为了捺新娘子的性子,但无不包含着人们的良好愿望和深深祝福,给当事人尽留美好的印象和回忆。然而,在盐阜地区过去闭塞的农村里,有些做婆婆的也确有借捺性子之名,来捺媳妇头的。她们有的会手拿捻线团子,坐在媳妇必须经过的路上的一口缸上,以显示自己的"刚强",意在媳妇要像她手中的捻线团子一样,绕着她的手转,说明婆婆不是好惹的;也有的拦在家门口，迟迟不让媳妇进门。只有待媳妇低头，向其道万福，表明媳妇对其还是尊重的，方才会放行。由于这是风俗，通常新娘子出嫁前，家中父母都早有交代，所以，一般新娘对此都能从新婚的大局考虑，注意克制和忍让，以表自己对婆母的尊重。同时，也以此来展示自己的基本道德和修养。但是，面对要强的婆母，也有关系处理不好的。她们虽然在捺性子的礼仪中不说什么，但就此埋下了婆媳关系不和的种子。现在，由于婚事从简，此俗只有在农村少数地方偶有所见，就一般城镇而言，已不再兴。

拜天地 即举行婚庆典礼仪式。由于这是婚事的高潮，也是婚事过程中的重要一环，所以，盐阜地区的婚庆典礼无论是在城镇还是在乡村都是非常隆重的。尤其在过去，不但要请"吹手"，而且张灯结彩，来造就喜庆的气氛。一般人家，堂前桌上要焚香、点红烛、上献品，中堂要供奉"天、地、君、亲、师"之牌位，另外，在案桌上还必须放置"斗、秤、尺、剪、算盘、镜子"六物，象征传说中的"三媒六证"，表示公平合理，心明如镜。地上要铺红地毯或毡子，为新郎和新娘结拜叩首所用。按照此地风俗，在拜天地仪式前，通常先要由主持人唱拜堂词："红烛高照起，诸亲立两旁，香案齐摆下，二人来拜堂，上首跪下新郎官，下首跪的女红妆，和合二仙开口笑，举案齐眉福寿长。"然后，由主持人命新郎揭去新娘的红盖头，象征夫妻相认。接下来举行拜堂仪式，所谓"拜堂"，就是拜认祠堂宗族。从此，新娘将要认真履行"生为×家人，死为×家鬼"的古训，所以仪式颇为庄重。在盐阜地区，过去新郎和新娘拜堂时，堂上焚香，红烛高照，左新郎右新娘，双双要并立于堂前，先请"全福奶奶"从早已准备好的首饰盒里各拿出一团线（男红女绿），把红绿线分别绕在一对新人的身上，谓之"一线到头"。然后，再由主持人主持三拜仪式：一拜天地、二拜高堂、三夫妻对拜。过去，拜天地要朝外跪拜三次，拜高堂要朝内跪拜三次，拜高堂在此地多为跪拜堂前父母。夫妻对拜，女先作万福，男回敬作揖三次。拜毕，主持人还要唱祝贺词："烛放红光呈吉祥，华堂设置尽辉煌。夫妻对拜千秋会，鸾凤合鸣百世昌。"接下来由主持人按照本地传统风俗，让一对新人同饮合卺酒，向众人行拜礼，再由"全福奶奶"唱进洞房词："双脚站门台，举步莲花开。夫妻百年合，跟我进房来。"并将一对新人引入洞房。拜天地，作为盐阜古老的婚俗风行多年。形式比较简单，主持词也较为通俗，重点是突出"三拜"，强调青年夫妻要尊老爱幼，夫妻互敬互爱。

入洞房 这是一个必经的程序。入洞房即标志着新娘已融入了男方家庭，成了家庭的成员之一。新娘入洞房必须由"全福奶奶"搀入洞房，端坐床前。与此同时，新郎要解开自己的衣襟，将新娘搂在自己的怀中，此地俗称叫"坐福"。也有的地方让一对新人同坐床前，谓之"坐富贵"。与此同时，由"全福奶奶"点燃洞房花烛,并说贺喜词:"一对红烛摆中央,点起红烛照洞房。红烛点起亮堂堂,照你二人在洞房。上照金鸡共斗牛,下照玉兔配凤凰。二人共入桃花洞,一夜夫妻百年长。"由于新娘远道而来,接下来,"全福奶奶"定会让人给新娘送上一个热的手巾把子,为新娘进行"洗尘"。此俗也含有免得新娘子冷面冲了家人"热脸"的意思,可避免日后争吵。接下来,亦要进行"三道茶"仪式。有的地方会先给新娘子一碗红糖茶,用以解渴和暖胃,谓之"甜甜蜜蜜";有的地方先由"全福奶奶"让新娘子拿出钥匙,打开新娘随身所带的箱子,取出由娘家早已准备好的"富贵碗"及枣子,为新娘泡上枣子茶,供新娘食用,以解"剀饭"之饥。当然吃枣子茶也带有"早生贵子"之意。这一切都在"全福奶奶"导演下进行,新娘子是只做而不作声。待过一会,"全福奶奶"还会为新娘泡上一碗"果子茶"或"糕茶",意在开花结果,步步登高。最后,为了让新娘开口,"全福奶奶"则会叫家人再上"开口茶"。所谓"开口茶",通常就是圆子茶,用开水冲的生圆子。所以,"全福奶奶"待新娘吃"圆子"时则会故意问"生不生啊?"新娘自然会如实相告"生"。这一问,便达到了双重目的,一则达到了新娘开口的目的,二则被认为是一个好兆头,即新娘婚后必定会生育的意思,可谓一语双关,尽多吉利。

看新娘 所谓看新娘,不仅只看新娘的相貌,更主要是看新娘的人品。在盐阜地区,看新娘有一整套的规矩格式:先要让公婆看,尔后,是表叔、娘舅,再及其他亲戚。至于邻里乡亲,一般通常在后,也有的并不特意安排,而是让新娘在举行其他仪式时,让大家观看。公婆看新娘时,通常由"全福奶奶"领看。"全福奶奶"领公婆看新娘时,通常手点红烛,在新娘面前先要照一照,说:"请新贵人高升。"意在让新娘先要起身向公婆低头施礼。当公婆看新娘时,"全福奶奶"通常会说些吉祥的喜话:"点上红纸捻,照照新人面。今年吃喜酒,明年吃喜面(生子)。""手拿红烛照上游,先看新娘头,绢花两边插,凤钗亮满头,就像西施坐床头。"也有的会说:"手拿红烛身上照,新娘衣服真时髦。不胖不瘦刚刚好,来年生个胖宝宝。"既以此来道喜,讨主家欢心,也用来打破公婆见新娘时因新娘害羞而带来的一时双方较为尴尬的场面。其他亲戚看新娘,通常都是由婆母领着,由婆母向新娘一一介绍。新娘同样要起身施礼,并和新郎一起按照辈分称呼对方。按照此地风俗,大凡来看新娘的长辈,只要在看新娘时新娘称呼自己,就必须要掏"红包"对他们新婚表示祝贺。对于此举,有的地方叫看新娘的"见面礼",也有的地方叫"上拜钱"。这个钱与给主家的贺礼钱性质是不同的,而是专门给新娘的"见面礼"。

倒马桶 这既是一个风俗,也是一个形式。此俗通常在新娘喝了"开口茶"以后进行。马桶,盐阜地区又叫"子孙桶",是妇女坐月子必不可少的。

人们之所以称马桶为"子孙桶",也都是由传说而来的。据说,三宵娘娘摆下九曲黄河阵,她最厉害的法宝就是混元金斗,众神仙一个个都被吸了进去,只有三位仙人功夫深厚未被吸入。这三个人就是元始天尊、李老子和陆压道人。什么叫混元金斗?它就是马桶。据说后世人类,在降生之前都要在马桶上转胎,头下脚上,才能顺利生产。由于马桶有如此神效,所以便称作"子孙桶"。所谓"倒马桶",在此地婚俗中,就是让新娘子夹着马桶,由新郎撑着大红纸伞陪同新娘一起上厕所,用干净的刷桶把子,象征性地刷几下。这虽然只是个形式,但不无意义。第一,从传统的观念来看,马桶乃为神物,通过倒马桶这一形式,有催促一对新人早生贵子之意。第二,从现代观点来看,别小看这一形式,一来可以检点一下新娘子在娘家时是否做过这些活,可知新娘对妇道之事的熟悉程度;二来新娘子初来乍到,对周围环境并不熟悉,为的是让其知道家里厕所在什么地方,也好为其提供方便。

搂猪食缸 这也是盐阜地区婚事中的一个风俗。这个风俗,主要在盐城西乡包括建湖县内比较盛行。此俗通常也是新娘在完成"倒马桶"这一仪式以后安排的一个节目。所谓"搂猪食缸",即新娘由"全福奶奶"带着,到锅灶前先敬灶神,然后动用火叉,在猪食缸里要象征地搂几下。新娘搂猪食缸时,"全福奶奶"在旁边还要说一些诸如"火叉一响,黄金万两""猪食缸搂得稠又稠,新娘养猪大如牛"等吉祥话。搂猪食缸这一风俗,不仅充分体现了盐阜人勤劳为本的品德和勤耕力养的好家风,同时,也客观真实地反映了在农耕时代,盐阜人对养猪业的高度重视。因为人们深知"养猪不赚钱,回头望望田"的道理,所以借助儿子新婚,仍不忘提醒新人崇尚勤耕力养,希望儿女能将此家风延续下去。现在,随着社会的发展,特别是农村产业结构的调整,广大农民都已经面向市场,致富的门路越来越宽了,此俗在农村中已不多见。

煎豆腐 此俗主要流行在滨海、阜宁、响水等县的农村里。所谓"煎豆腐",就是通过煎煮普通豆腐这一道家常菜,来测试一下新娘子的烹调手艺如何。同时,通过"煎豆腐"这一形式,来看看新娘子对做菜的一般程序是否知晓和手脚的快慢。当然,也取豆腐与"逗妇"(富)的谐音,以此来作为家庭和睦发财致富的一个兆化。这个程序通常安排在新娘新婚当天做团圆饭时,由新娘子上灶亲自操作。同时,"全福奶奶"亦会说上一些诸如"豆腐煎得黄,来年生个状元郎;豆腐煎得跳,新郎定坐八抬轿"等类喜话以祝福。一般情况下,新娘子对于这一测试是没有不过关的。但是,在古老的农村,由于封建思想的影响,有些做婆婆的,自己是多年媳妇熬成婆,做了婆婆又反过来想管媳妇。她们往往会借"煎豆腐"来故意为难媳妇,也有的故意找碴,想以此来捺媳妇的头,好抬高自己的身价。伴随思想的不断解放,特别是妇女地位的提高,后来婆婆开明，媳妇精明，大家都注意讲文明，所以这类事情很少发生。代之的是婆媳之间互敬互爱、互帮互助，十分融洽。与此同时，作为传统的"煎豆腐"的风俗现在已淡出了婚礼仪式。

摆喜宴 即在"正日"晚上，为了庆贺儿女婚嫁，亦为答谢各位亲戚朋友的登门祝贺，男女双方家庭都要大摆宴席，宴请各位嘉宾。此地通称"喜宴"，也有的地方叫"吃喜酒"。

盐阜地区的家庭喜宴，历来崇尚淮扬菜系。所办宴席有鱼翅席、海参席、劗剁席之分。其中鱼翅席、海参席为上等，过去在一般家庭较为罕见。盐阜地区多数地方兴劗剁席。筵席上，最普通的为"六大碗"或"八大四小"（即八个大菜、四个冷菜），即人们常说的劗团席或羹团席。当然，现在要比过去丰富得多，除了传统的规定菜以外，烹炒、蒸烩、蒸烤兼备。

盐阜地区喜宴的座次十分讲究，每桌都有上、下之分。方桌一般横缝对门的里座为上，其左侧为首席（俗称上座），通常以咸鸭蛋或者皮蛋为标识，右侧为次席（又称陪席）；多桌同时举行的，以左上靠里对门为首席。圆桌一般以直对门中间里座为首席，其左右分别为陪席。移居在本地的启（东）海（门）人，以及东台、大丰的有些地方，与本地做法正好相反。常例是"大面为主不朝门"，通常都以小面朝门，即竖缝朝门。

定位时，一般以年龄大、辈分长、职位高者坐首席，专门邀请的则以主宾坐首席，然后以年龄、辈分、职级等从高到低按序入座。特别要注意的是，对诸位亲戚的安排，一定要按照盐城的地方风俗把握好。尤其是内亲和外亲的关系一定要处理好。多年来约定俗成的是舅父母为长、姑父母为次。入座虽也兼顾年龄大小，但一般都是按辈分入座。需要强调的是新郎的舅舅，一定要安排一个所谓桌面子，而且应该是上席首座。即便是舅舅未来由子女代替的，也应该让其坐首席，否则常会惹出事情来。此外，开宴桌数较多的，也要注意规矩，以免节外生枝，惹出是非。过去，此地摆桌子有定制，谓之"一桌当堂摆，两桌并排开，三桌品字相，四桌双喜排，若设第五桌，定是梅花开"。但是，在家庭中摆喜宴，一般三桌以上就摆不下了，必须安排到楼上或其他人家的堂屋开席，每桌均设有主、次席位。

盐阜人"吃喜酒"，一般情况下都会想方设法劝人多喝几杯，以表对对方和各位来宾的感激之情，故有"喜酒喜酒，吃得歪歪扭扭"之说。也就是说一定要喝得尽兴，大家喝得越开心，主家也才能越高兴。但不管怎么闹，此地风俗规定，鱼到酒止，即主家上菜如果上到煮鱼了，一般情况下，也就不再劝人喝酒了。除此以外，盐阜地区在婚宴上吃鱼也是有规定的。一是端鱼上菜时，鱼头必须对着首席宾客。人们认为，鱼头就是"福头"，这样做才是对首席宾客或长者的尊重。二是上桌的鱼，客人可以将鱼段吃光，但要留下鱼头，表示留下"福头"，留下鱼尾则表示有头有尾。三是如果上桌的鱼上面有红纸，盐阜地区叫"跑鱼"，是不能吃的。这种情况大多为冰封雪盖天气条件下，因为鱼难买，上鱼是为了图吉庆，只是一个形式。

吃团圆饭 吃团圆饭，通常是安排在喜宴之后，主要是为了表明新娘子已融入了大家庭，是全家人的一次聚餐。由于这顿饭的主题是欢迎新娘子加入大家庭，谓之"团圆"，故一对新人通常是上坐，父母只能坐两边，谓之"巴横头"。其他兄弟姐妹则随便坐。这时候，"全福奶奶"或是媒人，一般是在新娘后边伺候，并不时夹一些鱼、鸡蛋之类的素菜给新娘。新娘饮酒也只是象征地用嘴唇靠一靠酒杯。主食通常为面条，称为"长寿面"。酒，通常称为"暖门酒"。由于这一顿饭主要为一对新人所办，重点突出，为了表明全家对他们深深的祝福，按照盐阜地方风俗通常在一对新人所坐的酒桌两边，各要放置一只染红的鸡蛋，并且中间还要用红线相连，以示夫妻永不分离，并含有早生贵子之意。此外，上桌子的鱼很有讲究，不仅鱼要成双成对，切不可上一条，而且两条鱼在盘子中摆放必须背朝外，鱼腹相向上桌。这叫"双鱼吉庆"，含有子孙众多之意，也象征着夫妻生活和谐甜蜜。从这些风俗当中，我们不难看出，父母为儿女成婚的一片良苦用心。现在，这个风俗亦在变化。通常的是和喜宴同时。但仍要为一对新人摆上一桌，相陪的多为一对新人的朋友，父母及家庭成员的桌席只是安排在一对新人的旁边，以便照应。同时也有利于促进他们同各位亲戚朋友的相识，这无疑也是一大历史性的进步。

闹新房 闹新房，通常是由参加新郎和新娘喜宴的平辈和小辈发起。他们等新郎和新娘吃过"团圆饭"以后，常常会涌入新人洞房，以取闹新娘为乐。当然，也不排除一些年龄相仿的长辈，借此来凑热闹，盐阜地区俗称"闹新房"。

盐阜地区有"洞房三日无大小"和"闹发"之说，谓之"闹发，闹发，不闹不发"。盐阜人之所以如此强调闹新房，其原因有三。其一，不闹不安宁。相传鬼中的好色者常常会乘隙入帐作祟，闹一闹，特别是大闹一番则可以将其吓跑。其二，不闹不亲爱。过去小夫妻多因"父母之命，媒妁之言"而成婚，彼此间接触较少，相互比较生疏，在洞房中小两口不言不语，拘拘束束，难以打破僵局。其三，不闹不热闹。他们认为，白天鼓乐齐鸣，晚上冷冷清清，与新婚喜庆的气氛不协调。为此，他们不但主张闹新房，而且突出一个"闹"字。在盐阜地区，闹新房有"文闹"和"武闹"之分。所谓"文闹"，就是只动口、不动手，取闹的对象仅仅局限于新娘子本身。这种闹法，多以提出许多事先准备好的问题，或者是带有绕口令性质的语言，让新娘子回答，或者请其重复模仿，从中来捉新娘不慎说漏了嘴的一些"话把子"，以此来取乐。所谓"武闹"，不仅动口，而且动手；不仅涉及新郎和新娘，有时还牵涉到公婆和叔公等长辈，且语言粗俗，行为鲁莽，常使公婆或者叔公狼狈，使新人难堪。

"闹新房"的本意是为了打破男女新婚的拘谨气氛，通过闹一闹来调节一下洞房中的氛围。当然，也不排除另外一种不便于捅破的含义，那就是通过闹一闹来挑逗和启发新婚男女之间的性意识。过去，盐阜地区的通常做法有，除了让一对新人手挽手吃交杯酒以外，有的地方常会让一对新人面对面同吃一只吊在半空的苹果或者是一块糖，以此来造就接吻的机会；也有的地方以风俗规矩之名，让一对新人互相交换所戴的胸花，并且要互相为对方别上去，让男女双方在有意或无意之间触摸对方；也有的地方常常会把一块糖放在新郎的舌尖上，让其递送到新娘的嘴里去，美其名曰"甜甜蜜蜜"，让一对新人在嬉闹过程中不知不觉地去掉生疏感和羞涩感。现在，随着精神文明的倡导，多为就一对新人的美满婚姻进行祝福。比如：先让新郎吻新娘的手，谓之"吻了新娘手，永远跟着走"；再吻新娘的脸，谓之"吻了新娘脸，幸福到永远"；最后吻新娘的嘴，谓之"吻吻新娘的嘴，一辈子不后悔"。或者是请新娘介绍恋爱史、唱歌或表演节目等。但是，闹新房作为地方一俗，理应适可而止，往往由一位老年人出面协调，认为时间不早了，也该让一对新人休息，况且大家明天还有事，于是才会慢慢散去。

戳窗户 所谓"戳窗户"，就是找一个新郎的平辈，多数人家则让新郎的姐夫或者是妹夫，手拿一把红色的"喜筷子"，要将新娘洞房窗户上贴有红双"喜"的窗户纸捅破，谓之"戳窗户"。

"戳窗户"，在盐阜地区最早源自一个古老的传说。相传很久以前，本地人无论谁家办喜事，新房的窗户都是大开的，而且在窗台上还布置一个"迎喜台"，等待晚间麒麟前来送子。不知什么时候，海边的水母娘娘生了一只九头鸟，别看它长得丑，可羽毛特别漂亮。九头鸟自恃有一身漂亮的羽毛，到处与人比美。当它听说新娘子出嫁进洞房打扮得特别漂亮时，它经常到人间来找新娘子比美。据说，办喜事的人家经常发现有九头鸟从窗户口飞入洞房，吓得新娘子魂不附体。这种鸟会飞会跳，任凭人们怎么捉也捉不到。一次，有户人家娶新娘，晚上九头鸟又飞来了，刚飞到窗外，正巧这时有一个人举着火把从窗下经过。九头鸟一见火把，赶快逃跑，原来它怕羽毛被烧掉。从那以后，人们都知道用火把可将九头鸟吓跑，可是这样做又很容易引起火灾，于是人们便想出一个两全齐美的办法，即在洞房窗户上糊红纸，映着洞房内的烛光，远看就像一团火，九头鸟见了同样害怕。但是，这个问题解决了，新的问题又出现了，即夜间送子的麒麟从哪里进洞房呢？于是人们又想出了一个办法，就是找一个男孩在夜深人静的时候，手持红筷子，将红纸周围和中央戳许多洞，这样麒麟就能把子送进洞房了。这便是此地"戳窗户"风俗的来历。

现在，"戳窗户"风俗历经沿袭和发展，已成了闹新房的延续和整个婚礼结束的标志。说它是"闹新房"的延续，全在于人们历来把"娶亲"和"生子"紧紧联系在一起。如果说"闹新房"是为了在喜庆的同时，能给一对新人以性意识启蒙的话，那么，"戳窗户"把这一层纸捅破，说白了就是给他们以性知识的示范，让他们从中能有所感悟，以达到早生贵子的目的。说它是整个婚礼结束的标志，则在于地方上的婚姻礼俗到此基本可以告一段落。

听新房和守夜 新婚之夜，即人们常说的洞房花烛之夜，在盐阜地区还有两个风俗。一个是听新房，即此地人所说的"听壁根"，主要听洞房中新婚夫妇的动静。做这种事的人，大多为家庭或亲戚中的老年女性长辈。听壁根的目的，主要是看看一对新人是否会做房中之事。如果有动静会很高兴，若没有动静，第二天则会对一对新人进行"开导"。这一做法和风俗，全因过去对性知识禁锢，致使人们对性知识无知。另一个风俗就是新婚夜洞房点燃的灯烛忌吹灭，要一夜长明，故叫"守夜"。有道是"洞房花烛夜，金榜题名时"是人生最大的快乐事，谁不珍惜呢？为此，有的新婚夫妇常常通宵不睡，看守着洞房花烛，不让其熄灭。由于盐阜地区风俗中有"左烛尽新郎先亡，右烛尽新娘先亡"的说法，故在此地若见有一烛熄灭时，则应随即也将另一烛熄灭的做法，意在取夫妻"同生死"之意。

三朝 在盐阜地区，"正日"的第二天被人们称为"小三朝"。按照地方习惯，对于新娘子而言，这天还有两个风俗。一是必须由"全福奶奶"为新娘"绞脸"，俗称"开脸"。这个"开脸"与出嫁时的"开脸"内涵不同，出嫁时"开脸"，主要是化妆所需，要对新娘子进行装扮；新婚后"开脸"，主要是为了祝福，通常先让新郎在新娘头上拔下3根头发，再让"全福奶奶"为新娘"开脸"。待"开脸"时，盐阜地区的风俗是一边让新娘吃煮熟的鸡蛋，一边由"全福奶奶"说喜话，诸如"透壳黄，养儿郎"等。意在告知新娘，新婚标志着她角色的转换，正由一个姑娘变为相夫教子的女人。二是这一天新娘必须下厨烧菜。在盐阜地区，新娘通常烧两个菜，先煎豆腐后煮鱼，谓之"富贵有余"。此俗的寓意，全在于通过新娘之手，能给家庭带来幸福。

回门 即婚后第三天，也有的是七天或者是十三天，新娘的兄弟受父母之命，手持家中请帖，请一对新人回娘家，此地俗称"回门"。过去，此地新郎、新娘回门时一般都是乘轿子，新娘身佩铜镜或手持铜尺在前，新郎居中，新娘的兄弟在后。现在大多用自行车或者是乘轿车。此日，岳父家礼炮迎女婿、女儿进门，并请亲朋六眷来陪女婿。由于是回门，中午宴席女婿必坐首席，平辈亲友相陪,女儿不入席。为了防止新郎喝醉酒,新娘通常要频频为新郎辞酒。

散席以后,岳父家备茶水让女婿享用并稍做休息。因为盐阜地区有结婚一月内不能空房的风俗,所以岳父母决不在回门当天留女婿、女儿在家住宿。通常的做法是,待女婿、女儿休息一段时间以后,岳父母便会命儿子适时将女婿、女儿送回婆家。来时新娘引路,回程新婿在前。若路途遥远,当日回门来不及返回的,一般是待新人满月后再回门,以避新婚当月不能空房之忌。

谢媒人 从儿女谈婚论嫁提亲开始,到儿女完婚成家立业,如果说做父母的倾注了大量心血的话,那么,作为媒人在这一段时间内并没有少做工作。为了能成全一对青年男女美满幸福的婚缘,媒人不仅穿梭于男女双方及家庭之中,而且就男女双方所提出的问题,还要进行认真周旋,亦可谓煞费苦心。

盐阜人从来不做"新娘过了房,把媒人甩过墙"的事。所以,在婚姻风俗中还有一俗,那就是要"谢媒",即对媒人在儿女婚嫁过程中所做的工作和所付出的辛劳进行答谢。在此地,"谢媒"通常有两种做法。一种是在成亲的前一天,男方会主动包一个红包子,连同鸡、鸭、肘子、鞋袜、布料等一起送到媒人家。第二天媒人定会去引导接亲,此地称之为"圆媒""启媒""发媒"。钱的多少,视主家经济状况自行决定,但无论多少,都必须用红纸封好,称为"红包"或"包封",红包上习惯写上"包封签子"。另一种情况,通常是在儿女完婚以后,由男方家来举行和主持这一仪式。常规的做法是,先由男方主动向媒人发出邀请,届时要特地为媒人置办一桌酒席,请其上坐,并由男方家向其表示感谢,以兑现提亲做媒时的承诺。酒席以后,主家还要拿出事先准备好的红包、礼品和茶食,赠送给媒人以作酬谢,这叫"谢媒",尽表感激之情。因为是地方风俗,媒人虽然客气,但通常也是照收不误。至此,儿女成亲的婚姻礼俗便可告一段落。

四、生日习俗

1. 做生日风俗

一个人的出生时日,谓之诞辰,在盐阜地区俗称"生日"。这里之所以有"过生日"的习惯,全在于生日记录了一个人在人生道路上的历程,具有里程碑的作用。所谓"过生日",就是通过一定的形式,对一个人的出生时日进行庆贺和纪念。由于一个人的出生之日,亦为母亲的受难之日,因此,盐阜地区的人也把这一纪念作为对母亲的一种感恩。生日,对于每一个人来说,年年都有,但是,并不是每一年都要刻意地"过生日"。盐阜地区的风俗习惯是,一、除了周岁,即本地人常说的"头生日"以外,一般情况下过生日有"小生日"

和"大生日"之分。所谓"小生日"就是平常一年一度的生日。所谓"大生日"一般是以"十"为单位来计算的,每十年都要庆贺一番,此地人谓之"过整生日"。二、从年龄上加以区别。一般对60岁以前的平时生日,盐阜地区的人通常叫"过生日",如果对60岁以前所过的整生日进行庆贺,通常叫"做生日"。人到了60岁,已经年满一个"甲子"。这里的人从60岁开始,凡过整生日均谓"做寿",而不再叫"做生日"了。但是,在过了60岁以后,也有一个特殊的规矩,那就是只要父母健在,或者是双亲中尚有一人健在,对整生日进行庆贺,决不能叫"做寿",仍应叫"做生日"。否则,是不妥当的,民间认为是要折父母寿的。人们在日常生活中常说的"尊亲在,不敢言老",就是这个意思。至于小孩子那就更是如此了,既不能叫"做寿",也不能称其为"寿星"。这些风俗和规矩充分体现了盐阜人对长辈的尊重。

60岁以前"做生日"(通常是指整生日)的风俗习惯,除了"做头生日"以外,一般都是从10岁开始,而且每个10年的过法都不尽相同。

10岁生日 由于10岁尚为孩童时期,按照地方风俗,这个生日主要由家庭为小孩子过。也有的地方,为了体现外婆家对外孙第一个整生日的重视,由外婆家来给小孩过。不管由谁来为孩子过这个生日,通常均由父母办饭,众亲戚前来为其进行庆贺。因为这是人生第一个整生日,且孩子又处于上学读书时期,一般做父母的会为其做一套全新的学生装作为纪念。外公、外婆通常要送糕粽,意在希望孩子能学有所成,步步高升,金榜高中。姑姑、姨娘、舅舅不但给孩子送生日礼物,而且亲自前来为其进行祝贺。是日,大凡剃胎发时留有"撑根发",或者是留有小辫子的男孩,应重整发型,要把辫子剪去,以此作为孩子由童年向少年跨越的一个重要标志。有的做父母的,还常常借此机会为孩子画像或拍照,给孩子作为日后留念。如果是女孩,为了和童年相区别,通常细心的母亲一定会为孩子在额头留"刘海"(也有地方叫"小箍"),用红头绳扎小辫子,或者用红绸子系成蝴蝶结来对孩子进行装扮。中午,家庭要设宴招待众亲戚,鸣鞭放炮,以表庆贺。

20岁生日 这个时候,不问男女,均已进入了人生的青年时期,在过去都已成家。为了体现对长辈的感恩之情,起初,20岁生日通常都是由成家的儿女办饭,诚请父母和家人来庆贺一下。后来随着结婚年龄的推迟,20岁生日大多为男孩成家前最后一个整生日。即便是女孩,也是出嫁前在娘家过的最后一个整生日,所以做父母的通常都要为他们办饭庆贺,热闹一番。现在,这个生日通常由舅舅或者是姑姑发起,主动来为孩子过。这个中道理,主要有两条:一是在本地人眼里,只要你还没有成房立户,长辈仍可将你视为孩子,为晚辈过生日,可以充分体现长辈对晚生的关爱;二是这个生日标志着孩子已进入了青年行列，是人生的一个重大转折，由舅舅或者姑姑来过，不仅仅是为了生日祝贺，也还含有催促青年人早日成家之意。所以舅舅、姑姑所送的礼品，通常也都以成衣、衣料和毛线、鞋子等为主。当然，现在这个年龄，就多数孩子而言，大多尚处在上高中和读大学的年龄。舅舅和姑姑来为孩子过20岁生日，更多的是祝贺和鼓励，把真情融于他们的学习生活，把良好的愿望寄托于他们刻苦的求学之中，让他们在人生成长的旅途上留下一个美好的回忆。

30岁生日 此时处于人生的而立之年，就大多数人而言，均已成家立业。30岁，盐阜地区有"年登半甲"之说，即60岁已经下来一半了。人们认为，这个时候如果不打好基础，到"40岁不发，则穷根已定"，所以，此地30岁生日通常由岳父母来为女婿做，谓之"拔穷根"。

所谓"拔穷根"，就是借助女婿30岁生日，岳父母一方面要登门为女婿祝贺，另一方面则提醒女婿要充分利用30岁到40岁这段年轻有为的时间，苦心经营，认真发奋，努力打好基础，争取把"穷根"拔掉，早早过上殷实的生活。盐阜地区的风俗是，为了帮助女婿"拔穷根"，通常岳父母在女婿30岁生日时，要为女婿女儿各做一条裤子，或者各送一块做裤子的布料，谓之"三十送条裤，日后必定富"，以作兆化和寄托他们的希望。

40岁生日 按照常理，人生40岁已经进入了不惑之年，说话办事相对都比较成熟，理应好好庆贺一番。但是，盐阜多数地方不兴做40岁生日。其原因主要在于"四十"和"死色"两音相谐，人们认为不吉利，故为了避讳才不做40岁生日。然而，40岁毕竟是人生经历中的一个标志性年龄，虽然不刻意"做生日"，但不等于不"过生日"。因为这是一种客观存在，只是与其他生日相比，在做法上不张扬，届时请兄弟姐妹来聚一聚，表明已过了这个生日。但是，在市区的盐都、亭湖一带亦有"男过三十，女过四十"之说，认为妇女到了这个年龄，大多孩子已经离手，而且开始步入人生中年，故而父母通常会为女儿来做生日，送上一套衣服或者布料给女儿以作生日纪念，并要热闹一番。

50岁生日 此时人已"年登半百"，即已进入了知"天命"之年，所以一般人家通常都会借机来庆贺一番。过去，此地人结婚比较早，大凡到了50岁，儿女有的亦已成房立户了，所以，这个生日通常由成家的儿女为父母来做。此地风俗，父母50岁生日，儿女必须要为父母亲做一套新衣服，以做纪念。另外，为了对年登半百的父母生日进行祝贺，已成家的女儿开始要向父母亲赠送象征长寿的面条，盐阜地区谓之"喜面"。

因为50岁为年登半百，更因为这个生日是向60岁"做寿"的一个过渡，所以，一般人都将50岁生日叫作"荣庆"。届时诸位亲戚朋友都会以礼相送，前来热闹一番，吃"喜面"。现在，随着经济条件和生活水平的提高，地方风俗也在改变，通常给50岁人"过生日"时，不带其他礼品，均以送奶油蛋糕为主，取"糕"和"高"的谐音，祝愿当事人生日愉快，迈向人生更高的境地。

由于"过生日"是人生经历的一个纪念，一般已经成家的人，通常都会事先将父母接过来，或者是先向父母请安，并请他们在宴席上上坐，以表孝敬。另外，此地姑娘出嫁以后，在女儿过门后的第一个生日，作为娘家要备礼送至男方家庭以表庆贺，此地谓之向男方家庭"交生日"。"交生日"的潜台词就是娘家来过了，以后该有婆家为她做生日了。总之，盐阜人对"生日"比较重视。他们认为，什么事情都能忘记，但千万不能忘记自己的生日时辰。这其中最主要的因素不仅仅是为了庆贺自己的生日，而是千万不能忘记伟大的母爱。

2. 做寿风俗

做寿，在盐阜地区也有的地方叫"祝寿"。

做寿，在此地有特定的内涵和一整套完整的程序。过去，盐阜人称"寿"，通常是指岁数比较大和生命比较长的人。所谓做寿或者祝寿，就是通过一定的庆祝仪式，希望其更加康健和长寿，即人们常说的"福如东海长流水，寿比南山不老松"。盐阜人的这一叫法是完全遵照古代礼制的，在做寿问题上也是很讲规矩的。一是做寿的对象，必须是年岁比较大的人，一般不能低于60岁。也就是说，只有年满60岁及60岁以上的人，为他们的整生日庆贺时，才能有资格称其为做寿。否则，只能叫"做生日"。如前所说，如果年岁虽长，但父母在亦不能叫做寿，只能叫"做生日"。寿，在盐阜地区历史有上寿、中寿、下寿之分。据考，这种习惯性的叫法出典于《庄子》。《庄子》一书明确规定，人的上寿为百岁，中寿为八十，下寿为六十。也就是说，只有到了60岁才能有资格称为祝寿。二是为寿星做寿，或者叫祝寿，举行庆贺仪式，必须由寿星的子女或者亲戚朋友出面来操办，不能由寿星自己动手。因为此时既称寿星或者有资格做寿的人，大多数已经年岁较高，精力不济，即使身体硬朗，思维还敏捷，但有许多事情也不一定忙碌得了。由子女或亲戚朋友出面为老人做寿，方能体现和反映出子女的孝敬和尊老敬老的传统美德。三是为老人做寿很有讲究。通常在子女或亲朋决定为老人做寿以后，应预先发送请帖，向各方发出邀请。请帖要大方、庄重，措辞要精练达意，内容应说明为谁祝寿，寿期何日何时，地点何处。一般情况下，大凡接到邀请的，都应当准备礼品，届时前往。庆寿礼品范围很广，常见的有寿面、寿桃、寿联、寿幛、寿匾等。当然，也有送礼金的。

为老人祝寿，主家应当先设立"寿堂"。"寿堂"正中常常挂有或贴有用纸或绸剪成的一个大红的"寿"字，有的则挂一幅书法家书写的"百寿"中堂，两旁张挂寿联。也有的人家通常会挂"老寿星"画轴，以作祝寿象征。盐阜地区的风俗是，寿庆活动从寿辰的前一天开始，亲朋通常先行送礼，并于晚上先由女儿女婿为"寿星"庆寿，此地俗称"暖寿"。过去，大户人家为了热闹，常于"暖寿"当晚请戏班子演戏。后来，为了渲染气氛，有些人家则常常于当晚请电影队来放一场电影。第二天为寿星寿辰正日，一般宾客云集，前来向寿星道喜祝贺，并由宾客推举代表向老人致祝寿词。中午由儿女大摆宴席招待各方来宾，既作为对老人寿辰的庆贺，也作为对亲朋好友为老人祝寿的答谢。

盐阜人为老人做寿，不仅注意形式场面上的热闹，而且很注重为老人祝寿的文化内涵。从60岁做寿开始，为了同日后不同的寿辰相区别，他们对不同的寿辰之称还进行了规范。

花甲寿 专指60岁寿辰。这是盐阜人依据我国古代天干（甲乙丙丁戊己庚辛壬癸）和地支（子丑寅卯辰巳午未申酉戌亥）的排列与组合的计算方法，从甲子、乙丑、丙寅……一直排列下去，满60年为一个轮回，即称六十为甲子。后来，人们也就用甲子或叫花甲来代替60岁了。他们认为，人满一个甲子，就相当于走过了天地宇宙间人生的第一个循环，标志着人生第二个周期的开始，不能不庆贺。所以，盐阜人把60岁庆贺所办的宴席叫"花甲宴"，把60岁寿辰也称为"花甲寿"。

正因为60岁是人满一个甲子，所以按照此地风俗，做女儿的，不仅要为父母做一套全新的衣服，而且要在向父母送长寿面的基础上，开始向父母赠送寿桃，以表庆贺。

六六寿 这是一个特殊的寿庆。正常情况下，盐阜人是以"十"为单位来为老人做寿的。但是，由于"六"和福禄的"禄"谐音，人们认为吉祥，况且66岁又为双"6"，昭示老年人日后必有福禄，故而常常借老人66岁时，也庆贺一番，谓之"六六大顺"。作为特殊寿庆，盐阜人的风俗习惯是，女儿回来为父母做"六六大寿"时，不仅要送寿面和寿桃，而且礼品中通常要带上一块"肉"（盐阜方言中"肉"与"六"同音），以象征父母的口禄，尽表对父母寿辰的祝贺。因为人们认为，人的寿命长短，不仅取决于自身的身体素质，而且与人的营养口禄有一定的联系，所以为了表示良好的祝愿，通常为老人过66岁寿辰时，作为女儿必须要向父母送一块肉。也正因为如此，老人常常把女儿称为父母的心头肉。

古稀寿 这是指70岁的寿辰。过去，各种条件限制，人的平均寿命并不是很长，70岁即为少见。盐阜人崇尚儒教，由于受孔子"五十杖于乡，六十杖于国，七十杖于朝"的影响，他们认为上了70岁年纪的人，在古代可以执杖直接上朝见皇帝，那么在今天理应受到尊重。因此，70岁生日在此地比较隆重，场面也比较大。儿女除了要蒸寿桃、送寿面以外，还要叫"吹手"，来努力营造喜庆气氛。同时，晚上还要燃放"高升"（炮仗）以表庆贺。此地的风俗规矩是，燃放"高升"的总数，必须要大于年龄的岁数。比如七十寿诞，那么"高升"就要放到80~90枚，而且越多越好。由于杜甫有诗云："酒债常寻行处有，人生七十古来稀。"所以此地人通常把70岁叫作古稀之年，把70岁诞辰所做的寿仪，也就叫作"古稀寿"了。

做大寿 在盐阜地区真正称为大寿的通常指的就是80岁。因为，在盐阜人心目中，孔子73岁、孟子84岁已是高寿了，有"七十三、八十四，阎王不请自己去"之说。以前一个人能过到80岁，多为寿限之极，是大寿中的大寿。所以在盐阜地区又有"庆八十"的说法，一般把能活到80岁的人，通称为老寿星。80岁在此地属喜庆中的大庆。届时，儿女子孙争为老人做新衣，亲戚朋友也都争向老人送寿幛、寿烛、寿桃、寿面、寿联，并要行参拜大礼，为其祝寿，以表庆贺。

过米寿 这又是一个特定的寿庆。这个寿庆是专门为88岁的老人举行的。所谓"米寿"，全在于一个"米"字，高度概括了"八十八"三个数字的全部。即"米"字的上边为一个倒"八"字，下边为一个正"八"字，中间一横一竖又正好为一个"十"字。人们之所以破例要为88岁的老人过此寿庆，个中含义极为深刻：一是88这个数字为吉祥数字，又为偶数，地方叫双数，正合此地人"好事成双"之意；二是88这个数字朗朗上口，正好又与"发发"之音相谐，人们认为是个好兆头；三是88八正好与汉字的"米"相合。米者，人之食物也，是人生不可或缺的。"米寿"则象征着老人口福不浅。况且一个人能活到88岁也实为不易，通常家人也会借此机会，为老人庆贺一番。由于"米寿"并非整生日，所以一般只是举行家庭宴会，来个儿女子孙大聚会，热闹一下。

现在，人的平均寿命在延长，长寿的人越来越多。许多老人过90岁及90岁以上的寿辰也不足为奇。但是，盐阜人仍很规范。通常把对90岁老人做寿，称为"寿考"，所谓"考"即为老。因为80岁已叫"大寿"了，90岁比80岁还大，为了相区别，即用"考"来表明比80岁还要老。把对百岁老人做寿，叫"过颐年"，所谓"颐年"，即颐养天年的简称。人活百岁，实为少见，故而希望其能好好保养，争取与天同寿。还有的把对108岁的老人做寿，叫"过茶寿"，所谓"茶寿"，不仅在于一个茶字正合108这个数字，即上边的草字头为古代数字二十的速写，中间的人为八字的相形，下边的木字为"十八"，即二十加八十八等于一百零八，更重要的在于茶根扎自然、亲近自然，很合人的天性，也最让人感到高兴和满足。

过九不过十 盐阜地区过去无论是做生日还是做寿，原本都是以"十"为单位来庆贺的，即逢"十"过整生日。即便现在，从10岁到50岁的风俗仍然还是如此。那么，从60岁诞辰开始，此地俗信则改为"过九不过十"了。为什么会改成"过九不过十"呢？主要有三个原因。一是民间认为，"十"意味着"满"，"满"则"溢"，满又意味着完结，这与做寿庆祝长寿的气氛极不相符，所以不在整十岁时做寿，而要提前一年。也有人认为，世上本来就没有十全十美的事，因此，逢十做寿并不合天意。因为它并不相同于50岁以前的过生日，意在要延年益寿，故而必须要与天意相合。人们认为"9"既为数字之极，又为阳数，不仅可与天之阳相合，又可与天长地久之"久"字音相谐，从天人合一的角度考虑，过"九"比过"十"更为吉利。二是逢九之年为厄年，地方有"人生多磨难，小难天天有，大难三六九"的说法。人们认为逢"九"年这是人生的一道关，如果能闯过这道关，势必后步宽宏。为了化解厄年之运，用过"九"做寿来营造喜庆气氛，据说可以冲去一切不吉利之事。所以老人寿辰一般都要提前到逢九之年做，叫作"过九"。此俗规定，不但逢59岁、69岁、79岁等所谓"明九"之年需要做，以去忌讳，而且有的地方要避所谓"暗九"，即为九的倍数的年份，如63岁、72岁、81岁时，也要在适当范围内庆贺一下。在"明九"和"暗九"之年做寿，为了图吉庆，以避忌讳，民间通用的方法，要为老人做一套红色衬衣穿在里面，并要为其系上红色腰带。据说，这样做不仅可以使老人尽享延年益寿之福，就是前来为老人祝寿的人亦可尽占寿星之光。三是盐阜人认为"过九不过十"可以添寿。这一说法，源自一个美好的故事传说。据说，很久以前，本地有一个年轻后生叫王小二，幼年丧父，以砍柴为生，与哭瞎双眼的母亲相依为命。是年，他19岁，原本大限已到，但为了养活母亲，仍在田间砍柴。当路过此地的八仙之一吕洞宾得知此情后，深为他的一片孝心所感动。于是，吕洞宾以吃酒为名，特邀掌管生死大权的阎罗王赴宴，趁阎罗王醉意蒙眬时，以王小二的一片孝心来打动阎罗王，并愿与阎罗王同担违反"天条"之罪，将王小二由"19岁"改为"99岁"，得以为老母送终。这原本只是一个故事传说，但是人们认为，只要心地善良，能孝敬娘亲，善有善报，没有不长寿的。于是，人们就把这个故事传开了。大家听说在"九"字头上做寿还能添寿，以后也都改十为九，为老人做寿了。天长日久，这样也就慢慢地形成了"过九不过十"的地方风俗。

赠寿桃 为老人做寿，在盐阜地区很讲究。与一般做生日不同的是，做寿不能没有寿桃。因为这是祝福老人健康长寿的一个重要标志，特别是闺女为父母亲做寿，这一礼品更是不可或缺的。

盐阜人对寿桃如此重视，源于两个美好的故事传说。一是说蟠桃本为天上王母娘娘所种的仙果，枝蔓伸展三千万里，三千年一开花，三千年一结果，故而以蟠桃来象征长寿。后来人们也就由此延伸到一般的桃子，待及老人做寿时，争向老人敬献寿桃来象征老人健康长寿。为了给老人做寿，也有的地方将面做的寿桃与面做的蝙蝠相配的，称为"福寿"。另一传说源自孙膑为母亲做寿的故事。据说孙膑18岁离开家乡齐国，到千里之外的云蒙山拜鬼谷子为师学习兵法，一去就是12年。有一天，孙膑忽然想起五月初五为老母亲80寿辰，于是便向师傅请假回家去看望老母。鬼谷子有感于孙膑对母亲的一片孝心，于是随手便在树上摘下一只桃子送给孙膑说："这桃子我不是轻易送给人的，你在外学艺多年未能报效母恩，我送你一只回去给令堂上寿。"孙膑拜别师傅就匆匆上路了。待到家时，全家人正在为老母亲庆寿大摆宴席。于是，孙膑从怀里掏出师傅所送的桃子，双手捧给娘亲说："今日孩儿告假回家，师傅特地送我一只桃子孝敬娘亲。"老母亲接过桃子吃了一口道："这桃子真的比冰糖蜂蜜还甜。"桃子还没有吃完，母亲的容颜就变了。以前雪白的头发，变成了如墨的青丝，昏花的双眼也变得明亮多了，掉了的牙又长了起来，脸上的皱纹也不见了，走路也不用拐杖了。全家人都非常高兴。人们听说孙膑的母亲吃了桃子变年轻了，也想让自己的父母亲长寿健康，便仿效孙膑，在父母生日寿辰的时候送鲜桃祝寿。但由于鲜桃季节性很强，于是人们在没有鲜桃的季节里，就用面粉做成桃，给父母亲拜寿。正因为这些故事在人们中间广泛流传，所以桃子也就成了老年人长寿、年轻、健康的一种吉祥之物。

  上寿 所谓"上寿"，即在鼓乐声中，焚香、点燃红烛，在主持人的主持下，由众亲朋好友、儿女子孙、晚生后辈向寿星行寿拜大礼。盐阜地区"上寿"的风俗规矩是这样的，通常寿星坐在"寿堂"桌子旁边，面对大门。桌上置有象征长寿的寿桃，焚香点烛。随着司仪"拜寿开始"一声吆喝，室外鸣鞭放炮，鼓乐齐鸣，室内则整装列队，开始向寿星举礼。此地拜寿的顺序是，先由寿星的平辈来到寿星前面，有的向寿星抱拳作揖，有的向寿星鞠躬致敬；接着由晚辈按照辈分，依次从男到女、从大到小向寿星磕头。"上寿"完毕，最后是燃放各种焰火花炮，同时鸣放"高升"，把庆寿推向高潮。在盐阜人眼里，这是寿星的最大风光。拜寿的时间越长，说明寿星交际越广，人缘关系越好。同时，也说明寿星家室人丁兴旺，儿孙满堂，是有福之人。所以，上了年纪的老人并不是十分重视"上寿"。子孙晚辈在这种可以争面子和显风光的礼仪上也要大做文章。比如把"寿"字用不同形体写出来，组成"百寿图"，献上许多长寿的象征物，入诗入画，借以寄托对寿星的长寿愿望。也有的要特意请人画一幅《松鹤长寿》图高挂于堂中，将"松鹤长寿""鹤寿松龄""松鹤延年""松鹤遐龄"等美好的愿望寄托于长寿图案之中，以示老人"福如东海长流水，寿比南山不老松"。

  "上寿"是为老人祝寿时最隆重的时刻，也是高潮。按照此地风俗，有两点特别需要引起注意。一是最忌讳拣佛头"上寿",即不能在供有神佛的堂内为老人做寿。如果家中供有神佛画像,亦应在布置"寿堂"时,用布将其遮盖起来。二是忌讳"上寿"时对人弄刀,即拿刀对人。盐阜人认为,这两样都是会折寿的。因为人们认为,佛乃代表天意,谓之佛事无限,是不可与之相争的。上寿弄刀,乃为不祥,会给寿星带来刀光之灾,也是不吉利的。人们之所以忌讳这些,用现代的观点来看,并不是什么迷信,而是要求人们尊重崇敬信仰,要正确对待那些约定俗成的地方风俗,在喜庆之中注意趋利就福,远祸避患,以免带来不必要的麻烦或酿成事故。

摆寿宴 寿宴是寿礼仪式的重要组成部分,也是很重要的一个环节。"上寿"礼毕,主家通常都要大摆宴席,款待来客。即便是再普通的家庭,也要为老人做寿摆上几桌,以作为对老人长寿的庆贺,同时作为对众亲戚好友或来客的一种答谢。在盐阜地区,寿宴的菜肴不外乎鸡鱼肉蛋,山珍海味,但必不可少的是面条。盐阜人地不分东南西北,人不分男女老少,家不分富贵贫贱,做寿都必须要吃一顿面条。人们把这顿面条看得很重,谓之"长寿面"。虽说这顿面条和正常面条无二,但由于内涵不同,人们是不能不吃的。据说,吃"长寿面"不仅是对寿星的祝福,即便常人吃了亦可以助人消灾避祸,同时亦可沾老人长寿之光给自己带来长寿之福。所以,尽管寿宴上菜肴丰盛,但人们仍习惯把吃"长寿面"作为一道重要的程序进行精心安排。盐阜地区的这一风俗,由来已久。根据老人们代代相传,此俗主要是依据汉朝东方朔和汉武帝的一段对话引发而来的。相传,汉武帝与群臣聊天,谈及长寿问题时,汉武帝说,相书上说,人中(鼻子和嘴唇之间的穴位)长,寿命就长,如果人中长一寸,就可以活一百岁。当时群臣有的附和,有的不吭声。东方朔却笑着说:"如果人中长一寸就能活一百岁,那么彭祖活了八百岁,人中岂不是要有八寸长吗?看来彭祖肯定是一个长面(脸)了。"群臣联想到长八寸的人中,脸一定十分滑稽,于是也都同时大笑起来。后来,人们便把长寿与长人中、长面(脸)结合起来,长面(脸)也就变成长面(条)了。所以,从汉朝以来,此地人为祝贺老人长寿时,就形成了送长长的面条为贺礼和吃"长寿面"的风俗。

讲寿礼 为老人做寿不同于一般喜庆。因为做寿既包含着对老人进行庆贺和祝福之意,也包含着众亲友和儿孙对老人的尊重和孝敬之心,是一个很讲究规范的庆祝活动。因此,大凡参加者,无论是主家,还是宾客,都应该注意礼节礼貌。礼品通常要选择包装精美、做工精细、含有祝贺健康长寿和吉祥如意的食品或者物品。在所送的食品或物品上,应该放上红纸,或者用红纸剪成的"寿"或"福"字,或者是用寓意长寿和兴旺发达的饰花。即便现在时兴送蛋糕,亦应注意请糕点师傅在裱花时要裱上"寿"字,或者是用奶油做出寿桃的造型。如果是送其他物品的，亦应用红纸包裹，并写上祝贺老人健康长寿的贺词，以示庄重。出言吐语应该做到适当、得体。一般应以祝贺和颂扬为主，不仅对寿星是如此，就是对寿星的亲属和宾客也应该如此。一切易引起争论的话都不宜在祝寿活动中或者宴席间交谈。即便在过去人与人之间的交往过程中，曾经与谁发生过不愉快的事，也要做到不计前嫌，以免让主家为难。宴饮要有所节制，不能酗酒，也不能饮酒过量，以防失态或者失仪。一切以太平和平安为原则，即人们常说的太平就是福。参加祝寿活动的服饰通常应注意干净整洁，最好要选用色调明快，含有吉庆之意的红色、黄色和大气的服装。盐阜地区忌穿全黑、全白色的服装，也忌穿黑白相间的服装。为老人做寿向老人举礼在盐阜地区乃为正常之事。过去举行祝寿礼仪时，一般是同辈的多为抱拳打躬，晚辈行鞠躬礼，儿孙在此地多行跪拜礼。现在，同辈人多为握手，或举手打招呼，以表庆贺；晚辈和儿孙也多行鞠躬礼。当然，现在有些地方仍行跪拜礼。如果寿星思想守旧，仍希望行旧礼，而来者又不乐意时，可以托词稍做回避，不要当场拒绝，以免引起不快。当老人祝寿活动结束时，主家通常都会回赠给来客一些礼品。此地的做法是，对于众亲友所送的礼品，除了布料、衣服全数收下外，所送的寿桃、寿面，还会回赠一部分给送礼者，谓之"敬福"。即将这些东西让他们带回去，必定会让老年人的长寿为他们家庭带来福气。盐阜地区主家回赠的礼品，多以寿桃、寿面为主，对于大寿的老人，主家还会给来者以"长寿碗"相送。对于主家的这些回赠，祝寿的人通常都不应该拒绝。

总之，无论是做生日还是做寿，都是对人生经历的一个纪念。这些在长期社会生活中形成的地方风俗礼仪，以不同的形式和方式展示着盐阜的风土人情。有些则秉承着中华民族的光荣传统，反映着社会发展和文明进步。有些则彰显着盐阜地方特色，属本地人的一种发明和创造。特别是做寿中的许多礼仪，可谓兼南北文化于一体，更彰显盐阜人在这方面的包容性。当然，也有些做法，带有明显的时代烙印。对于这些，我们不必去苛求，而应该积极改革。当然，也有的人家是古今兼备、与时俱进的，特别是对做寿而言，寿桃和寿面仍是不可缺少的。

五、丧葬习俗

在盐阜地区，人们对人的出生历来很重视。这是因为人的出生，无论对于一个家庭，还是对于一个家族来说，都是一件喜事，是添人增口兴旺发达的标志。对于一个人的死，虽属家庭的不幸，令人悲伤，但人们同样也将其作为一件大事，以多种形式来寄托哀思。

由于生和死是人生两极,因此,在盐阜地区,无论庆贺还是祭奠,仪式同样十分隆重,故此地人又将人之生和人之死并称为"红白喜事"。

办丧事,俗称"白喜事"。办白喜事,有一整套的程序,诸如报丧、告祖、吊唁、入殓、祭奠、出殡、送葬等。有的人家还要做道场,放焰口,请地理先生看墓地风水,子女要披麻戴孝等。中华人民共和国成立后,政府倡导移风易俗,强调死人不争活人地,推行火葬,使过去的一些传统的民俗都已经或多或少地被摒弃。自20世纪60年代以来,本地相继开展了平坟、深埋、不留坟头等运动,并利用荒滩薄地建起公墓。丧事方面不少封建迷信的东西被革除,用黑纱代替了披麻戴孝,用骨灰盒寄存代替了棺木土葬,用放哀乐、开追悼会寄托哀思代替了和尚道士念经、放焰口。但是,作为长期以来形成的棺木土葬风俗,毕竟是一种社会的客观存在,特别是与之相对应的一些丧葬文化,对今天的丧葬工作仍有着一定的影响。

(一)传统丧葬程序

丧葬礼仪在盐阜地区是人生礼仪中最为烦琐的一种。它的仪式较多,是其他许多礼仪所不及的,也是最为庄严、隆重的。由于这种礼仪受我国传统文化的影响,许多突出的方面,诸如孝道、宗法制等,都会在礼仪具体操作的过程中充分地体现出来。正因为如此,一系列仪规既显得温情脉脉,极富有人情味,与此同时又多带有几分冷峻和严苛。

盐阜地区丧葬的基本程序如下。

1. 初终

由于历史上人的平均寿命比较短,因此,盐阜人过去把凡享有50岁以上年龄因病而死的,都叫"寿终",把所办的丧事也称为"白喜事"。对于这种死亡,家人早有准备,儿女子孙通常都会在死者临终前日夜守候,谓之送终。相对于儿女为其送终,死者在弥留之际,最大的愿望就是能够见到所有儿女一面。所以常常有儿女外出未归的,老人往往苦苦挣扎,迟迟不肯闭眼。此时,死者家人在心理上和物质上对于死者的死均早有准备,通常是一边含悲哭泣,一边为死者后事忙碌。一是为死者搭"高床",也有的地方叫搁"高铺"。即在死者弥留之际,将其从内室移至正堂,安放到为其准备的停尸床上,此地叫"上高铺"。男移正庭左侧,头南脚北,谓之"寿终正寝";女移正庭右侧,头南脚北,谓之"寿终内寝"。按照盐阜风俗,此地"上高铺"有两种做法。一种在盐城南部地区的东台、大丰、盐都、亭湖等县市区,认为死者为大,通常要搁"高铺"以停尸;一种是在以阜宁县为中心的滨海、响水和射阳、建湖等县,认为只要死者父母健在或者尚有一人健在,就不能"上高铺",只能铺床于地上。这与生前在长辈面前不敢言老是相对应的。即便死者已儿孙满堂，亦不能享受这种待遇。否则，就是对死者长辈的不尊重。当然，如果死者父母均已过世，出于对死者的尊重，亦是要搁"高铺"的。二是趁其弥留之际，为其穿送老衣，也有的叫"穿寿衣"。之所以在弥留之际为其穿寿衣，原因有二。其一，是因为死后尸体僵硬，不好穿戴。同时，盐阜人认为，死后衣服穿得再好，人已断气了，衣服并不属于死者所有。其二，出于俗信。盐阜人认为，死者没有来得及穿好衣服就咽气，是"光着身子去了"，亲属会感到十分内疚。寿衣，一般是生前就做好了的，而且通常是选择有闰月的年头，由闺女为其做。过去，盐阜人强调寿衣的总数必须是奇数，有"五领三腰"之说。即除了正常穿的以外，还必须要有棉袍、棉袄、棉裤，不论什么季节一律穿棉的。鞋子也必须是布底，同时要做出莲花图案，表示脚登莲台，成了正果。寿衣是有讲究的，绝对不能用皮货。内衣通常不钉纽扣，只缝带子。因为"钮子"和"扭子"谐音，怕犯不利子孙的忌讳。衣料只能用布或者绸子，但决不能用缎子。因为"缎子"和"断子"亦为同音，也为忌讳。三是要着手做办丧事的准备。通常做女儿的在死者弥留之际，就要为死者炼"千张纸"，进行祈祷。盐阜人认为，死者在弥留之际之所以很痛苦，全在于鬼使神差已奉命前来带其去阴间报到，痛苦是死者正在同他们抗争。闺女炼"千张纸"主要是为了拜托鬼使神差，给他们一定的纸钱，以免死者在去阴间的路上受苦。死者一旦咽了气，盐阜人俗称"归天"或者叫"走了"，尸体即不能再移动了。此时，待将手脚理顺，头颅扶正，眼皮闭合以后，必须要认真做好三件事。第一件事是必须立即在死者头部和脚下点上"长明灯"和"长寿灯"，以供死者在阴间照明所用。所谓"长明灯"和"长寿灯"，即用碟子盛豆油放灯芯点燃为灯。同时要摆上一碗"倒头饭"，或三酒盅米，上插三根筷子。同时，要在脚下放置两块砖，谓之"稳脚砖"，以便去阴间一路走稳。第二件事是"复礼"，也叫招魂。盐阜地区最早的做法是，朝祖先发源地呼唤死者。后来多数人家则在门前做标志，古称"挑钱"，盐阜地区叫"画天纸"，也有的地方叫"纸幡"，一来为死者招魂，二来告知世人家中有丧事。门前"纸幡"所挂位置，通常是根据死者的性别来决定，此地通行男左女右。现在，也有的人家通常是朝房上抛一件死者的衣服，作为招魂标志。"复礼"或者招魂，实际上是亲属希望亲人魂归的一种仪式。第三件事情就是按此地风俗要给死者嘴里放上钱币，也有含珠玉珍宝，谓之"含饭"。同时，此地有的地方会备一扎香置于死者手中，谓之"打狗棍"。这是给亡者去冥府过恶狗庄时作防身用的，免被恶狗所伤。也有的地方会朝死者衣袖里放一串用筷子串好的小面饼（俗称"打狗饼"）、纸钱（俗称"买路钱"）的风俗。饼是去冥府路上给拦路狗吃的，钱是给拦路鬼用的。地方有这样的说法，即去冥府的路上要过渡、过桥，都用得着钱。此外，要朝死者脸上盖以黄元纸，俗称蒙脸纸，也有用四方形白纸、白布一块，蒙脸蒙身。旁边地上置一瓦盆，供人烧纸钱，以与死者诀别所用。所有这些程序和仪式，都是一代一代沿袭流传下来的，成为地方的风俗。

2. 报丧

报丧，即由丧家向亲戚朋友邻里报告死讯、丧期、葬期，以便他们及时赶在大殓以前来同死者诀别。

报丧的形式有口头的，也有持讣闻的，后世也有在报纸上登讣告报丧的。盐阜民间一般以口头报丧为主。报丧的人，此地一般不用孝子，多请族内的亲戚或者是近邻，受丧家委托前往报丧。报丧的人到有关人家报丧，一般都是行色匆匆，不过多停留。若对方有人来接，无论长幼，都要叩首，否则，称为礼数不到。按照此地风俗，报丧者到有关亲戚家，必须要吃点东西，或者是要喝杯水，或者是要抽支烟，不能滴水不沾。据说，报丧的人不吃点东西，于这家亲戚不利。当然，也有些世家大族，比较注重礼仪，是持讣闻前往报丧的。讣闻的文辞大体如下："不孝某某罪孽深重，弗自殒天，祸延显考×公、讳××，×府君恸于×年×月×日×时寿终正寝，距生于×年×月×日×时，享年几十有几。不孝××随侍在侧。亲视含殓，遵礼成服。"最后写上"叨在：戚、友、寅、学、乡、世（红字）"字样，结尾写"哀此讣"。在丧礼日程的下边，依次开列子孙的名单。

3. 成服

所谓成服，就是穿孝、戴孝。过去穿孝、戴孝主要是为了表示对死者的孝意和哀思，后来被人们引申为为亡人免罪。由于此俗属于儒家礼仪所规定，因此，必须严格遵守有关礼制，不允许有所差错，所以叫遵礼成服。

成服最基本的"礼"，就是传统的"五服"制度。这种制度不仅见于丧葬，也是亲族关系远近亲疏的标志，与礼仪规制或实际权利、义务关系均有密切的联系。所谓"五服"，即指具有血缘关系的五代人在丧事活动中，后代为上代戴孝所穿的不同服装。以死者为例，生前上溯父亲、祖父、曾祖、高祖叫五服，下及儿子、孙子、曾孙、玄孙也叫五服。这种以死者为中心的上下九代，又叫"同门九族"。就丧礼而言，它规定了何种关系应该属哪一服，这一服应该穿什么样的丧服，服丧多长时间。在盐阜地区"五服"是这样规定的，第一种叫"斩缞"，这是"五服"中礼仪最重的一种，用最粗的生麻布制成，左右衣膀和下边不缝，表示未经修饰，所以叫"斩缞"。儿子及未嫁女为父母、媳对公婆、妻对夫，都要穿"斩缞"。第二种孝服叫"齐缞"，是用本色粗麻布制成的，孙子、孙女、曾（重）孙、曾（重）孙女、玄孙、玄孙女为祖父母、曾祖父母、高祖父母穿孝服均遵此礼制。孙子孝帽上钉红棉球，长孙钉1个，次孙钉2个，其余类推。孙媳妇带三花包头，插一个小红福字。未出嫁的孙女用长孝带在头上围一宽缕，结于头后，余头下垂到脊背，头上插一个小红福字。孙子、孙女的孝袍肩上钉有红布一块，按死者性别，男左女右，谓之"钉红"。曾（重）孙子孝帽上钉粉红棉球，大曾（重）孙钉1个，二曾（重）孙钉2个，其余类推。曾孙的孝袍肩上钉2块红布，玄孙（有的地方叫灰孙或元孙）钉3块红布，均为男左女右。第三种孝服叫"大功"，是用熟麻布制作的，为伯叔父母、堂兄弟、未嫁的堂姐妹、已嫁的姑和姐妹，以及已嫁女为母亲、伯叔父、兄弟服丧均穿这种服装。第四种是"小功"，是用较细的熟麻布制作的。这种服装是为从祖父母、堂伯叔父母、未嫁祖姑、堂姑、已嫁堂姐妹、兄弟之妻、从堂兄弟、未嫁从堂姐妹和为外祖父母、母舅、母姨等服丧穿的。第五种服装叫"缌麻"，是用稍细的熟布或漂白的布做的。盐阜地区称为"漂孝"，为族伯叔父母、族兄弟姐妹、未嫁族姐妹和外姓中表兄弟、岳父母服丧穿用这种服装。所以，一般人只要见所穿的丧服，也就能知道服丧者与死者之间关系的远近亲疏，并且能大略推知服丧人相互之间的关系。

　　成服，在盐阜地区不是一种简单的事。首先，要明确"丧主"。因为只有"丧主"才能主持成服的仪式。在盐阜地区，"丧主"多由死者的表亲或内亲充当，具体由谁出面来主持"成服"仪式，则应根据表亲或内亲的具体情况由他们自行商定。通常是死父亲由表叔主持，死母亲由内亲主持。这就是盐阜人对"表叔、娘舅与先生"特别尊重的原因。当然，也有另外一种情况，即与表亲或内亲失去联系，或者无内外表亲，这种情况，通常只有"人主"出面来主持成服仪式。所谓"人主"即家族中的长者。其次，要按照成服的规矩仪式给孝子及众亲成服。由于这一礼仪在历史上比较复杂，加之有的人家亲友众多，成服难免有疏忽之处，故而时常引起争吵和不快。因此，盐阜人后来根据实际，进行了一系列改革。一是成服时，"丧主"或"人主"只为孝子成服，其他则由丧家将孝服"分配"给其他亲属和朋友。二是孝服一律不再制作服装，而通行使用"孝巾"（有的地方叫"大手巾"）和孝帽来代替。现在，有的则用黑色袖章或白色袖章。三是为了有所区别，对"孝巾"或"孝章"的发放，一般由"丧主"或丧家递上即可。对有特殊关系的人，如"人主"、四门亲家等，因为都是孝子的长辈，必须要由孝子跪叩呈上。与死者是父子（母子）、父女（母女）关系的，包括儿媳妇，从头到脚一片白。即头顶"孝巾"、腰间扎麻，脚穿孝鞋，谓"披麻戴孝"。其中，孝女尚未出嫁的，"孝巾"只能斜披肩上，同已婚姐妹相区别；如果双亲中有一人健在，孝子孝女（包括孝媳）的"大手巾"顶在头上应为不对称型，即一边长一些，一边短一些，而且鞋后跟处不用白布包严，以同父母双亡相区别。除了孝子、孝女及儿媳顶"孝巾"外，其他女性亲属也一律顶"孝巾"。区别在于儿女儿媳的"孝巾"一定要拖到地，盐阜地区叫"拖里带外"。其他亲戚中女性的"孝巾"相对于儿女的要短一些。一般其他男性通常只戴孝帽，以表致哀。唯有区别的是女婿必须戴双的，一顶为普通的孝帽，一顶为定制的纯白竹布的孝帽。侄女婿同女婿一样，也是戴双层孝帽，同女婿相区别的就是要将孝帽两个角叠一个陷进去（男左女右），只留一个角。若是孙女婿，只戴一顶白竹布孝帽。同样，侄孙女婿的白竹布孝帽也只留一只角。至于孙子、曾（重）孙和玄（灰）孙则另有标志。通常孙子只戴普通孝帽；曾孙盐阜人叫重孙，孝帽上则钉有红布；玄孙盐阜人叫灰孙，孝帽上则钉有绿布，以此相区别。

总之，颇具礼仪的成服仪式，不仅让孝子贤孙们都戴上了孝，而且也言明了多重关系，直接影响着多少年来的丧葬礼俗。

4. 吊唁

吊唁，是丧葬礼俗中比较重要的内容。与死者的关系亲疏远近不同，吊唁的礼数、方式也就有所区别。

出门在外的子女或其他至亲，当接到讣告或报丧死讯以后，要及时奔丧、吊丧。属于一般的至亲，接到报丧信息以后，首先要问明情况，然后，便不顾一切地上路奔丧。出嫁的女儿更要一路哭来。到家时，先要向死者跪叩、哭悼，直至有人劝慰才停止。比较亲近的亲属成员，虽不像子女一样，但也都要向死者举礼叩拜，或以哭悼来倾诉衷肠，或通过焚烧纸钱，以寄托自己的哀思。

亲友前来吊唁，孝子必须走出门外，手捧哭丧棒磕头迎接，并赠以孝章。按盐阜风俗，亲友吊唁，鼓乐（哀乐）要响起来，家人要伏尸痛哭，盐阜人谓之"为死人翻身"。吊唁人向死者致哀举礼时，孝子都得下跪作陪。如果是望族，或者死者德高望重，前来吊唁的人比较多，也有一人在前主祭，其余人都跪在后面陪祭。这种祭法通常都要行二十四拜或十八拜大礼。除了辈分比死者高或是平辈的吊唁者不叩首外，其余吊唁者一律要行跪拜礼。

亲友来吊唁，过去大多带纸钱（又称"冥钞"，俗称"毛昌纸"），谓之"吊纸"。民间俗规，凡亲友前来吊丧，孝子均要陪跪。俗说："死娘老子，膝盖头子当路走。"孝子们在陪跪的同时，还要不断地焚烧纸钱。否则，将被指责为"不孝顺"或"不懂规矩"。现在吊唁，除了带"吊纸"外，还有的人会带礼品或礼金。礼金通常用黄色或蓝色套封装好，正中央写上"折祭×元"或者"奠敬×元"。礼品通常送花圈、挽联、香烛、挽幛、冥器等。在此地，挽联一般均写在白纸上，以对死者进行讴歌颂扬为主，也有表达哀思之情的。此地最常见的挽联有"蝴蝶梦中家万里，杜鹃纸上月三更""音容如常在，含笑于九泉"等。挽幛无论质料如何，必须是蓝、灰、青、白等素色的。现在通行的是送花圈。因为现在有的地方把长寿者过世当作功德圆满的喜事来办，所以也有送红色挽幛的。不过，在上面同样要缀饰白纸幛光，写上悼念之词。通常，在挽幛右上方缀饰白纸幛光，书写"×××千古"，左下方则书写"×××敬挽"，以此作为对死者的哀悼。

丧葬携礼的吊唁习俗为盐阜地区比较古老的仪俗。这种礼品的作用可以分成两种，即对死者的吊唁和对生者的抚慰、资助，前者叫"赠"，后者叫"赙"。所送花圈、香烛、纸钱、冥器均为悼念死者所用，挽幛、礼金和挽联均为后者所有或收藏。

5. 装殓

装殓就是把死者装裹、放入棺木。过去称"入木"，此地有的地方叫"上材"，有的地方叫"穿材"，也有的地方叫"大殓"。

大殓的时候，死者的孙男弟女们都要守在旁边，称"亲视含殓"。入殓前，通常用呈文纸或石膏将棺木四壁糊好，民间俗称"泥墙"。与此同时，在棺底要铺上一层草纸，棺材头贴有用金银纸剪成的太阳、月亮、北斗图案。尸体头部和脚部置有用草纸包石灰做成的"元宝枕"，供死者枕头和搁脚。有的地方还用红布将死者头部围上，在其腋下兜上红绸巾，在身上盖上棉被，可谓铺盖俱全。比较讲究的人家，在死者放入棺以后，还要放入许多小的陪葬品。这些陪葬品，均为死者生前喜欢和日常所用的东西。若此时有子女外出或远嫁的赶不及回来的，可将棺盖暂不上钉，以便他们回来时仍可见上最后一面，此为"小殓"。若儿女和众亲友均已到齐，待遗体放好以后，接下来就要举行"开光""封钉"等仪式，此地叫"大殓"。

大殓一般在成服以后进行，此时的主要亲友已基本到来，生死诀别的意义十分明显。这项仪俗也厘清了许多人际关系，如死者与长子、死者与其他孝子的关系，死者和"丧主"及"人主"与其他亲戚的关系。如果这些关系没有理清、顾及，往往就会发生礼仪性的纠纷，即所谓"闹丧"。

"闹丧"的风俗，通常是由于特定的社会关系没有及时处理好。若是丧家与"丧主"的关系没有处理好，这种情况就很有可能发生。这种关系，在平常并不明显，只是在丧礼中表现得十分突出。在盐阜地区，一般情况下，人死后必须要首先报告"丧主"，并请示、商讨有关丧葬的事宜。"丧主"到来，问清死者死亡原因及丧葬规格，觉得没有欺瞒，丧礼的操办也比较合理，方才能成服，并才准许入殓盖棺，否则不得盖棺。倘若未得"丧主"首肯就大殓、下葬，"丧主"有权要求丧家开棺、启墓。虽然风俗如此，但这种情况在盐阜地区很少发生。因为一般丧家随风就俗，对"丧主"都比较尊重，况且又是丧事，为求家庭平安，基本都听命于"丧主",而"丧主"通常也都非常通情达理。

6. 出殡

过去,死者一经大殓,下面的程序即为出殡。现在有的人家将死者遗体送火化场火化也视为出殡。出殡已接近丧葬礼仪尾声,也是死者离开家庭的最后一道程序,从此以后,死者与生者阴阳两隔。为此,自古以来,人们对出殡极为重视。过去,通常出殡前先要请好"土工"(抬棺材的人)。出殡前一天晚上,丧家要款待"土工",并要向他们磕头,以示请其帮忙。此地出殡的做法和步骤大体如下。一是先要辞家。因为盐阜地区通行土葬,强调入土为安。辞家即含有死者同家庭告别之意,自此将进入另一个世界。为此,孝子贤孙要跪拜于地,焚香烧纸,举行辞亲仪式,进行祈祷。二是要将祭奠的饭食装到罐子里去,待下葬时埋于棺材的前头,以便死者日后享用。三是把棺材头抬起,先由孝子放几枚铜钱于棺下,然后由孝子孝媳扫去棺材上的浮土,拾掇棺材下的芦柴,谓之"扫柴(材)起棺",即取"捎财起官"之意,以作兆化。最后按照"丧主""人主"、吹鼓手在前,棺木居中,送葬人在后的要求,起杠抬棺,向墓地进发。此地民俗规定,棺材在起重以后必须一鼓作气送至墓地,中途不准落地,抬时须十分谨慎,切忌发生事故,否则被视为对死者大不敬,也对丧家不吉利。

由于这道程序为死者离家之别,出于感情,通常都比较隆重。过去,大凡官宦门第和殷实人家,有的在出殡前要举行祭奠仪式,宣读祭文。出殡时还鸣锣开道,请人举着仿制的斧钺和金爪,让和尚诵经相送。即便一般人家,也要摆个像样的送葬阵势。通常是孝子一身素服,手捧哭丧棒,孝媳众亲头顶"大手巾",亲朋好友用竹竿撑住挽幛、被面,浩浩荡荡与棺木同行。一路上边撒纸钱边致哀相送,以表家人对死者的一片真情。现在实行火化,大多开一个哀悼会,以介绍死者生平为主,比过去简单得多。

7. 安葬

因为盐阜人信奉入土为安,所以过去通行土葬。

土葬,则请阴阳先生(也有的叫"风水先生")先要选定墓地,确定方位,然后由抬棺人(乡间称"扶冢人",也有的叫"土工")挖好坟坑,再由孝子贤孙们向坑内投以钱粮纸、黄元或用芦柴、稻草于坑内四周熏烧,盐阜地区谓之"暖坑"。接下来,孝子们要入一次坑,并要绕坑边走一圈,再由阴阳先生用事先准备的谷物在坑内的地上写上"太平"二字,然后方可将棺木放入坑中。棺木定向定位后,由孝子贤孙再抛入钱币数枚,并由孝子按照"丧主"的要求,用衣服兜一些土撒至棺木之上,方能由"土工"开始填土。待初成墓形后,再于坟前插上哭丧棒,供四碗饭菜以祭,方能表明安葬仪式结束。

8. 成主

安葬结束回家以后，一般人家通常都要为亡者立牌位，此地俗称"亡人牌子"，以便子孙供祀。这是安葬以后一个比较重要的仪式。在盐阜地区，一旦人死了以后，只要是成房立户、有儿有女的，家里都要为其设立牌位，以便家人祭奠。人们认为，人死即升天了，不可不祭，不可不供。过去，"成主"牌位是用木制成的，故又称"木主"。"木主"上面通常刻有死者姓名、生死年月、为家族中多少代世主等，摆放在条台上面，以供后人永久祭祀。后来，一般人死后先立牌位，置于庭旁，上写"某公讳某某府君之位"，并在牌位旁边的白纸上写上死者亡故时间和"七单子"。所谓"七单子"，即死者从亡故之日起，每七天一祭而开列的单子，以便家人为亡人进行供饭和祭奠。

9. 居丧

居丧的基础是孝道。即孝子们在其亲人去世后的一段时间内，要节制生活的许多方面，以表对亡人的哀悼、思念。过去传统的观念是，小孩子出生后三年不离父母亲的怀抱，时刻都要父母呵护、照料。因此，父母亲亡故后，儿子应该还报三年，即要守孝三年。同时规定，在守孝期间夫妻不能同房，儿子不能剃头，不能外出为官，也不能参加一切社交活动或者出远门等。这些礼俗规定，显然与人们的现实生活不相适应。所以，此地在后来的丧事活动中，都进行了改革。盐阜地区的做法是，既遵古礼，又从实际出发，大凡父母亡故的，即便是工作在外的儿女，也要请假回来奔丧。丧事完毕以后，为了表示对亲人的哀悼和思念，一般不参加娱乐活动，有避戴孝帽看戏——乐意忘忧之嫌。在父母亡故七七四十九天以内，通常不理发。父母亡故后的第一年春节要贴白对联，上书"守孝难还礼，思亲免过年"。第二年贴绿对联。第三年贴黄对联。第四年起方才能恢复红对联，以作对父母亡故守孝三年的标志。当然，随着社会的发展与进步，人们认为只要将老人在生前照应好，尽到孝心，没有愧意和内疚之处，有些形式也大可不必。

（二）传统丧葬礼俗

在盐阜地区，人们历来把人的寿终视为人生的最后一站，通常都是把丧事当作"白喜事"来办的。所以，在丧葬活动的过程中，亦形成了许多风俗礼仪。盐阜地区的丧葬礼仪较多，有丧之礼俗，葬之礼俗，贯穿于整个丧葬过程之中。常见的风俗礼仪有以下几种。

上高床　有的地方叫"上高铺"。即将病危之人由卧室移至正庭为其准备停尸的"高铺"上，谓之"上高床"。人们认为，这样可以使死者能在家里最好的地方死得安定。俗信认为，死者死于睡觉床上，冥魂将被吊在床中，不能超度。这一风俗，不仅体现了家人对死者的尊重，同时也包含着希望死者将来能超度生还的良好愿望。

分手尾钱 境内凡"上高床"者大多已进入弥留之际，也自知不久将离开人世。此时，通常会召唤家人留遗言，分配遗物，以免死后儿女为此争吵，故称"分手尾钱"。同时，亦会嘱咐家人准备料理后事。此地"分手尾钱"，仅限于继承财产的儿子，一般情况下女儿是不参与的。通常的做法是，先要在家庭财产中提出两样东西，一件留给最小的儿子作纪念，一件留给长孙作为传承。然后就房产、家产和财产按兄弟的多少，进行平均分割。此俗体现了死者对儿女的交代，同时也对儿女为其后事准备提出了具体要求。

留后发 即死者在弥留之际"上高床"以后，通常家人要请理发师傅为其理发，此地谓之"留后发"。"留后发"在此地有两层含义。一是为死者整理仪容。这不仅是为了让活着的人瞻仰遗容，更主要的是地方俗信认为，人死后蓬头垢面去冥府报到，很有可能被鬼使神差误认为是贼，会遭到伤害，故而为之。二是图吉庆。所谓"留后发"，通常只是为死者剃去前额的头发，而留下后脑的头发。后发留下来，预示着后代一定兴旺发达，故而才有此俗。

哭路头 人死以后，除了全家遗族围在死者身边号哭恸哀，嫁出去的女儿，接到噩耗，应随即回家，并要沿途号哭，称"哭路头"。据说，女儿哭得越伤心，说明死者生前积德越多。这样到阴曹地府才能免遭其罪。

报外祖 母死，报丧于外祖家庭称"报外祖"。因随带白布赴之，所以也有的地方称"报白"。外祖至丧家时，子女必须跪下迎接，称"接外祖"。此时，外祖对于女儿死因，通常要查明详备。如果属正常死亡，通常就不会追究。若外祖偶或认为子女疏忽，定加咎责，有的则会手执木杖打骂，毫不容赦，足见外祖对丧家权限极大。

守灵 有的地方叫"守铺"，也有的地方叫"陪睡"。过去，人死以后不能立即安葬，要停尸堂中，至少三天两夜。此时，孝子贤孙日夜守护，即便深夜，也不能离开，以示孝服。这一礼仪，民间俗称"守孝陪睡"。其实，这不仅是人们的一种心理暗示，更主要的是出于人们对死者的情感和对死者的尊重，为人之常情。当然，停尸堂中也是为了等待尚未归来的子女和众亲的到来，以便进行各种悼念仪式。

糊哭丧棒 过去，此地人死后，都要根据儿孙人数制作哭丧棒。哭丧棒的制作很有讲究，每个棒由 24 根芦柴扎成，且只能 2 尺 4 寸长（寓意为二十四孝），外糊白纸。代表儿子的外糊白纸，要用剪刀剪出一个个小小的条子，称之为"毛棒"；代表孙子的，只在棒上糊一层白纸，谓之"光棒"；代表重孙（即曾孙）的用红的纸裹，称为"红棒"；代表灰孙（即玄孙）的须用绿棒，也有的地方用红白相间的"花棒"。有的地方对孙子的哭丧棒也有区别。如长孙为半毛半光，次孙只光不毛等。在滨海、阜宁、响水一带还有虚一代的说法，即如果死者只有孙子，尚未见重孙（曾孙），也要扎一个重孙所用的哭丧棒连同孙子的棒，一并由长孙捧着。人们一般通过坟前所插的哭丧棒，便可知死者已有了第几代后生。

铺堂　旧时谓人死后，阴魂先要到土地老爷处报到，故在成服以后，先要由家人去土地庙烧香、"铺堂"。"铺堂"又叫"送铺"，即先要送柴席一张至土地庙置于供桌下面，在地上铺些稻草，以示给亡灵安身。境内俗规，去"铺堂"者去与回来，是不能走同一条路的。也有的地方通常会在晚上，点燃一个用稻草编成的草把子送到土地庙去，此地谓之"送火"，为亡灵照明用。

送饭　即在成服以后，由家人为亡灵到土地庙去"送饭"。"送饭"时，由孝子捧着捧盘，里面放着一些半生不熟的米饭。"送饭"的人包括儿女、儿媳、孙子等人，届时这些人必须身披重孝，手拿烧纸前往。"送饭"时，"送饭"人不仅要焚烧冥钱，而且都要放声大哭，诉说死者生前苦处和好处。然后，磕四个头方才可以离去。此俗同"铺堂"一样，来去也不能走同一条路，必须从另一条路回去。

制棺　境内过去多为土葬，相沿成习。因为土葬必须要有棺木，所以盐阜地区有些老人在生前就会请木匠打制棺木，谓之"寿材"；也有的地方称活着时所制的棺材为"喜材"；人死后被抬进棺材，称为"穿材"（滨海、响水一带又称之为"上材"）。如果生前未做好棺材，死后则要请木匠打制，盐阜人称"制棺"。由于死后制棺时间紧，需快速完成犹如走马，故又称"走马材"。制棺在盐阜地区因家庭经济状况不同，也有区别。贫寒的人家通常只用六块板订成匣状，通称"六合"，也有的叫"薄皮材"。一般人家只用"一二三"，即厚度底板一寸、墙板为二寸、盖板为三寸的棺材；殷实富有的人家则用"天地同"，即盖底墙板均为六寸以上的棺木。如果人死后买棺材，为了避言，则称为"买大厝"（大厦）或叫"买寿板"，以取吉祥。运棺途中，过桥或过十字路口处，需留置银纸，棺木运回来后要烧金纸"接棺"，置放庭中。

三日下葬　盐阜地区一直坚持死者三日必须下葬的风俗。此俗认为，亲人死后，孝子悲痛万分，抱头痛哭，主要是想让死人复生，等三天也就是等死者能复活。三天活不过来，孝子也哭累了，此时下一步葬礼所需的衣服、物品也都准备好了，该来的亲友也大多到齐了，正好下葬。

开光　指死者装入棺木以后，由家中的亲人（也有的会请一位长辈）先为死者揩拭面颊，以便亲友们最后一次瞻仰遗容。揩拭的时候，先用筷子挟一个棉球，依次擦拭死者眼圈、耳朵、口，最后为死者擦脸。完成这道程序以后，即用两根红线绳放在棺材的上口部，以"十"字交叉的形式，来检查入棺的尸体是否居中，然后再用一面小镜子照照遗容，并转身将镜子摔碎，谓之"开光"。此举在于通过这种隆重的祭奠仪式，给人留下死者的最后印象。之所以要将镜子摔碎，其意在于人死亦已镜破，不可再圆。随后，让全体孝子和至亲瞻仰遗容，放声大哭，以作与亲人的最后诀别。

盐阜地区俗信认为，人生之于地，魂归于土。所以，当死者入殓棺木以后，应将原停尸床上的铺席和枕头放到户外三岔路口去。同时要将枕头拆开，让麦麸或谷物铺撒于地。这也是在"开光"仪式前，必须要做的事。

封钉 此地"封钉"的仪式很庄重。通常是在"开光"以后，先让孝子贤孙及众亲同死者再见上一面，以作诀别。然后将棺材盖上，再从各孝子的头上剪一束头发绕在钉上，连同封钉所用斧头，一齐置于一只捧盘之内。若是男丧则由表叔或族长执斧，若是女丧则由孝子恭请或跪请舅父执斧封钉，也有的地方请木工师傅封钉。其意在"身体发肤受之父母、还之父母"，以维系幽明，联络心性。封钉执斧时，孝子要喊"父（母）亲躲钉"，以免木舛伤及死者的灵魂。封钉仪式在整个丧事活动中是最庄严、最庄重的。就孝子所剪的头发而言，也有很多讲究之处。通常情况下，若是父母亡故，孝子一般都应按死者男左女右的定式，剪孝子左上鬓或右上鬓的头发用来封钉以尽孝。但是，若祖父母健在，或者有一人健在，长孙则应剪左上鬓或者右上鬓后边的头发（也有剪头顶头发的），必须留下左上鬓或右上鬓的头发，好为日后祖父母去世时代父行孝所用，其他孙子则不问。这些做法不仅体现了对长辈的尊重，从中也可见孝道在盐阜人的心目中是占有重要位置的。当然，此时为了能给死者亲属以安慰，也有的地方会请同族中的好命人在封钉时念几句祝福词，诸如："一点东方甲乙木，子孙代代居福禄；二点南方丙丁火，子孙代代发家伙；三点西方庚辛金，子孙代代发万金；四点北方壬癸水，子孙代代大富贵；五点中央成巴土，子孙之寿如彭祖。"

择墓 即选择墓穴，这是丧葬礼仪中的重要一环。民间认为祖上墓穴选择的好坏，对下一代影响极大。如果祖坟选在风水宝地上，后代必定兴旺。如果祖坟风水不好，家境就会败落，人丁就会不顺。所以，在殡葬时，都会请地理先生选择"吉壤"。在此地，地理先生或者阴阳先生通常会用罗盘作为卜具，用"阴阳眼"观其"阴宅"周围的地形、风向、水流等地形，以避祸得福为标准，来选择墓穴。这种择墓方式，与活人选择屋基大同小异，讲究地势、来气、旺气，顾及水陆两路和朝向等。对于这些，用现代观来看，我们完全可以将其视为活人的心理反映。

兜土填坟 这是对死者进行安葬的地方风俗。过去，盐阜地区的风俗规定，棺木入坑以后，必须要由"丧主"先填三锹土，然后"土工"方能开始填土。现在大多由"丧主"或内亲指派孝子用衣服先兜一些土，撒于棺木之上，然后"土工"方能填土。此举主要是为了突出"丧主"或内亲在丧葬活动中的地位，体现"丧主"或内亲对丧家的制约作用，也是对丧家是否听命于"丧主"的一个检验。

抢头碗 按照盐阜地区的风俗，孝子将父（母）安葬后回来，必先跨门前火盆、吃糕再到牌位面前去抢头碗。这一风俗的内涵是，跨火盆主要是为让孝子们提高"火旺"，希望他们能从死去亲人的悲痛中解脱出来；吃糕的目的不言自明，主要是希望他们日后各奔前程，步步登高；所谓"抢头碗"，就是按照孝子的人数，在牌位供桌上供有几碗饭，其中有一碗中会置有钱币，看看哪个孝子能抢到这一碗。如果谁先抢到则昭示会发财。这原本是丧葬礼俗中的一个游戏，以一个"抢"字来激励兄弟们争相发财。但由于人们认识不一，也由于这种做法缺乏科学性，常会在兄弟间闹出矛盾，后来逐步被淡化。

发后衣 所谓"发后衣"，即将死者除了随葬以外的剩余衣服，由家人整理出来，让表叔或者舅父分发给已成房立户的儿女。据说，这样做儿女日后必定发旺。盐阜地区之所以有这一风俗，不仅是为了将死者遗物分给儿女以作纪念，更重要的是将死者衣物分给儿女，正好合了我国传统习惯将后代子孙称之为"后裔"之说，所以叫"发后衣"，意在后代一定兴旺发达。

供饭 即在死者下葬以后，每天都要由孝子在死者牌位前供饭。供饭的风俗，在滨海、阜宁、响水一带一天只供两次，即早饭和中饭，晚饭是不供的。而在盐阜南边有些地方则一天三顿都要供。供饭时，孝子不仅要将饭菜置于亡者牌位前，同时仍要尊称亡者，请其吃早饭、吃中饭或是吃晚饭。按照当地风俗，供饭通常要供到"七"尽，只有待七七四十九天期满，方才停供。也有的地方要一直供到捧牌子为止，否则为生者的大不孝。现在，由于人的社会活动比较多，对此也进行了改革。他们唯恐外出有事误了"供饭"，常常会在牌位供桌上放一碗米，让亡者自便。其实，这些风俗都是活人的一种心理作用。当然，我们也可以把它视为孝道对此地人长期的影响。

复山 安葬后第三天，嫡系晚辈要再去坟地，焚化纸钱，供饭祭奠，修整坟墓，此地称为"复山"（也有的地方叫"复三"）。在盐阜地区，有些人家也有在死者入土当天去修整坟墓的。这种做法，盐城西乡一带称为"跟山复"。地方风俗，"复山"时女儿或侄女都要用衣服兜土绕坟一周，并撒土于坟上，称为"缮阴屋"。这些风俗，均带有明显的活人的思想。当然，这些风俗也无不体现了生者对死者的一片真情，即死者虽然已经故去，但活着的人仍希望他能在另一个世界过得平平安安。

烧七 老人临终断气以后,儿孙即停止理发,媳妇也不得绞脸,这样做,此地叫"留七头"。人死后,每七天为一个"七",自头七至七七,逢七均须烧纸祭奠,谓之"烧七"。在"烧七"过程中,盐阜地区有两个风俗:一是"烧七"的具体时间虽然没有明确规定,但一七比一七要烧得晚;二是"烧七"的人数,只要参加"烧头七"的,必须每个七都要参加,否则前功尽弃,所以"烧头七"的人要少。在盐阜地区五七为"大七"。据说冥间第五殿阎王处,设有望乡台,亡魂由两鬼挟持,可以登台望乡,故五七在此地若是男丧通常由儿子和侄儿联合烧。"六七"在此地最为隆重。这个七通常由出嫁的闺女、侄女和孙女来烧。这天,主家不仅要备一桌饭菜以供,而且待闺女和侄女或孙女家来"烧七"时,必须先撤下家中所供的饭菜,再摆上她们抬来的饭菜以祭,盐阜地区称为"换饭"。同时,要在牌位上换上闺女和侄女或孙女在糊纸店定制的"牌楼",方能举行祭事。"牌楼"在"六七"装上,只能等祭事期满"捧牌子"时才能撤下来,置于室外烧去。"烧六七"是亲友大集中的时间。有些人由于工作在外,在老人去世时尚未来得及赶回来奔丧的,可于这一天赶回来,以补其礼。在过去,还有的人家通常在这一天,要请和尚道士念经、放焰口、做佛事,以超度亡灵。

犯七 即人死后"烧七"时,刚好与农历初七、十七、二十七相重,地方则谓之"犯七"。如"犯头七",则要在坟上插上一把小型的纸制雨伞和七面斜角小旗以祭。若是"犯二七"就要插十四面斜角小旗,其余类推。插旗时,边插还要边祷告说:"风来旗里躲,雨来伞里蹲。"以示对死者的保护。

除灵 盐阜地区若有人逝去,民间过去奉行服丧三年。在这期间,家中为死者设有亡灵牌位,家人身穿孝服,室内陈设须为素色。子女亦不能披红挂绿,否则为犯忌。只有待到三年守孝期满,方才能将死者牌位和牌楼烧掉,或者撤去牌位,将亡人牌子置于家堂菩萨左侧的"神龛"之内。此举叫"除灵",也叫"捧牌子"。这种仪式通常由表叔或娘舅主持。举行这种仪式时,孝子贤孙的孝服或"孝巾"要一并脱下,连同牌位一起烧掉,故此举又叫脱孝。只有脱了孝,家人方能恢复常人家庭生活。守孝三年"捧牌子",这是先人丧葬礼仪的规定。这个规定从礼仪方面讲,充分表达了人们对亡者的一种尊重。但是,这种做法客观上严重地制约和影响了生者的行为和社会活动。所以,后来盐阜人从实际出发,有的则于"七"尽就"捧牌子",也有的于当年冬至"捧牌子",一般人家最多不过三个冬就"捧牌子"。

祭奠 所谓祭奠,就是为已经死去的人举行一定的纪念仪式,表示生者对死者的追思和怀念。在此地通常有两种形式:家庭祭奠和扫墓祭奠。

家庭祭奠,一般是在死者的诞辰或忌日时举行。通常的做法是面对遗像,馨香三炷和供奉饭菜及水酒三杯,或者是以素色的鲜花一束作为清供,以示后辈对先人的纪念。

扫墓祭奠,一般在清明节举行。传统的祭奠方法有五种。一是上供品。通常要在坟前摆设一些水果或者先人生前喜欢吃的食品作为供品。二是馨香三炷,叩首或鞠躬悼念,以此来寄托生者对死者的哀思之情。三是烧冥钱,以表对亡人的孝敬。四是行大礼。过去,到墓地祭奠,凡晚辈都要跪地叩拜,以表对死者的尊重。五是要整修陵墓。每年雨水冲刷或其他原因,会使墓道或坟头受损,故而家人常常利用祭扫之际,对其坟墓进行整修和加高,或者朝坟上贴些草皮,加以保护。这一活动通常都在清明前三天就开始进行,此地人谓之"铎青"。

这些作为是在特定时期和特定环境下形成的礼仪风俗,既表现了生者对死者的追悼和怀念之情,也带有宗法制度的意味;既有对死者"永垂不朽"的精神寄托,也有封建迷信的色彩。但是,作为一种文化和一种风俗,如果能剔除其中封建迷信和主观唯心的部分,对于我们做好文明丧葬工作也不是没有可吸取和借鉴的地方。

(三)现代丧葬礼仪

随着社会的发展进步,特别是人们思想观念的变化和文化水平的不断提高,盐阜地区的丧葬礼仪也在不断变化,许多传统的丧葬礼仪都被现代的丧葬礼仪代替。

1. 丧事新办的程序

(1)联系殡仪馆。现在,无论城镇还是乡村,通常一旦有人死亡,其亲属便会主动与殡仪馆取得联系,落实运尸和火化时间。有的家庭将死者遗体直接送到殡仪馆,进行登记,并进行整容或移入冰库作暂时储存。

(2)商办丧事。约人商办丧事,除了商量丧事操办的规模和程序外,通常还会请有经验的亲友帮忙,在家里布置灵堂和招待来宾及其他事宜。

(3)灵堂布置。尽管现代丧葬提倡移风易俗,但家中一般都设有灵堂。灵堂通常设在中堂,墙上置放死者遗像(用黑边镜框),桌上置放鲜花、供果,燃香烛。如有送挽联的挂在遗像两侧,有送素花的放在桌子两边,送的花圈则放大门两侧。

(4)讣闻刊发。即向亲友告知死者去世时间及吊丧地点。此项有的口头通知,亦有发讣告的。

(5)吊唁。通常情况下,大凡有人来吊唁时,要随手送上一朵白色纸花和一只"孝章",供其佩戴所用。如果有举礼的,则有人专门负责登记。

(6)出殡。此地人现在大多将尸体运往火化场,就视为出殡。出殡时,要大礼相拜。参加送殡的人多为家人和至亲。由于火化需要一段时间,故丧家通常会备糕点,以供送殡人食用。待将骨灰取回以后,大多数人家即将其送入早已确定好的墓地进行安葬,也有的置于家中设牌位进行祭奠。

2. 追悼会仪式

追悼会是现代丧礼的一种主要形式。它可以寄托哀思,表达人们对逝者的悼念。追悼会,农村一般在家庭灵堂进行。通常的做法是请地方上一位领导出面,简单地介绍死者情况,并给予一定评价。众人同死者诀别后,直接将尸体送往火化场火化。机关工作人员或离退休干部亡故,追悼会场大多数设在殡仪馆。正中放置特制的透明水晶棺,死者身盖红布,四周摆放鲜花、松柏,两边墙上挂上花圈、挽联。正面墙上写有"×××同志追悼会"的横幅,白纸黑字。现在丧事从简,一般不再开追悼会,通常只是举行向遗体告别仪式。墙上横幅一般也只写有"向×××同志遗体告别"字样。无论是开追悼会,还是举行告别仪式,逝者亲属站在左边,主要亲属站在前排,其他与会者或参加告别的人则站在会场正中,面向死者遗体,分排站好。追悼会主持人则站在前排右边,一半向着死者亲属,一半向着其他与会者。追悼会或告别仪式比较简单:一是宣布追悼会(或告别仪式)开始;二是奏哀乐;三是全体肃立,向死者三鞠躬;四是进行简单的生平事迹介绍;五是瞻仰遗容,向遗体告别。

3. 骨灰盒安放仪式

安放骨灰盒的仪式,就盐阜地区多数人家而言,一般都在墓地进行。

墓地一般立有墓碑,墓碑的正面刻有墓中人的姓名、立碑人及立碑时间。碑的背面,有的刻有碑文,介绍死者生死时间和主要经历,有的则不刻碑文。

骨灰安葬时,死者亲属肃立于墓地前,由死者的子女手捧骨灰盒缓缓放入墓穴,然后封穴盖顶。封穴毕,亲属在墓碑前献上花圈,供上鲜果,行礼致哀。

倘若骨灰盒安放在殡仪馆的骨灰存放处,则仪式可以从简。通常只是在骨灰盒前安放小花圈和鲜果进行祭供,并行礼致哀。

4. 慰问死者家属的礼仪

人生最难过的事情莫过于生离死别。生离虽难,但总还有他日重聚之望,一旦死别则成永诀。特别是人生的三大不幸,即幼年丧父(母)、中年丧妻(夫)、老年丧子(或女、或女婿),当事人更是痛断肝肠,故而对死者家属的慰问是十分必要的。

安慰死者家属一般很注重以下几个方面。一是很注重死者亲属的身体状况,劝其节哀止悲。同时要找几个平日要好的知心朋友,一边相劝,一边尽量转移话题,以免因过分悲恸而发生意外。二是关注死者亲属的思想顾虑和死者去世以后的家庭困难,或者子女教育,或者死者未尽事宜。对此,有的在做好劝慰工作的同时，通过组织亲友、师长或子女来帮助解决，有的则尽可能协助解决，使其亲属打消顾虑，减轻忧虑和悲痛。三是针对亲属的喜好，拣其高兴的事多讲。例如，亲人虽然已经亡故，但子女已经成才，学习有长进、工作有成绩的，常常宜多提及子女情况，使其从中看到希望。有的让子女同时参与劝慰，一般效果都比较好。四是对死者亲属在丧事的料理或接待工作有所不周，或者有所疏忽的地方，予以谅解，并进行劝慰。与此同时，积极配合死者亲属处理好各项事务和家务。

5. 吊丧礼仪

吊丧应酬目前仍是盐阜地区一种非常重要的交际应酬。人们认为这个时候对丧家"雪中送炭"比平时"锦上添花"更重要。所以，一旦亲友家中有丧事，大家都能主动关心。因为这是一份很重要的人情，也是一种很崇高的精神活动。

（1）主动吊丧为常礼

在盐阜地区，虽然自古就有丧事比喜事更郑重的规矩，但办丧事是从不发请柬的。除了至亲好友口头告知外，至于其他人，主要借助他人发话，作为告示。因为是丧事，请谁不请谁，谁亲谁不亲，不但丧家难以顾及，而且也难以掌握。当然，就丧家而言，总是希望能有更多的人对此事予以关心，因为只有这样才能证明死者生前对外交际多，人缘关系好。所以，根据丧家的心理，盐阜人一旦得知有关亲友去世的消息，一般人都会主动前往吊丧，以尽常礼。尤其是交情比较好的亲友、师长、长辈去世，他们都会主动前往。

（2）吊丧的几种形式

盐阜地区现在吊丧通常有三种形式。第一种形式是参加死者的追悼会。参加追悼会，通行的做法是送花圈以表悲痛之情。花圈可以单独送，也可以几个人合送，亦可以以一家人的名义或单位的名义送。追悼会是庄严肃穆的，与场面气氛相适应的是，参加追悼会的人服装打扮均以清淡、素雅为主，言谈举止亦非常端庄沉静。盐阜人忌讳参加追悼会时中途退场，或者浓妆艳抹。凡此种种，人们都认为是对死者的不尊重和不礼貌行为。第二种形式是到死者牌位前致哀，并慰抚死者亲属。这种方式一般用于知道消息比较晚，或因出差等原因错过了追悼会的。这种丧吊形式的常规做法先要向死者牌位行礼鞠躬，然后慰抚亲属，说明没有参加追悼会的原因，向亲属表示歉意，对死者表示哀悼，劝慰亲属节哀。这种形式，感情真挚，确能使死者亲属在悲痛中感受到吊丧者的一片真情，从而在精神上得到安慰。第三种形式是书面吊丧。这种形式一般是人在外地工作或出差不可能赶回来，或者是吊丧者自身原因，如身体有病、行动不便，他们通常的做法是发唁电、唁信进行吊丧以表悲痛之情。

（3）赠钱、物吊丧

在盐阜地区，一般吊丧通行敬献花圈，但有些和死者或丧家关系比较要好的，或者有亲戚关系的，或者是丧家生活比较困难的，为了接济和资助死者家庭，也兴送钱送物。送钱通常用白纸信封装，外写"奠仪"，俗称"白封包"。多少视情而定。送物的一般送挽幛（即被面子），也有送布料的，送布料多以色彩素雅为佳。还有一种是送整幅布制作的挽联，即将挽词用纸写好再用别针别在布上，办完丧事以后仍是一幅完好的布料，以供丧家所用。

（4）帮助死者亲属

盐阜人认为，帮助死者亲属是对死者的敬重，也是关心生者的一种最实在、最受欢迎的方式。一是帮助丧家办丧事。因为丧家死了人，亲属悲痛欲绝，若此时有人帮忙，可谓"雪中送炭"，丧家是感激不尽的。二是办完丧事，仍要给死者家属以更多关心，如问家庭生活情况，逢年过节去探望，若生产和生活有困难时还给予帮助，等等。有道是千金难买真情。盐阜人认为对生者的关心，也就是对死者的悼念。

6. 现代祭扫礼仪

盐阜人现在的祭扫仪式，大多是在清明扫墓或者死者忌日时进行。形式比较简单。

（1）肃立默哀。

（2）到墓前献花献果。

（3）有条件的，可以读祭文，以此来缅怀先人业绩，教育子孙。

（4）向死者墓行哀祭礼，一鞠躬，再鞠躬，三鞠躬。

盐阜地区的丧葬程序和风俗礼仪，是在特定环境和条件下形成的。它的最大特点是既保持着我国民族的传统做法，又坚持与时俱进，尽显盐阜特色。作为一种历史的传承，特别是一种文化，这些程序和风俗礼仪无不包含着人们对死者的深厚感情、哀痛和思念，也无不包含着对生者的安抚和精神宽慰。当然，这些风俗也无不反映着社会的发展和时代的进步。

从传统的丧葬礼俗到现代的殡葬改革，我们不难看出，极具文化底蕴的盐阜人，无论是在思想观念、风俗习惯方面，还是在对死者和生者人与人之间的关系处理方面，都是以尊重为前提，以不忘故人、激励来者展开的。这其中的一切，无不体现盐阜人纯朴的真情，也无不体现盐阜人的文明所在。即便在过去传统丧葬礼俗之中，有的带有宗法制度的影子，也有的带有一些封建迷信的色彩，但我们只能把它视为历史的局限。从发展的观点来看，盐阜人一定会在继承的基础上，有更多的创新，而且会更有特色、更加文明。

第三章 盐都区民俗文化保护传承

第一节　盐都区图书馆简介

1901年，盐城县始设"读友用书社"，1928年，建立硕陶图书馆，后演变为盐城县图书馆，距今已有百年历史。1983年，市管县体制改革，盐城县图书馆划归市有。1996年，恢复区图书馆建制。1998年，在盐都世纪公园东侧建设了4708平方米的图书馆。2004年，盐都区图书馆被国家文化部评为国家三级图书馆；2009年，被评为国家二级图书馆；2013年，被评为国家一级图书馆；2018年8月，再次被评为国家一级图书馆。2017年9月，被江苏省社科联授予省社会科学普及示范基地称号。2018年6月，被授予盐城市爱国主义教育基地称号。

盐都区图书馆位于盐城市华夏路30号，馆舍面积6000多平方米。拥有纸质图书86万余册（含分馆），电子图书33万余册，电子资源数据库10多个，视频3000集，纸质报刊600多种，电子报刊8000多种。现有工作人员23人，副研究馆员2名，馆员4人，助理馆员4人。一楼设有总服务台、存包处、报刊阅览室、综合阅览室、盲人阅览室、少儿阅览室、亲子阅览室；二楼设综合阅览室、电子阅览室、地方文献室、采编部、预约光盘区、政府信息公开查询室、音像欣赏区、信息技术办公室；三楼设有学术报告厅和办公区；四楼设会议室、接待室。

多年来该馆实行365日全天候免费开放，在工作中始终坚持"读者第一，服务至上"的宗旨。紧紧围绕"动、静、研、新、宣、恒"六字诀开展工作，每年开展各类活动200多场次。"和悦读书会"系列活动、4·23世界读书日、全民读书月、图书馆服务宣传周、农民读书征文、红领巾读书征文、讲座、演讲、网络春晚、经典诵读、湖海国学社、盐渎四季诗书画雅集、故事会、七彩的夏日及民间藏品进农村展览等已成为该馆的知名特色活动。馆员出版专著2部，参编著作5部，已发表论文100多篇，主持的10多项省市级课题立项结项获奖，荣获国家省区市各种奖项100多次。

盐都区图书馆建立了区、镇（街道）、村（居委会）、文化中心户四级网络。作为全区文献信息资源的服务中心，在服务经济建设、开展社会教育、传递科学情报、开发智力等方面发挥了重要作用。

第二节　盐都"非遗"普查报告

一、辖区基本情况

1. 基本概况

盐城市盐都区位于江苏省东部、长江以北的苏北平原，地处北纬33°20′，东经129°9′，盐都区行政中心位于盐城市区南部，是盐城市新的政治经济文化中心。

盐都区交通方便，距区政府所在地西面4千米有宁靖盐高速、90千米有京沪高速；南面4千米有盐淮高速；东面2千米有204国道、6千米有新长铁路、10千米有沿海高速大通道、13千米有盐城机场、50千米有大丰港、70千米有射阳港；东侧还有国家三级航道通榆河。行驶高速到达南京仅需2.5小时、上海3.5小时、北京10小时。铁路南接京沪线和宣杭线，北接陇海线。航空线已通北京、广州等城市。

2. 自然地理

区域地形东西宽、南北窄，呈不规则的长条形。全区地势平坦，河网密布。由于河流、海洋堆积程度的差异及人类开挖河道、兴修水利、改良土壤等经济活动影响程度的不同，地面呈现出一些低冈和洼地，形成局部微小的起伏。境内略呈东高西低，地面高程一般在1.8米~2.2米。串场河沿岸是全区最高处，地面高程2.8米以上；朱沥沟、仇垛河、直挺河以东为次高地，地面高程均在2米左右；西部湖荡地区是全区最低点，地面高程1.5米左右。区境属里下河平原地貌单元。平原上还分布有残存的古沙堤，俗称"沙冈"。

境内土壤分为水稻土、沼泽地两大类，其中水稻分布面积最广，占耕地面积的90%以上，由于长期开发，土壤得到改造，有利于种植业、养殖业的发展。境内已发现的矿产资源主要有黄沙、砖瓦黏土、高硅土等，其中高硅土分布在郭猛镇境内，可作保温制品原料。

区境内河网纵横交错，所有河流均属淮河流域里下河水系。客水从西南入境，向东北流出。境内主要河流为蟒蛇河，边缘河流为串场河。

蟒蛇河源于区境西南大纵湖，到九里窑与新洋港相连，干流为自然河流，支流主要有朱沥沟、东涡河、冈沟河等，流域面积约640平方千米，覆盖区境西、中部大部分区域。

盐都区内年均降雨量900～1066毫米，年均气温15.4℃，年均最高气温19.9℃，年均最低气温11.8℃，无霜期218天。盐都区紧邻亭湖区，最大纵距33.4千米，最大横距50.2千米，与宝应县、建湖县、兴化市毗邻。全区土地面积1044.6平方米，耕地面积525.67平方千米，人口747525人。

境内有丰富的土地资源和水资源，地势平坦，土地肥沃，河湖密布，适宜农、林、牧、副、渔综合开发和全面发展，素有"鱼米之乡"的美称。境内野生动物资源中，鱼纲类有鲤鱼、鲫鱼、乌鱼、鳊鱼等30多种；哺乳纲类有野兔、刺猬等10余种；另有野生无脊椎动物数十种。

野生植物资源较为丰富，有数十科几百个品种，分布在田间、河边、滩边，用于农牧渔业生产、手工编织及治疗疾病。境内土特产品主要有大纵湖清水大闸蟹、北龙港青虾、荷藕、无铅松花皮蛋、龙冈茌梨、柳编制品、葛武嫩姜片、学富腊香鹅、秦南水牛肉、潘黄龙须粉丝、义丰慈姑、尚庄番茄等。

3. 历史沿革

盐都区原名盐城县，据考成陆于新石器时代。区境在商周时为"淮夷地"。周时属青州，春秋时属吴，后属越。战国时属楚，秦代属东海郡。丁汉初为射阳侯刘缠（即项伯）封地。西汉元狩四年（前119），始设盐渎县。东晋安帝义熙七年（411）更名为盐城县。北齐于此设射阳郡，陈时改为盐城郡。隋末韦彻起义曾据此设置射州。自唐以后直至民国年间，均称作盐城县。明、清时期，盐城县属淮安府，辛亥革命后直属江苏省。

古时的盐城县，幅员辽阔，东至大海，南界海陵（今东台、海安）县，西界安宜（今宝应）县，西北界山阳（今淮安、阜宁县）。

1933年，江苏省于盐城设行政督察区，后改为盐城区，此时县域面积有3650余平方千米，1936年又改为第六督察区，盐城县先后隶属之。1940年10月，盐城县成立抗日民主政府，为便于对敌斗争，1941年9月，将盐城县划分为盐城、建阳（今建湖）、盐东三县。盐城县面积缩减为1320平方千米。1946年4月，为纪念"四·八"烈士、叶挺将军，将盐城县改为叶挺县，1949年4月复名为盐城县。1983年实行市管县（区）体制时，盐城县撤销，盐城镇成立盐城市城区，其余乡镇为盐城市郊区；1996年9月，撤销盐城市郊区，设立盐都县。冠名"盐都"，取音与汉代古县"盐渎"；取义，都即城之首也。2004年年初，国务院批准撤销盐都县，设立盐城市盐都区。

二、非物质文化遗产普查工作总结

盐都区在省、市"非遗"办精心指导和各级领导的关心重视下，按照省政府、省文化厅的统一部署和要求，认真贯彻"全面普查、摸清家底、健全机制、规范管理、整体保护、传承发展"的工作目标，坚持"全面性、本真性"的指导原则，联系盐都区实际，确定前期宣传发动、线索摸排、全面普查、精心制作四个工作阶段，组织全区工作人员广泛深入地开展了非物质文化遗产普查工作，至2009年5月底，顺利完成了普查任务。

1. 宣传发动

为了营造浓烈的宣传氛围，动员社会各界关心、关注、支持并参与非物质文化遗产的普查工作，自2006年5月起，先后在《盐都报道》、盐都电视台开辟专栏，加强对各类非遗保护法律法规的宣传，包括《中华人民共和国民族民间传统文化保护法草案》（2003年11月，全国人大教科文卫委员会形成，后调整为《中华人民共和国非物质遗产保护法》)、《关于加强文化遗产保护工作的通知》（2005年12月，国务院颁发）、《关于加强我国非物质文化遗产保护工作的意见》（2005年3月，国务院办公厅颁发）。并利用橱窗、横幅、印发宣传手册、举办专题展览等形式，向广大群众宣传什么是非物质文化遗产，为什么要保护非物质文化遗产，保护非物质文化遗产我们能够做些什么，宣传"非遗"普查的范围、方法和步骤等。通过广泛宣传，广大党员干部和基层群众能够认识到非物质文化遗产是各地区民族民间传统文化的珍贵记忆，是滋润人们心灵、值得倍加珍惜的精神家园。抢救和保护处于困境中的非物质文化遗产，是时代赋予我们的非常紧迫的历史使命，从而调动了全社会参与"非遗"普查的主动性、积极性。

为了确保普查工作的顺利进行及圆满完成普查任务，2005年9月，盐都区政府印发了《关于认真做好全区非物质文化遗产普查工作的通知》，成立了盐都区非物质文化遗产保护工作领导小组及专家委员会，对全区的非物质文化遗产普查工作进行了全面、具体的部署。区政府将普查专项经费列入年度财政预算并予以安排，同时抽调文化、财政等相关单位和部门人员成立了区非物质文化遗产普查工作领导小组，协调解决普查工作中遇到的矛盾和问题。

同时，精心策划、科学制订普查工作方案。根据区政府的通知要求，盐都区非物质文化遗产普查工作分为四个阶段进行。第一阶段主要任务是开展培训，宣传发动，排查、收集、整理各类非物质文化遗产相关资料；第二阶段为实地走访、调查；第三阶段主要是进行调查资料的整理、汇编、数据库的建立和公布普查结果;第四阶段为规范完善档案材料。

2. 线索摸排

为了做好非物质文化遗产的普查和资料汇编工作,我们抽调局社文科、区文化馆骨干力量参加全省、全市组织的"非遗"培训,并成立"非遗"普查工作小组,举办各镇文化站长及普查骨干培训班,进一步提高对非遗保护工作的认识。同时针对部分乡镇、地区的实际情况,组织专题讲解、培训、指导。区普查工作专家委员会一行6人奔赴全区14个镇(街道)、2个区(新区、西区),历时20余天,一是帮助各地搭建普查班子,动员对当地情况熟悉的老教师、老干部、老工人、老农民、老民间工艺师参加"非遗"普查座谈会,排查线索,将当地最有特色的非遗项目一一列出,安排有一定文字功底的同志负责资料的整理和编写。二是借此机会向地方政府主要领导和分管领导做好宣传,赢得他们对此项工作的关心重视,在人力、物力、财力上给予普查工作以大力支持,确保普查工作的顺利开展。

在普查过程中,普查小组接到群众主动报来的普查线索40余条。普查工作接近尾声时,龙冈镇劳动服务所一位同志主动给分管普查工作的区文广局分管局长打来电话,告知他的母亲今年81岁了,做得一手漂亮的虎鞋、虎帽、端午香囊,并询问是否在此次普查范围之内。得到线索以后,我们迅速落实有关人员登门了解相关情况,填写表格,并组织录音、录像。7月上旬,江苏技术师范学院的学生一行10人来盐都区参加主题为"保护非物质文化遗产,传承华夏文明火种"的社会实践,刘筱翠老人制作的虎鞋、虎帽、香囊参加了在市体育馆广场举行的"非遗"项目展览、展示、展演活动,吸引了许多市民前来观看、欣赏、购买。民间传统体育游戏竞技项目"护卵"、民间舞蹈"跳判官"、消费习俗"金刚脐"制作技艺、生产商贸习俗"祭秧"等,都是基层群众主动提供的线索,有的填补了此次普查项目的空白。

3. 全面普查

为了彻底摸清全区非物质文化遗产的家底,我们动员了全区14个镇(街道)的近300名对地方情况熟悉的老干部、老教师、老农民、老工人、老民间工艺师参与普查,14个小分队奔赴全区258个行政村进行地毯式、拉网式排查,投入经费50多万,坚持做到"四不漏":不漏种类、不漏线索、不漏艺人、不漏村组。此次普查共涉及17个门类,多达100余个种类,对普查项目,特别是重点调查项目,运用文字、录音、录像、照片等多种手段,进行全方位、立体式记录,如实反映原貌。具体做到"一查":以各镇为单位,对本镇境内的乡土历史文化进行较为系统的大普查;"二清":弄清物质和非物质历史文化遗产分布、存在现状、传承情况;"三展示":展示调研活动的重要过程,体现抢救历史文化资源的紧迫性和现实意义，展示本地区历史文化遗产的真实原貌及抢救、保护和传承情形，展示乡土历史文化大调研活动的文化成果，对调研活动收获和非物质文化遗产保护成果进行全方位的陈列展示。

（1）基本摸清了全区非物质文化遗产家底。全区共收集"非遗"线索1462条，调查项目205个，初步摸清了非物质文化遗产的种类、数量与分布状况。一是种类、数量状况。调查项目涵盖17个门类100多个种类，其中民间文学64个，传统音乐40个，传统舞蹈11个，戏曲4个，曲艺2个，民间美术18个，传统手工技艺28个，生产商贸习俗1个，消费习俗10个，人生礼仪6个，岁时节令17个，民间信仰8个，民间知识6个，游艺、传统体育与竞技1个，传统医药3个，其他2个。由此可见，我区民间文学、民间手工技艺、岁时节令类资源较为丰富。二是资源分布状况。从行政区域的分布数量来看，由高到低依次为尚庄镇29个、大纵湖镇10个、大冈镇10个、楼王镇10个、秦南镇9个、学富镇6个、郭猛镇6个等。从项目在全区分布的差异性来看，人生礼仪、岁时节令、民间信仰等门类的项目大同小异，民间音乐、民间舞蹈、民间美术、曲艺等门类在各地的差异性较大，不少项目具有较强的独立性，并带有鲜明的个性和地域特色。三是传承人状况。普查中发现了一大批扎根民间的老艺人，全区共走访了非遗传承人（老艺人）200多名，掌握了极为丰富的非物质文化遗产资源信息，其中对重要项目的传承人，不仅登记他们的年龄、职业、家庭地址、联系方式及健康状况，还进行了拍照存档。2008年，区政府公布周纪珍等23位艺人为第一批盐都区非物质文化遗产代表性传承人。

（2）建立比较完备的非物质文化遗产资料档案。一是纸质档案。全区共编纂文字资料18册，近百万字，其中，编纂盐都区普查成果资料汇编本1册。二是电子档案。此次所有普查形成的文字材料全部录入电脑，对录入数据的电脑实行专人管理。三是照片档案。普查对205个项目进行数码照相，共拍摄照片1000余幅。四是音像档案。全区共完成调查项目录音26小时，录像58小时，音像资料50多盒。五是实物档案。共收集民间作品、实物近百件。

（3）发掘整理了一批重要非物质文化遗产项目。一是及时抢救本地区具有代表性或重大意义的非物质文化遗产项目。主要是对全区濒危项目、高价值项目、特色项目，传承人年事已高项目、高潜力项目和影响广泛项目优先进行深度调查，进行录音、录像和摄影等采集工作，及时加以抢救和重点保护。如八桅立式大风车、盐城老虎鞋、沈拱山的传说和一批传统曲艺作品等。二是结合普查，推出了一批非物质文化遗产保护名录。盐城老虎鞋、淮剧、沈拱山的传说、八桅立式大风车4个项目列入江苏省非物质文化遗产保护项目；义丰龙舞、龙冈柳编、张庄藕粉圆等7个项目列入盐城市第一批非物质文化遗产保护项目；

青狮舞、三人花鼓、花担舞、剪纸等23个项目列入盐都区首批区级非物质文化遗产保护项目；北龙港的布纽扣、杨飞筷子书法等18个项目正申报盐都区第二批非物质文化遗产保护名录。

（4）坚持查用结合。对普查成果及时进行阶段性总结、展示。一是抓好重点非遗项目的普查、申报工作。在完成盐城老虎鞋、八桅立式大风车、沈拱山的传说、淮剧等普查、申报工作的基础上，2007年之前，我们重点抓好项目的整理上报，申报盐城市第一批"非遗"名录。通过深入民间走访及组织人员到基层挖掘、收集素材，指导基层文化站工作人员帮助完善资料、装订档案等工作，进一步建立健全和完善基础台账资料。二是邀请专家、学者会审，指出存在的不足，提出修改意见，完善、补充方案。全区共普查非遗项目200多个，其中列入省级"非遗"保护项目4个，市级"非遗"保护项目7个，区级"非遗"保护项目23个。三是查用结合，发挥普查效用。近几年来，我区通过开展各项"非遗"普查与保护成果展示活动，让人们了解盐都历史，认知"非遗"的保护利用价值。先后组织参加第二届深圳国际文化产业交易博览会、第三届南京国际文化产业博览交易会、盐城市首届文化产业交易推介会及5·18盐城经贸洽谈会、中国·盐城汽车文化节开幕式、盐城水街开街仪式暨盐城海盐文化节开幕式、风韵之都盐都文化艺术节开幕式（民间艺术表演）等大中型文化活动，宣传、推介盐都非物质文化遗产保护项目，扩大了盐都区"非遗"保护项目的知名度和影响力。与此同时，组织全区民间艺人现场制作、展示绝活，举办民间美术作品展及非物质文化遗产大型图片展（2009年6月13日，全国第4个文化遗产日，与江苏省文化馆联合在盐都区文化馆举办江苏省非物质文化遗产摄影艺术作品展）、农民歌会等活动，出版发行盐都首批非物质文化遗产保护项目个性化邮票，从而使得盐都区非物质文化遗产普查和保护工作不断向纵深推进。

（5）建立了一支非物质文化遗产普查员队伍。这次普查涵盖盐都区境内所有具有历史、文化、艺术和科学价值的非物质文化遗产，锻炼和培养了一支高素质的民间艺术资源普查员队伍。非物质文化遗产普查是一项全新的工作，普查工作开展以前，大部分文化馆（站）的业务干部对非物质文化遗产的理解仅仅停留在一知半解的水平。许多老同志尽管多年前搞过民间文学"三套集成"，以及此前的民间艺术资源普查，但对非物质文化遗产普查的范围、要求却不甚明了，对新加入的普查人员来说更是如此。普查不仅时间紧、任务重、工作量大，而且要求高、标准细，许多项目的调查都必须具备相应的专业知识才能完成，所有资料都要使用电脑操作。因此，这次普查对新老普查员来说，从知识结构到工作强度都经受了一次严峻的考验和挑战，涌现出了许多敬业奉献、令人尊敬的先进典型。几年来，我区通过层层选拔、多级培训、深造进修、实践锻炼等多种形式和途径，共组织和培养了180余名专业和业余普查工作人员，在全区初步建立了一支以区、镇两级文化机构业务干部为主，以村（社区）文化员为基础，以社会协查员等为补充的非物质文化遗产普查队伍。2009年6月中旬，区"非遗普查工作领导小组"对全区的普查工作进行了总结，表彰了一批在非物质文化遗产普查工作中表现突出的先进集体和先进个人。

4. 精心制作

在普查小组中选调对普查情况熟悉、有较好文字功底的精干人员，对各镇上报的普查资料统一把关，专门负责资料的汇总、整理、分类、归档工作，负责起草《盐都区非物质文化遗产普查报告》。2009年7月1日，省文化厅非遗处杨树发、李永二同志专程来盐都区检查、指导《非遗资料汇编》的相关工作，对《盐都区非遗普查资料汇编》（征求意见稿）提出了具体修改和完善的意见。至8月底，《盐都区非物质文化遗产普查资料汇编》编辑出版的各项工作已经完成，并于9月中旬完成印刷。

三、非物质文化遗产资源分析

1. 全区非遗总体状况

截至2009年4月底，出动200多人次，拉网式走访了全区258个行政村，共收到各类非物质文化遗产线索1462条，经过筛选，调查非遗项目205个。其中民间文学64个，传统音乐40个，传统舞蹈11个，戏曲4个，曲艺2个，传统美术18个，传统技艺28个，生产商贸习俗1个，消费习俗10个，人生礼仪6个，岁时节令17个，民间信仰8个，民间知识6个，游艺、传统体育与竞技1个，传统医药3个，其他2个。列入汇编项目149个，民间文学41个、传统美术21个、传统音乐5个、传统舞蹈11个、戏曲3个、曲艺1个、传统技艺28个、生产商贸习俗1个、人生礼俗9个、岁时节令17个，传统医药7个，民间信仰5个。在汇编项目中，淮剧、盐城老虎鞋、八桅立式大风车、沈拱山的传说4个项目被列入省"非遗"保护名录；三人花鼓、大纵湖渔民婚俗礼仪等23个项目被列入区级"非遗"保护名录。这些非遗项目遍布全区14个镇（街道），普查的文字资料、音像资料收集完整、整理有序、管理规范，比较全面、客观地反映了全区的"非遗"情况。

2. 全区非遗门类特点及分布情况

在这次普查中发现各地的文化底蕴、民间风俗有差异，各地非物质文化遗产的分布情况也不尽相同，在排查、搜集各地基本"非遗"线索的同时，我们根据"非遗"的分类,有针对性地补充排查、搜集一些"非遗"项目。民间文学、传统音乐、传统舞蹈、戏曲、曲艺、传统美术、传统技艺、消费习俗、岁时节令、民间信仰、民间知识、传统医药、人生礼仪等十六大类中,仅缺杂技一项,门类基本齐全。流布于全区的民间文学分布最为广泛,最西边有发生在大纵湖镇的大纵湖的传说,最东边有发生在大冈镇的斗龙港的传说,最北边有发生在张庄街道办事处的刘少奇的故事,最南边有发生在尚庄镇的丁沙沟丁大力士的传说。布衣青天——沈拱山的故事、苏北鲁迅——宋泽夫的故事、文人雅士——李春芳、徐铎、胡巧等的故事犹如一颗颗珍珠镶嵌其间。

(1)民间文学类。全区共收集到民间文学线索327条,经过筛选,实地调查64个,资料汇编入选41个。该类项目数量最大,有传说、故事、歌谣、谚语、谜语等,种类齐全,分布于全区14个乡镇(街道),地方特色明显,对了解盐都的风土人情,发掘盐都的人文资源具有较高的价值。

(2)传统美术类。全区共普查出盐城老虎鞋、剪纸、水泥雕塑、民间绘画等18个传统美术项目。其中,盐城老虎鞋历史悠久,影响广泛,在盐阜一带至今还保留着给小孩穿老虎鞋的习俗。老虎鞋适应了人们崇尚和传承中华民族虎文化的心理需要。盐城老虎鞋在缝制方法上使用传统的刺绣工艺,同时又不断创新。虎鞋既古朴典雅,又具有现代气息,表达了人们祈求喜庆、祥和的愿望。2007年3月,盐城老虎鞋被省人民政府列入省级首批非物质文化遗产名录项目,盐城老虎鞋还多次参加文化产业博览会和交易会,受到各界的一致好评。广泛流布于北龙港、义丰的剪纸,小巧玲珑、柔美工整,题材多为人物、动物、草木花卉等,调查中发现,北龙港镇引导剪纸艺术进校园,在镇中小学、幼儿园开设剪纸课,聘请专家讲授,培养了新一代剪纸艺术人才,在传承和发展剪纸艺术的同时,形成了自己的文化品牌。北蒋镇杨永富和潘黄镇蔡保芹多年来对水泥雕塑艺术执着追求,技艺精湛,作品遍及大江南北。灶头画、筷子书、食指书画、根雕等都是聪颖的盐都人民在传承传统技艺的同时,融合自己的创新,形成的盐都特有的传统美术风格。

(3)传统音乐类。盐都区处在南北文化交汇处,特有的地域形成了独有的民间传统音乐。《南昌调》《何兰唢呐》《栽秧号子》《数小鸡》《小放牛》《踏车号子》等分布于全区的传统音乐线索180多条,经筛选,调查具有代表性的项目40个。

(4)传统舞蹈类。在40多条传统舞蹈的线索中,我们调查了楼王镇的打莲湘、跑旱马,大冈镇的三人花鼓,北蒋镇的荡湖船,张庄街道办事处的腰鼓,义丰镇的龙舞,学富镇的花担舞及民间的判官舞、送麒麟等项目。龙舞是中华民族最具魅力、最具情感的民间舞蹈艺术。义丰龙舞在保留了中华龙舞的精神风貌、技艺的同时不断发展和创新,曾获江苏省"喜迎新世纪舞龙大赛"一金、两银。1992年12月,应邀去北京参加"庆回归全国舞龙大赛"获银奖,并在澳门回归之夜在天安门广场展演。义丰镇现有童子龙舞队、情侣双龙龙舞队等各类舞龙队伍20多个。2008年,义丰镇被国家文化部命名为"民间艺术之乡"。大冈镇的三人花鼓又称"盐城花鼓",是最具盐城地方特色的民间舞蹈。由生、旦、丑三个角色组成,是具有一定情节或情绪的花鼓舞蹈。花鼓以舞为主,以唱为辅,有别于全国其他任何地区的花鼓艺术。

(5)戏曲类。在普查中,我们调查了盐城淮剧、义丰启明剧团、北蒋淮剧,并重点调查了盐城淮剧的起源、发展和传承情况。淮剧,原称"江淮戏""盐城戏",或"江北小戏",起源于江苏盐阜一带,流行于江苏省、上海市及安徽省部分地区,为江苏三大地方剧种之一。淮剧是在古老的僮子"香火戏"和流传于民间的曲艺"门叹词"两者结合的基础上,与"徽"班相融,逐渐形成的。中华人民共和国成立以后,正式定名为"淮剧"。自清嘉庆元年至今,已有两百多年的发展史。近几年,盐都区属淮剧团大力组织实施精品工程,推出了《鸡毛蒜皮》《是是非非》《十品村干部》《今夜星辰》等一批优秀剧目,先后获得中宣部"五个一工程奖"、文化部"文华奖"、中国曹禺戏剧奖、中国戏剧梅花奖等多项大奖。2007年、2008年,淮剧先后被列入江苏省省级非物质文化遗产名录和国家级非物质文化遗产名录。

(6)曲艺类。重点调查盐城方言快板。快板表演时,演员站着以手持响板,自行打板表演。一人为"单口",两人为"对口",三人或三人以上为"群口"。用来伴奏击节的响板,用的是一大一小两副竹制击节乐器,其中,大板为两块,小板为五块,表演时演员左、右手分持大板和小板说唱,以娱观众。盐城方言快板代表性传承人王红专几十年如一日坚持对盐城方言快板的传承和发展进行研究,2009年7月24日还邀请了李金斗、李世儒、张志宽等著名曲艺家到盐都文化艺术中心进行交流演出,推动地方曲艺的发展。

(7)传统技艺类。该类调查了八桅立式大风车制作技艺、张庄藕粉圆制作技艺、学富风鹅制作技艺、大冈脆饼制作技艺、葛武嫩姜片制作技艺、仲记酿酒制作技艺、大纵湖醉蟹制作技艺、木杆秤制作技艺、韩氏银器制作技艺、龙冈柳编、义丰龙舞制作技艺、北龙港布纽扣制作技艺等28项,涵盖了传统技术的工具和机械制作、农畜产品加工、烧造、织染缝纫、金属工艺、纺织扎制等六个类别。八桅立式大风车是里下河地区农村用以浇田灌溉的特有农具,已有上千年的历史,随着社会的进步和耕作技术的提高,现已不多见。盐都区龙冈镇的八桅立式大风车保存完好,在保护传承的过程中,发掘出八桅立式大风车制作传承人2名,2008年,八桅立式大风车制作技艺被列入省非遗保护项目。

龙冈的柳编距今已有几百年的历史。柳编的原材料为杞柳树割下来的柳条，经过发泡、剥皮、晾晒、消毒、漂白、染色、选料、劈柳、拉皮等工序加工，现在龙冈柳编的品种不断翻新，产品远销海内外。

（8）人生礼俗类。该类别收集了独具特色的大纵湖地区水乡渔民婚俗和合陇堆、郭猛镇独具特色的婚俗礼仪，以及盐都西部水乡的丧葬风俗。

（9）生产商贸习俗类。该类别收录了流布于潘黄镇一带的祭秧，它主要表现了劳动人民对丰收年景的祈盼。

（10）岁时节令类。俗说离家三里路，各地各乡风。这次普查我们有重点地调查了全区时节方面的风俗习惯。春节拜年、正月初二回娘家、正月十五闹元宵、二月二龙抬头、清明扫墓、立夏吃蛋、端午吃粽子、六月六、七月七、七月十五、中秋吃月饼、九月九、大冬大似年、腊八粥、二十四夜等，形成了一整套完整的岁时节令资料，对研究全区的风土人情具有重要的参考价值。

（11）传统医药类。传统医药是中华医药文化的精粹。在全区10多条民间医药秘方中，我们重点调查了威氏骨伤医治技艺、郭氏烫伤药、鸡蛋油治烫伤制药技艺，这些民间传统医药对于人们的身体健康有着重要的作用。

（12）民间信仰类。该类别调查了楼王镇的三官会、友圩垛公侯会、加苗会、上梁风俗和煞脊习俗。

3. 全区非遗保护现状

近几年来，盐都区采取有效措施，切实开展非物质文化遗产的保护，取得了显著成效。一是在普查的基础上建立非物质文化遗产名录体系，盐都区人民政府公布的首批区（县）级非物质文化遗产保护名录的23个项目和代表性传承人均建立文字档案、电子文档及相关数据库。二是推动非物质文化遗产的有效传承。针对非物质文化遗产依赖特定人群和环境存在的特点，因地制宜，鼓励和支持非物质文化遗产的传习活动；制定实施传承人命名制度和传承人资助计划；发挥社会教育和学校教育作用，引导民间艺术走进校园，从娃娃抓起，培养非物质文化遗产的传承人。各镇、区（街道）都将具有地方特色的民间表演艺术引进校园，建立了各自的校园艺术表演团队。柳编、老虎鞋、剪纸相继走进二小、盐城工学院等各类院校，或实物展出或现场演示，吸引了许多大中小学生的目光，引起了他们浓厚的兴趣。三是通过举办风韵之都·文化艺术节，组织参与盐城市经贸洽谈会、中国盐城·汽车文化节、首届盐渎民俗文化节、中国海盐文化节等重大活动，为龙舞、狮舞、高跷、莲湘、花担、威风锣鼓、三人花鼓等传统民间艺术搭建展示平台，充分展示了盐都区非物质文化遗产保护取得的丰硕成果；组织老虎鞋、柳编等项目多次参加国家、省、市举办的各类非物质文化遗产保护项目展览及文化产业交易博览会，不断扩大社会影响。

四、非物质文化遗产普查中遇到的困难和问题

1. 非物质文化遗产保护工作形势严峻

一些依靠口传心授方式加以传承的文化遗产正在不断消失，许多传统技艺因传承人年事渐高、后继无人濒临消亡。如八桅立式大风车，熟悉并能够制作此项目的民间工匠盐都区仅一人，且已近80高龄，年轻人对此不仅没有兴趣，也不愿意拜师学习，此项工艺濒临灭绝，一些有历史、文化价值的珍贵实物与资料被毁弃；保护机制尚未建立，与保护相关的一系列问题不能得到系统性解决，保护标准、目标管理，以及收集、整理、调查、记录、建档、展示、利用、人员培训等工作相对薄弱，保护、管理资金和人员不足的困难普遍存在；保护意识淡薄，重申报、重开发、轻保护、轻管理的现象比较普遍。

2."非遗"保护的本真性原则面临挑战

盐都区在2000多年的历史演进中不仅留下了丰富深厚的物质文化遗产，而且有多姿多彩的非物质文化遗产。勤劳的盐都人民口传心授、约定俗成的活态文化，是我们的文化根脉。民间活态文化是农耕时代的产物，是在特定的文化生态环境中产生和发展起来的。如今，社会转型带来了生产、生活方式及文化生态环境的变化，原生态的传统文化正在走向衰落，或走向变异。由于电视、互联网的普及，传统民间文艺对人们的吸引力大大减弱。大量农民纷纷走出村落进城打工、经商，致使农村内许多结合农事或者在农闲时进行的民间文化活动自然消歇。农业生产方式的改变，导致西部水乡的踏车号子、牛号子基本没人会唱了。过去居民的住房多采用木质结构，木匠选择良辰吉日上梁时，要举行仪式并伴以歌唱（喊号），现在的建筑普遍采用钢筋水泥结构，相关传统仪式逐步淡出人们的视野。民间原生态的非物质文化遗产越来越少，而流传至今的非物质文化遗产又是以口头讲述和行为传承等动态方式存活，始终与变化着的社会环境和文化语境相适应，表达着当下传承主体的鲜活情感，这为我们坚持非物质文化遗产保护的本真性原则带来了许多困难。

3. 抢救和保护的观念有待进一步更新

人的思想观念对人的社会实践具有指导性的作用，有怎样的观念就会付诸怎样的行动。不少人在对非物质文化遗产的抢救与保护上存在一些错误的观念。在普查中，有一些人认为，民间传统文化也和生物界一样，自然淘汰、适者生存，不必刻意为之；有一些人认为，抢救传统文化是复旧。新的社会生活不需要那些老掉牙的旧民俗，即使是演示以恢复人们的记忆也没有必要。有了这样的观念，对非物质文化遗产的抢救与保护，自然就缺乏热情与动力。

2005年国务院办公厅颁发的《关于加强我国非物质文化遗产保护工作的意见》指出:"随着全球化趋势的增强,经济和社会的急剧变迁,我国非物质文化遗产的生存、保护和发展遇到很多新的情况和问题,面临着严峻形势。"现实情况的确如此,当代文化生态的改变,正在使非物质文化遗产逐渐失去赖以生存和发展的环境基础,许多非物质文化遗产正处于生存困境或处于已消亡状态;而另一方面,保护工作的困难及保护方式的不当,也引起非物质文化遗产承续的更多问题。我们一定要充分认识开展非物质文化遗产保护工作的紧迫性,以科学和务实的态度与精神,切实做好非物质文化遗产的保护工作。

五、"非遗"工作思路

进行非物质文化遗产普查,旨在摸清资源家底,重在后续保护,关键在活态传承。面对丰硕的"非遗"普查成果,要采取扎实有效的政策措施,强化"非遗"普查后续保护和传承工作,优化文化生态环境,发挥非物质文化遗产在提升文化软实力中的积极作用。

1. 制定一个"非遗"保护规划

(1)制定非物质文化遗产中长期保护规划。拟由区政府出台《盐城市盐都区非物质文化遗产保护规划纲要(2010—2015)》,进一步明确我区非物质文化遗产保护工作的指导思想、基本原则、总体目标、重点任务、推进计划和保障措施,设立盐都区非物质文化遗产保护专项经费。目前已进入规划起草阶段,拟于2010年一季度完成规划制定工作。

(2)规划一批重点"非遗"项目。盐都区政府首先将淮剧、盐城老虎鞋、八桅立式大风车、沈拱山的传说、义丰龙舞、大纵湖醉蟹等11个省、市、区级非遗名录项目列入区重点规划保护项目。其次,充分利用当前非物质文化遗产普查成果,对这次普查中新发现和新挖掘的一批确实具有历史、文化和科学价值,且普查资料完备的"非遗"项目,着手建立第二批盐都区区级非遗名录,同时积极申报第二批市级名录。

2. 出台一项政府补贴制度

建立非物质文化遗产重要代表性传承人(民间老艺人)补贴制度,建立传承经费保障机制,加强对代表性传承人的保护,鼓励对传统技艺的传习、保护和发展,是非物质文化遗产"活态保护"的有效途径,是巩固非遗普查成果的重要举措。民间艺人、传承人为我区非物质文化遗产保护做出了很大贡献。但是,当前许多优秀非物质文化遗产项目后继乏人,面临失传的危险,不少独门技艺人亡艺绝;重要传承人大部分经济困难,亟待政府加以扶持,解除其后顾之忧。2009年年初，我区制订了《非物质文化遗产代表性传承人（民间老艺人）补贴实施暂行办法》，列入《盐都区2009年度规范性文件制订计划》和《文化盐都建设2009年行动纲领》。

3. 建设一批"非遗"展示场馆

与文物保护要建立市、县级博物馆同样的道理，要让非物质文化遗产有存放和展示的地方，对那些珍贵的非物质文化遗产普查资料和实物进行妥善保管和展示宣传是加强非物质文化遗产保护的必要的手段。在今后两三年内，依托区文化馆、区青少年活动中心，建成区级非物质文化遗产展示、展览、展演中心。

4. 编纂一套"非遗"保护丛书

制订《盐城市盐都区非物质文化遗产保护丛书》编纂出版计划，按照实行统一规划、统一体例、统一设计、统一出版的要求，编纂出版文化科学普及类非遗丛书，包括民间故事篇、民间音乐篇、非遗摄影艺术篇、方言快板篇、传承人传记篇等，图文并茂，力求融知识性、通俗性、审美性、权威性、普及性于一体，系统、全面地反映盐都区非物质文化遗产普查和保护成果，弘扬盐都区优秀传统文化。

5. 做好传承中的振兴工作

联合国教科文组织通过的《保护非物质文化遗产公约》指出："'保护'指确保非物质文化遗产的生命力的各种措施，包括这种遗产各个方面的确认、立档、研究、保存、保护、宣传、弘扬、传承（特别是通过正规和非正规教育）和振兴。"从联合国教科文组织确立的"保护"这一概念中，我们可以看出："保护"不只是意味着在书面通知里对历史资料进行研究，也不是为了向博物馆提供一些展品，"保护"是一项系统的文化工程，在做好深入民间的田野考察、清点及对非物质文化遗产的确认、评定之后，接下来要通过建立数据库等方法对非物质文化遗产立档、保存，对其文化内涵、审美价值进行探索、研究，对传承人进行扶植与保护，对非物质文化遗产进行宣传与弘扬，实现在传承中振兴的终极目的。

通过这次普查，我们掌握了大量"非遗"新项目、新资源，这应该是群众在文化创作生产中取之不竭的源泉，是完善公共文化服务、保障人民群众文化权益用之不尽的宝库。从某种意义上说，也是文化工作面临的又一个新的机遇和挑战，至少可以通过"非遗"普查改变乡村文化资源贫乏的状况，为充斥老面孔、旧节目的城乡文艺舞台带来新气象。因此，要珍惜成果，抓住机遇，乘势而上，加大投入扶持力度，要以构筑"非遗"保护、利用和管理新平台为基础，以"非遗"演出展示活动为主要载体，以广大群众受惠为目的，使非物质文化遗产在传承中得以发扬光大。

非物质文化遗产保护工作是一项理论及队伍建设都准备不足的全新工作和重要课题，接下来需要我们从阶段性的普查转入常规性的全面保护，切实做好非物质文化遗产后续保护工作，积极推进非物质文化遗产的有效保护和活态传承，充分发挥非物质文化遗产在构建和谐社会、建设文化强区中的独特优势和不可替代的作用。

第三节 出台"非遗"保护政策

关于加强非物质文化遗产保护工作的意见
都政发〔2016〕10号

盐城市盐都区人民政府关于加强非物质文化遗产保护工作的意见

各镇人民政府、街道办事处、新区、高新区、农村经济开发区、大纵湖旅游经济区管委会，区各委办局，区各直属单位：

非物质文化遗产是中华民族智慧的结晶，是十分珍贵的文化资源。保护和利用好非物质文化遗产是落实十八大、十八届三中、四中、五中全会和习近平总书记视察江苏重要讲话精神，实现经济社会全面协调可持续发展的必然要求。根据国务院办公厅《关于加强我国非物质文化遗产保护工作的意见》（国办发〔2005〕18号）和省人大《江苏省非物质文化遗产保护条例》（公告〔2013〕125号）精神，结合我区实际，现就加强非物质文化遗产保护工作提出如下意见。

一、充分认识非物质文化遗产保护工作的重要性和紧迫性

非物质文化遗产是指各种以非物质形态存在的与群众生活密切相关、世代相承的传统文化表现形式，包括口头传统、传统表演艺术、民俗活动和礼仪与节庆、有关自然界和宇宙的民间传统知识和实践、传统手工艺技能等，以及与上述传统文化表现形式相关的文化空间。我区历史悠久，文化底蕴深厚，拥有丰富的非物质文化遗产。多年来区委、区政府在加强非物质文化遗产保护方面采取了一系列措施，取得了良好成效。同时也要清醒地看到，我区非物质文化遗产保护工作还存在薄弱环节和问题。一些依靠口授和行为传承的文化遗产正在失传，有的传统技艺濒临消亡，不少珍贵实物与资料遭到破坏或流失，加强我区非物质文化遗产保护刻不容缓。各地各部门要充分认识保护非物质文化遗

产的重要性和紧迫性，进一步增强责任感和使命感，切实做好非物质文化遗产保护工作。

二、加强非物质文化遗产保护的指导思想和总体目标

指导思想：坚持以邓小平理论、"三个代表"重要思想、科学发展观为指导，深入贯彻落实党的十八大、十八届三中、四中、五中全会和习近平总书记视察江苏重要讲话精神，正确处理经济社会发展与文化遗产保护的关系，认真贯彻"保护为主、抢救第一、合理利用、传承发展"的非物质文化遗产保护方针，坚持保护非物质文化遗产的真实性和完整性，坚持依法和科学保护，统筹规划、分类指导、突出重点、分步实施，充分发挥非物质文化遗产在传承中华民族优秀传统文化、提高人民群众思想道德素质和科学文化素质、促进社会主义先进文化建设、构建社会主义和谐社会中的重要作用。

总体目标：构建科学有效的非物质文化遗产保护体系，提高全社会非物质文化遗产保护意识，非物质文化遗产保护工作得到全面加强。到2020年，全区建立比较完备的非物质文化遗产资源档案和数据库，非物质文化遗产保护工作队伍素质有较大提高，非物质文化遗产保护长效管理机制基本建立，使我区珍贵、濒危，并具有历史、文化和科学价值的非物质文化遗产得到有效保护、传承和发扬，为加快建设创业开放生态幸福的美丽盐都做出新贡献。

三、扎实做好非物质文化遗产保护工作

（一）认真做好非物质文化遗产普查和保护规划制定工作。要进一步普查摸底，将普查作为非物质文化遗产保护的基础性工作来抓，统一部署、认真组织，全面了解和掌握非物质文化遗产资源的种类、数量、分布状况、生存环境、保护现状及存在问题，及时向社会公布普查结果。运用文字、录音录像、数字化多媒体等方式，对非物质文化遗产进行真实、系统和全面的记录，建立档案和数据库。

（二）建立非物质文化遗产名录体系。对具有保护价值的非物质文化遗产，在列入区级非遗保护名录的同时积极推荐和申报国家、省、市级非物质文化遗产保护名录。建立和完善评审标准，严格评审工作，认真贯彻实施《江苏省非物质文化遗产项目申报评定暂行办法》，建立健全国家、省、市、区四级非物质文化遗产代表作名录体系，实行分级保护。

（三）加强非物质文化遗产的研究、认定、保存和传播。组织各类文化单位、科研机构、大专院校及专家学者对非物质文化遗产的理论和实践问题进行研究，加强对非物质文化遗产的科学认定，注重科研成果和现代技术的应用。对非物质文化遗产代表作所涉及的建筑物、场所、遗迹及其附属物，划出保护范围，做出标志说明，建立专门档案，并在城乡规划建设中采取有效措施予以保护。对列入国家、省名单的非物质文化遗产保护项目，要及时制定抢救保护方案，进行科学、有效的保护。2020年前建成融展示与互动相结合、传习与实践相结合、传统技艺与现代表现手段相结合于一体的非物质文化遗产专题博物馆或展示中心。鼓励有条件的单位和个人成立研究机构，兴办非遗展示馆，开展对非物质文化遗产的研究工作，展示有代表性的非物质文化遗产。鼓励和扶持相关单位和个人在有效保护的非物质文化遗产项目的前提下，合理利用非物质文化遗产资源，开发具有民间和地方特色的传统文化产品，运用互联网商务平台进行非物质文化遗产产品的宣传、推介，拓展民间民俗文化旅游服务。加强非物质文化遗产知识产权的保护。纳入保密范围的传统工艺、制作技艺和艺术表现方法以及其他技艺，必须依照有关规定进行传播、传授和转让。

（四）建立科学有效的非物质文化遗产传承机制。对列入各级名录的非物质文化遗产项目，要制定具体、科学的保护计划，明确保护的责任主体，进行有效保护；对其代表性传承人和代表性保护单位，可采取命名、授予称号、表彰奖励、提供场所、资助扶持等方式，鼓励和支持其开展传承活动。对做出重要贡献的代表性传承人和保护单位，由区级文化行政部门报区人民政府核准，授予杰出传承人和优秀传承单位称号。获得杰出传承人称号的代表性传承人可以终生享受传承人补助经费。通过社会教育和学校教育，使非物质文化遗产代表作的传承后继有人。在传统文化特色鲜明、具有广泛群众基础的社区、乡村，开展创建民间传统文化之乡的活动。

四、切实加强非物质文化遗产保护工作的组织领导

（一）建立协调有效的保护工作机制。各地各有关部门要将非物质文化遗产保护列入重要议事日程，纳入经济社会发展规划以及城乡规划、纳入财政预算、纳入体制改革、纳入各级领导责任，充分发挥政府主导作用。区里成立非物质文化遗产保护领导小组，定期研究非物质文化遗产保护工作的重大问题，统一协调文化遗产保护工作。各地也要建立相应的非物质文化遗产保护协调机构。建立健全文化遗产保护责任制度、考核制度和责任追究制度。"十三五"期间，区财政每年在预算中安排专项资金，重点支持国家、省、市、区级非物质文化遗产保护项目和代表性传承人，并视财力逐年增加。各地也要加大投入，为重点非物质文化遗产保护提供经费保障。

（二）加强非物质文化遗产保护人才队伍建设。大力培养非物质文化遗产保护和管理所需的各类专门人才，完善人才激励机制，造就一支高素质、懂专业、会管理的非物质文化遗产保护工作人才队伍。拓宽引进渠道，积极引进各类非物质文化遗产保护管理专业人才，加大对在职人员的培养力度，加强非物质文化遗产保护科技研究、运用和推广工作，不断提高非物质文化遗产保护工作水平。

（三）动员社会力量参与非物质文化遗产保护。利用多种形式广泛宣传非物质文化遗产保护知识，提高全社会保护非物质文化遗产的意识。区图书馆、文化馆、博物馆、美术馆、各镇（区、街道）文化服务中心等公共文化机构和各级各类非物质文化遗产保护机构要经常举办展览、讲座等活动，展示和传播本地有代表性的非物质文化遗产，使公众更多地了解非物质文化遗产的丰富内涵。教育部门要将优秀非物质文化遗产内容纳入教学计划，编入教材，邀请传承人进校授艺，组织参观学习活动，激发青少年热爱优秀传统文化的热情。各类媒体要通过开设专题、专栏等方式，介绍非物质文化遗产和保护知识，大力宣传保护非物质文化遗产的先进典型，营造保护文化遗产的良好氛围。鼓励、支持单位和个人依法开展非物质文化遗产保护工作的合作和交流活动，充分调动社会力量参与非物质文化遗产保护的积极性。

盐城市盐都区人民政府
2016 年 1 月 9 日

关于盐都区非物质文化遗产项目保护单位和代表性传承人管理暂行办法

都政发〔2016〕11 号

盐城市盐都区人民政府关于盐都区非物质文化遗产项目保护单位和代表性传承人管理暂行办法

各镇人民政府、街道办事处，新区、高新区、农村经济开发区、大纵湖旅游经济区管委会，区各有关部门：

现将《盐都区非物质文化遗产项目保护单位和代表性传承人管理暂行办法》印发给你们，请认真贯彻执行。

特此通知。

盐城市盐都区人民政府
2016 年 1 月 9 日

盐都区非物质文化遗产项目保护单位和代表性传承人管理暂行办法

为充分发挥非物质文化遗产项目保护单位和代表性传承人的作用，鼓励和支持非物质文化遗产项目保护单位和传承人开展保护传习活动，有效保护和传承非物质文化遗产，根据国务院《关于加强文化遗产保护的通知》（国发〔2003〕42 号）、江苏省文化厅、财政厅《关于实施民族民间文化保护工程的通知》（苏文社〔2004〕29 号）、《江苏省民族民间文化保护专项补助经费使用管理办法》（苏财教〔2004〕178号）以及《盐城市非物质文化遗产项目保护单位和代表性传承人管理暂行办法》的通知精神，制定本暂行办法。

一、命名

第一条　盐都区非物质文化遗产项目保护单位和代表性传承人是指已列入国家、省、市、区级非物质文化遗产名录项目的保护单位和代表性传承人。

第二条　区文广新局建立健全盐都区非物质文化遗产项目保护单位和传承人命名机制，组织开展盐都区非物质文化遗产项目保护单位和代表性传承人的申报、评定和命名工作。

第三条　盐都区非物质文化遗产项目保护单位和代表性传承人的命名应经申报、审核、评审、公示等程序后由盐都区人民政府公布。

第四条　申报非物质文化遗产项目保护单位的条件和职责：

（一）应具备的条件

1. 具有项目代表性传承人或者掌握相对完整的资料；

2. 具备实施项目保护规划（计划）的能力；

3. 具备开展传承、展示活动的场所和条件。

（二）应履行的职责

1. 制定并实施项目保护与传承规划（计划）；

2. 全面收集项目的资料、实物，并登记、整理、建档；

3. 推荐项目代表性传承人，并为其开展传承提供必要条件；

4. 保护项目相关的资料、实物、建（构）筑物和场所等；

5. 开展项目的宣传推介、展示展演活动；

6. 定期向区文广新局报告项目保护及专项资金使用情况，并接受监督；

7. 配合区文广新局和其他部门进行非物质文化遗产调查。

第五条　申报非物质文化遗产项目代表性传承人的条件和职责：

（一）应具备的条件

1. 熟练掌握其传承的非物质文化遗产；

2. 在特定领域内具有代表性，并在一定区域内有较大影响；

3. 积极开展传承、传播活动，培养后继人才。

（二）应履行的职责

1. 妥善保存、保护所掌握的知识、技艺及有关原始资料、实物、建（构）筑物、场所等；

2. 制定项目传承计划和具体目标任务，积极开展传承活动；

3. 采取收徒、办学等方式传授技艺，培养后继人才；

4. 积极参与非物质文化遗产公益性宣传、展示、表演、交流、传播等活动；

5. 定期向区文广新局部门提交项目传承实施情况报告；

6. 配合区文广新局和其他相关部门进行非物质文化遗产调查。

第六条　区文广新局建立非物质文化遗产项目保护单位和代表性传承人档案，每两年对保护单位和代表性传承人进行调查和评估。

二、资助

第七条　区政府安排非物质文化遗产保护专项资金50万元，鼓励、支持非物质文化遗产项目保护单位和代表性传承人开展保护传承活动；鼓励社会资金参与非物质文化遗产项目保护和传承：

1. 保护单位和传承人整理、记录、出版有关技术与艺术资料；

2. 组织开展研讨、展示、表演、宣传、推介等活动，促进交流与合作；

3. 代表性传承人开展授徒、传艺、交流、展演等活动；

4. 保护单位和代表性传承人筹资建立传习所、展示馆等传承、传播活动场所；

5. 对于无经济来源、生活确有困难的代表性传承人，给予适当的生活补贴；

6. 其他有利于项目传承、传播的措施。

三、管理

第八条　符合下列条件的非物质文化遗产项目保护单位和代表性传承人，可申请资助：

1. 所代表的非物质文化遗产项目处于濒危状态；

2. 保护单位或传承人能够继续从事该遗产的资料整理、演示、传授和创作等保护与传承活动；

3. 有必要和可行的保护与传承活动方案，获得一定的资助后能有效实施。

第九条　申请资助的项目保护单位，须向区文广新局提出申请，经审核后，对申请资助项目保护、传承活动方案提出可行性意见，报区政府审定。

第十条　申请资助的传承人，必须提交申请项目传承活动方案，主要包括下列内容：

1. 申请人传承简历、目前的工作与生活情况介绍；

2. 申请保护与传承项目的濒危状况说明；

3. 从事保护与传承的具体目标任务；

4. 完成任务的方法、途径、步骤、必要条件和详细的经费预算；

5. 完成任务、达到预期目标的成果体现形式和考核方法；

6. 申请资助的经费数额；

7. 转让成果的意向性价格；

8. 其他需要说明的事项。

第十一条 区文广新局组织专家论证、评审资助项目传承活动方案，制作资助项目任务书，具体明确传承的目标任务、完成时限、成果形式、资助数额和权利义务等方面的要求，并采取与申请人签订项目协议的方式，根据年度目标任务，下拨资金，验收成果。

第十二条 受资助的保护单位和传承人根据协议的目标任务及资助数额，承担以下责任与义务：

1. 严格按照协议的资助项目任务书规定的时限和要求，完成传承任务，达到规定的目标；

2. 在不违反保密制度与知识产权的前提下，向主管部门提供完整的操作程序、技术规范、技艺要领、材料要求等非物质文化遗产技艺资料；

3. 努力从事非物质文化遗产的生产、创作，提供高质量的非物质文化遗产的载体、作品及其他智力成果；

4. 认真开展传承工作，无保留地传授技艺，培养后继人才；

5. 积极配合政府部门开展该保护项目的公益性展示、教育、研讨、交流等活动；

6. 受资助的传承人按协议书的承诺，按时向区文广新局书面提交实施情况报告。

第十三条 建立工作报告制度。各镇（区、街道）文化服务中心每年年终向区文广新局书面报告辖区内非物质文化遗产项目保护情况。

非物质文化遗产项目代表性传承人每年向项目保护单位报告传承工作情况，并报区文广新局备案。

第十四条 非物质文化遗产项目保护单位要严格管理非物质文化遗产保护专项资金，制定专项资金使用计划。区级以上专项资金使用计划和使用情况，报区文广新局备案，确保项目专项资金专款专用，不被挪用。

第十五条 区文广新局每年对非物质文化遗产项目保护单位和代表性传承人的保护、传承工作进行考核。对做出重要贡献的代表性传承人和保护单位，由区级文化行政部门报区人民政府核准，授予杰出传承人和优秀传承单位称号。获得杰出传承人称号的代表性传承人可以终生享受传承人补助经费。

第十六条 非物质文化遗产项目代表性传承人补助经费依据年度考核结果视情发放。考核合格的标准为：国家级5000元/年，省级4000元/年，市级3000元/年，区级2000元/年，被考核认定不作为的，不予发放或暂缓发放。经提醒、教育仍不作为的，取消其代表性传承人资格。

各级非遗传承人经费补助不重复享受，以最高标准为准。

第十七条　违反本办法规定，无正当理由不履行项目保护单位或代表性传承人职责的，由区文广新局责令限期改正，保护单位或代表性传承人如在期限内不改正，由批准的区人民政府取消其保护单位或代表性传承人的资格。

第十八条　本办法自公布之日起施行。

第四节　盐都"非遗"保护项目

盐都"非遗"保护项目及传承人名录

序号	项目	类别	级别	申报单位	公布批次	公布时间	传承人国家级	传承人省级	传承人市级	传承人县级	备注
1	淮剧	传统戏剧	国家	盐都区	第二批	2008		王书龙	程红		
2	盐城老虎鞋	传统美术	省	盐都区	第一批	2007		周纪珍	王华		
3	八桅立式大风车制作技艺	传统手工技艺	省	盐都区	第二批	2009		陈心林		陈巍伟	
4	沈拱山的传说	民间文学	省	盐都区	第二批	2009		倪广兴			传承人去世
5	龙冈柳编制作技艺	传统手工技艺	省	盐都区	第四批	2015			储如华		
6	藕粉圆制作技艺	传统手工技艺	市	盐都区	第一批	2008			周保凤		
7	义丰龙舞	民间舞蹈	市	盐都区	第一批	2008			王谱	宋万春	
8	打莲湘	传统舞蹈	市	盐都区	第二批	2010			王会	王汝章	
9	三人花鼓	传统舞蹈	市	盐都区	第二批	2010			刘旭		
10	北龙港剪纸	传统美术	市	盐都区	第二批	2010			王柏林 冯金华	顾凤英	
11	里下河渔民婚俗礼仪	民俗	市	盐都区	第三批	2013			吴应龙	沈步法	

续表

序号	项目	类别	级别	申报单位	公布		传承人				备注
					批次	时间	国家级	省级	市级	县级	
12	跑旱马	传统舞蹈	市	盐都区	第三批	2013			金正华		
13	花担舞	传统舞蹈	市	盐都区	第三批	2013			周红霞		
14	大纵湖醉蟹制作技艺	传统技艺	市	盐都区	第三批	2013			朱宏根		
15	盐城风鹅制作技艺	传统技艺	市	盐都区	第三批	2013			杜金柱		
16	秦南青狮舞	传统舞蹈	市	盐都区	第四批	2018			徐建忠		
17	盐城方言快板	曲艺	市	盐都区	第四批	2018			王红专		
18	水泥雕塑	传统美术	市	盐都区	第四批	2018			杨永福 蔡保芹		
19	何家笛箫制作技艺	传统技艺	市	盐都区	第四批	2018			何三		
20	龙冈面塑	传统美术	市	盐都区	第四批	2018			徐洪祥		
21	江淮口哨	传统音乐	市	盐都区	第四批	2018					传承人未公布
22	大冈脆饼	消费习俗	县	盐都区	第一批	2008				倪国祥	
23	踩高跷	民间舞蹈	县	盐都区	第一批	2008					传承人未公布
24	葛武嫩姜片	消费习俗	县	盐都区	第一批	2008				郭平	
25	泥塑	民间美术	县	盐都区	第一批	2008				徐洪祥	
26	气象、农业谚语	民间文学	县	盐都区	第一批	2008					传承人未公布
27	戚氏膏药	传统医药	县	盐都区	第二批	2014					传承人未公布

第五节　盐都文物保护单位

盐都文物保护单位名录

序号	名称	级别	年代	类别	地理位置
1	郝氏宗祠及住宅	省保	明、清	古建筑	盐城市盐都区葛武镇郝荣村
2	胡乔木故居	市保	清	古建筑	盐城市盐都区龙冈镇张本村
3	潘黄烈士陵园	市保	1941年	近现代重要史迹及代表性建筑	盐城市盐都区潘黄镇跃进居委会
4	宋泽夫烈士墓	市保	1942年	近现代重要史迹及代表性建筑	盐城市盐都区秦南镇灯塔村
5	朱升墓	市保	明	古墓葬	盐城市盐都区北龙港镇南龙居委会
6	王氏宅	市保	清	古建筑	盐城市盐都区楼王镇文昌居委会
7	王家宅院	市保	清代	古建筑	盐城市盐都区楼王镇老街新生路16号
8	薛氏宅	市保	清	古建筑	盐城市盐都区北龙港镇潭西村
9	宋泽夫故居	市保	中华人民共和国	近现代重要史迹及代表性建筑	盐城市盐都区秦南镇灯塔村
10	黄观墓	区保	明	古墓葬	盐城市盐都区新都办事处新丰社区一组
11	沈拱山墓	区保	清	古墓葬	盐城市盐都郭猛镇卞戴村
12	尖塔	区保	中华民国	古建筑	盐城市盐都区新都办事处东进村李舍小学
13	李氏故居	区保	清	古建筑	盐城市盐都区大冈镇抬头村
14	朱氏宅	区保	清	古建筑	盐城市盐都区北龙港镇南龙居委会
15	李氏宅	区保	清	古建筑	盐城市盐都区北龙港镇潭溪村
16	陶氏宅	区保	清	古建筑	盐城市盐都区北龙港镇潭溪村
17	郭氏宅	区保	清	古建筑	盐城市盐都区大冈镇团结居委会

续表

序号	名称	级别	年代	类别	地理位置
18	袁氏宅	区保	清	古建筑	盐城市盐都区北龙港镇南龙居委会
19	郭猛革命烈士纪念碑	区保	中华人民共和国	近现代重要史迹及代表性建筑	盐城市盐都区郭猛镇贾阳村西南
20	大冈革命烈士纪念碑	区保	中华人民共和国	近现代重要史迹及代表性建筑	盐城市盐都区大冈镇富港居委会
21	北蒋革命烈士纪念碑	区保	中华人民共和国	近现代重要史迹及代表性建筑	盐城市盐都区北蒋街道远景居委会
22	大纵湖革命烈士纪念碑	区保	中华人民共和国	近现代重要史迹及代表性建筑	盐城市盐都区大纵湖镇平湖居委会
23	秦南抗日烈士纪念碑	区保	中华人民共和国	近现代重要史迹及代表性建筑	盐城市盐都区秦南镇凤翔村
24	瞭望台	区保	中华人民共和国	近现代重要史迹及代表性建筑	盐城市盐都区潭溪村和潭田村交界处
25	楼王七烈士之墓	区保	中华人民共和国	近现代重要史迹及代表性建筑	盐城市盐都区楼王镇郭杨村
26	尚庄革命烈士纪念碑	区保	中华人民共和国	近现代重要史迹及代表性建筑	盐城市盐都区尚庄镇塘乔村
27	中黄古井1号	区保	明洪武年间	古建筑	江苏省盐城市盐都区龙冈镇黄庄一组（原中黄2组）
28	中黄古井2号	区保	明洪武年间	古建筑	江苏省盐城市盐都区龙冈镇黄庄一组（原中黄2组）
29	滕耆墓	区保	明代	古墓葬	盐城市盐都区秦南镇大成村三组滕家庄南首
30	学富革命烈士纪念碑	区保	中华人民共和国	近现代重要史迹及代表性建筑	盐城市盐都区学富镇学中居委会
31	陈文杰墓	区保	元	古墓葬	盐城市盐都区大冈镇同心村
32	义丰革命烈士纪念碑	区保	20世纪80年代中期	近现代重要史迹及代表性建筑	盐城市盐都区义丰镇陈庄村
33	胡公石墓	市保	中华人民共和国	近现代重要史迹及代表性建筑	盐城市盐都区龙冈镇张本村
34	杭氏古名居（杭以新）	区保	中华民国	古建筑	盐城市盐都区大纵湖镇晨阳村
35	杭氏古名居（杭猛）	区保	中华民国	古建筑	盐城市盐都区大纵湖镇晨阳村

第六节　盐都"非遗"场馆建设

一、盐都区博物馆

盐都区博物馆位于盐城市解放南路267号盐渎明城朝阳门。盐都区博物馆前身为盐城县博物馆，成立于1961年。1983年，馆址由盐城县工人文化宫迁至陆公祠。1983年春，盐城县博物馆升格为盐城市博物馆。1998年，盐都区恢复博物馆建制。2010年，盐都区委、区政府在城南核心区"盐渎明城"建设新馆，新馆于2016年2月5日正式对社会开放。

盐都区博物馆现收藏从新石器到民国及近现代的民俗文物共3 000余件，摄取了历史留下的履痕，再现了盐都历史长河发展的踪迹，反映了淳朴敦厚的民俗风情，体现出盐都深厚的文化底蕴、历史风貌，是盐城市最富地方风情的特色博物馆。

新馆自2016年开馆以来，累计接待团体1 000多个，游客超10万人次。组织了"馆校互动 馆馆联动 馆社齐动"——让学生走进博物馆主题实践系列活动、盐都区新时期文物工作培训班、暑期小小讲解员夏令营等活动，举办了新疆伊犁草原文化——寻找游牧人的历史轨迹、翰墨丹青 水韵盐城——2016中国画名家作品邀请展、纪念中国人民解放军建军91周年红色史料展、大型科普展览——史前化石展等大型展览。其中，"馆校互动 馆馆联动 馆社齐动"——让学生走进博物馆主题实践系列活动入选2017年江苏省博物馆青少年教育示范项目，在2018年被省文物局列入让青少年走进博物馆的唯一一个试点提升项目。2017年获江苏省第一次全国可移动文物普查先进单位。2006年3月，被市委宣传部命名为"盐城市爱国主义教育基地"。

盐都区还陆续建设了龙冈桃花园、草房子乐园、杨侍生态园、泾口湿地风情园、仰徐乡村乐园、三官农庄、龙冈民俗博物馆、大纵湖民俗博物馆等一批民俗展示场馆。

二、盐都区非遗展示馆

盐都区非遗展示馆（盐都区群众文化艺术馆）隶属于盐都区文化广电和旅游局，是盐都区政府新设立的公益性文化事业单位，于2016年4月正式对外开放。其功能定位为组织群众开展文化活动、辅导促进群众文艺创作、生产配送群众文艺产品、集结培训群众文艺骨干、探索研究群众文化理论、搜集整理民间文化艺术等，是群众文化的指导、示范、体验中心和活动场所。

该馆坚持公益性、基本性、便利性的原则，秉承"开放延伸、惠民利民"的服务理念，做到"活动"为先，"乐民"为要，"创新"为重，逐步形成了以"演出活动常态、文艺创作同步、展览展示互动、讲座培训并进"为主体的发展模式。目前，该馆已组织开展各类群众文化活动 150 多场次，惠民演出 500 多场次，多部作品参加省级以上艺术赛事并获奖。尤其是组织创作演出的节目，晋京参加"说唱中国梦、喜迎十九大"全国优秀曲艺节目展演，受到领导专家高度肯定，被中央电视台等主流媒体报道。

该馆设施完备、功能齐全，设有曲艺馆展厅、多功能厅、非物质文化遗产展示厅、非遗互动传习场所、棋艺室、怡民戏院、文化视听推介室、民粹展示厅等 10 个展厅，全年免费对外开放，丰富了广大市民的文化生活，提升了公益性文化的影响力，彰显了公共文化服务的主阵地作用，产生了广泛的社会影响，并赢得充分好评。

盐都区还陆续建设了陈明剧目工作室、蒋宏贵导演工作室、王书龙淮剧工作室、陈红淮剧工作室、沈拱山书场、三官书场、胡公石书法艺术馆、龙冈非遗展示馆、盐都区剪纸艺术馆、王柏林剪纸工作室、嵇绍庚根雕工作室等一批"非遗"场馆。

第七节　民俗文化系列活动

一、盐都区三套集成资料本出版

1988 年 6 月，盐都区的《民间故事》《歌谣》《谚语》三套集成的资料本出版。在区委、区政府的领导下，遵照"科学性、全面性、代表性"的原则，进行收集、整理和编辑工作。全区各乡镇集成小组及老艺人，对全区民间文学的搜集、整理、编纂做了大量的工作，取得了丰硕的成果。整理、编辑民间文学三套集成资料既是为了更好地弘扬民族文化传统，保存人民的口头文学财富，继承和发扬民族精神，让民间文学更好地为人民服务，在社会主义物质文明和精神文明建设中发挥应有的作用；同时也为民间文艺学和社会科学领域提供有关学科研究及对文学艺术创作的借鉴提供了资料。在编辑过程中始终遵循"忠实记录，慎重整理"的原则，避免失真，尽力保持盐都区劳动人民口头文学的原貌。

盐都区后又陆续出版了《盐城地域文化保护研究》《盐城民俗》《盐城农家岁月》《盐城百泉》《淮盐百问》《盐城方言研究》《大纵湖传说》《江苏省非物质文化遗产普查·盐城市盐都区资料汇编》《淮剧艺术丛书》《沧桑履痕》《丰瑞盐渎》《蟒蛇河的传说》等；并编写了《盐渎》《百姓舞台》《盐城文艺》《盐都收藏》《农家信息》等内部刊物。

二、我国首发"非遗"个性化特种邮票

2008年12月26日，盐城市盐都区以该区首批"非遗"为主题的个性化特种邮票在盐城首发。据了解，以区（县）级"非遗"为主题制作发行的特种邮票，在我国还是首次。

这套特种邮票共500套，每套2版共24枚，经国家邮政局批准，中国集邮总公司制作，北京邮票厂出品。它在方寸之间展示了盐都区非物质文化遗产保护的成果，折射出盐都悠久的历史和深厚的文化底蕴。由于该邮票发行量小，题材独特，因此受到收藏爱好者的追捧。

三、《送你过江》在盐都首演

2017年9月6日下午，在盐城市盐都区文化艺术中心大剧院里，观者如山。在灯光璀璨的舞台上，一条船、一条江、一场战役，以及一个女人和两个男人演绎出的英雄情怀与情感故事引起了观众的强烈共鸣。这是由盐城市淮剧团精心打造的，再现"渡江战役"的淮剧新剧目《送你过江》的首场演出。

《送你过江》的编剧是盐城本土作家陈明，他创作的《鸡毛蒜皮》《十品村干部》《菜籽花开》等剧目为盐城观众所熟知。据介绍，《送你过江》的女主人公是有人物原型的。"在南京渡江战役纪念馆里，有这样一幅照片：长江北岸木船相拥，待命出发。占据大半画面的一条船上，清一色的小伙子荷枪实弹，船艄上悄然玉立着一个女性的背影，这是个令人一睹难忘的背影。"陈明如是说，后来得知她叫颜红英，准备深入采访时才了解她已去世三年了，享年85岁，"然而，这幅照片提供给我们的，是一座值得开掘的富矿。这里给我们留下了无限的想象空间。试想：在渡江战役这个背景下，把一个江边女性的人生经历、命运浮沉，情感抉择有机地植入'坚定的革命信仰与常人的俗情世理之间的冲突'之中，这个戏就有意思，有意味了"。

剧本创作者以一个诗人的情怀和视角，回眸渡江战役这场在中外历史上伟大的壮举，通过淮剧这一地方剧种演绎出壮烈、凄美的诗意。这部剧于7月12

日建组付排，用不到两个月的时间完成，中间进行了较大幅度的调整，从文本、音乐到舞台调度，尤其是结尾的高潮部分，引起观众共鸣，催人泪下。这部戏已经列入2016年文化部剧本孵化计划，获得国家艺术基金2017年资助项目，是我市淮剧团庆祝党的十九大胜利召开、中国人民解放军建军90周年、解放军胜利过江70周年的献礼作品。

2019年2月，《送你过江》获国家舞台艺术精品创作扶持工程；2019年4月27日，获第23届曹禺剧本奖戏曲类奖；2019年7月，获国家艺术基金滚动资助。

四、首届全国乡村曲艺发展论坛在盐都举办

2018年10月13日—14日，首届"中国盐都·全国乡村曲艺发展论坛暨全国乡村优秀曲艺节目交流展演"活动在盐城市盐都区杨侍村举行。来自全国10个省市区的40多位专家学者、80多位乡村曲艺家及所携20多个曲种的3台近50个优秀节目，为盐城人民带来了一场精彩绝伦的饕餮盛宴。市委常委、宣传部部长吴晓丹，盐都区委书记、区长吴本辉，区委常委、宣传部部长葛建华，副区长刘锐等领导观看了14日晚的演出。

此次活动由中国艺术研究院曲艺研究所、中国说唱文艺学会、江苏省曲艺家协会、江苏省群众文化学会、盐城市文广新局、盐城市文联和盐都区人民政府联合主办，由郭猛镇人民政府、盐都区文广新局、江苏省曲协快板委员会、盐城市曲艺家协会、郭猛镇杨侍生态园联合承办。旨在通过学术座谈和艺术交流，推动乡村曲艺的繁荣发展，丰富"美丽乡村建设"的内涵。

当晚，现场人山人海，山东琴书、陕北说书、长子鼓书、苏北大鼓等南北曲艺精品让台下观众看得如痴如醉。作为东道主，盐都区曲艺家协会带来的开场曲目《大美盐都欢迎你》旋律优美，节奏轻快，不仅唱出了当地人民的幸福感，也表达了对家乡建设的美好期望。

由著名相声表演艺术家姜昆和戴志诚联袂带来的相声表演《欢歌笑语》，成为本次活动的最大亮点：精彩的台词、默契的配合及形象生动的肢体语言，令观众捧腹大笑，掌声不断，将现场气氛推向了高潮。

10月13日和14日下午，首届"中国盐都全国乡村优秀曲艺节目交流展演"次第展开。全国范围具有代表性的老中青三代知名曲艺家携带自己最为拿手的优秀节目，在杨侍景区面向当地民众和各地游客，露天演出了长子鼓书《腊月天儿》、鼓盆歌《斗智》、陕北说书《劝赌》、山东琴书《儒乡新貌》、陶力《江格尔序诗》、绍兴评话《十字坡》、温州鼓词《秋江赶船》、宁波走书

《祝枝山观灯》、安徽琴书《轧狗风波》、苏北大鼓《姑母求情》，以及盐城本地节目音乐群口相声《大美盐都欢迎你》、相声《谁是杨侍代言人》、数来宝《防骗专家》、山东快书《闯红灯》、盐城方言快板《如今农民真幸福》、群口相声《最美乡音》等精彩节目。

10月14日上午，首届"中国盐都全国乡村曲艺发展论坛"在盐都区杨侍村隆重举行。参加本次活动的知名曲艺作家、曲艺学者、曲艺表演艺术家和曲艺活动家杨鲁平、孙立生、王文水、刘引红、曹利卫、薛志章、江勇、袁学明、吴双涛、黄松挺、杨惠芳、吉蕊一等和来自全国各地乡村及群众文化战线的基层曲艺专家和学者共40余人，围绕"如何发展乡村曲艺"的主题，为推动乡村曲艺在美丽中国建设和乡村振兴战略实施过程中发挥更为积极的作用，探讨切磋，献计献策。

近年来，盐都区始终坚持以人民为中心的创作导向，创成苏北首个中国曲艺之乡，逐步形成了文化底蕴深厚、曲艺传承历史悠久、曲艺门类众多、曲种特色鲜明、业内人才辈出的喜人局面。盐都区将以此次活动为契机，充分发挥"中国曲艺之乡"交流窗口、展示平台、传承基地、人才摇篮的示范引领作用，努力为促进乡村曲艺事业繁荣发展做出新的更大贡献。

五、江苏省第二届快板大赛在盐都举办

2017年8月18日晚，江苏省第二届快板大赛在盐都区文化馆百姓剧场圆满落幕。这是省曲协第二次和盐城市盐都区文广新局共同主办该项赛事。中国曲协副主席、省文联副主席、省曲协副主席盛小云，省曲协驻会副主席、秘书长芦明，省曲协副主席陈峰宁，省曲协相声艺术委员会主任吕少明，省文联《繁荣》主编吴建勤，省曲协副秘书长黄娟，盐城市委宣传部副部长、盐城市文联主席薛万昌，盐城市文广新局副局长王胜利等出席颁奖仪式。

经过三个多月的紧张筹备和严格筛选，共有来自全省十多个城市的数十位选手参加比赛，其中有小到几岁的快板新苗，也有年近花甲的快板老将。参赛作品的表演形式多种多样，有单人快板、双人快板、三人和群口快板。参赛节目中，既有经典名段《三打白骨精》《武松赶会》，也有极具时代特色的《说说咱们的微警务》等；既有反映军旅生活的《海空卫士》，也有赞美革命先烈的《江姐闯关》等；此外，还有《梁山英雄谱》《撸起袖子加油干》《国家的脊梁》等优秀快板作品。较之首届，本届快板大赛活动规模更大、题材更广、选手更多。经过激烈角逐，30个作品脱颖而出，进入决赛。决赛现场，选手们更是使出浑身解数，凭借精湛的技艺，不断博得现场"板儿友"们大声叫好和热

烈掌声。最终,各个奖项尘埃落定。

六、闵行·盐都联办"非遗"保护成果展

2019年8月2日下午,"传承文化根脉共筑民族未来"——闵行·盐都庆祝中华人民共和国成立70周年非遗保护成果联展(展览、展演、研讨等)开幕式在盐都区博物馆举行。上海市闵行区文化和旅游局副局长万萍,盐城市文化广电和旅游局副局长唐文健,盐城市社会文化处处长丁玉梅,盐都区政协副主席、盐都区接轨上海联络组组长张荣銮,各镇(街道)文化服务中心主任,非遗传承人代表和特邀的东台、大丰、亭湖非遗传承人等出席。

本次展览闵行区共携7个项目67件代表性作品赴盐城参展,参展项目涵盖了国家级非遗项目沪谚、马桥手狮舞、上海民族乐器制作技艺,市级项目莘庄钩针编结技艺、上海细刻,区级项目京剧名家脸谱画、古船微缩复制技艺等。

闵行区拥有悠久的文明史,此次参展的非遗项目都带有鲜明的农耕文明特色、都市城郊特点与海派文化特征。

这次联展活动闵行区和盐都区共展示、展演了国家、省、市、区四级非遗保护项目38项,类型多样,内容丰富。盐都已列入非物质文化遗产代表性项目名录的有27项,在此次联展中全部展出。盐都还印发了6万多份宣传单,在大市区和盐都区各中小学广泛宣传,组织广大青少年学生参观展览,让中华五千年遗存的非物质文化遗产在广大青少年心中扎根发芽,以提高全社会对非物质文化遗产保护、传承、弘扬的意识。这次展览持续一个月。

七、盐淮班学员赴德国访问演出

为庆祝德国茨维考建市900周年,应茨维考市政府邀请,2018年6月26日至7月4日,盐都区人民政府组织青少年文化代表团赴德国茨维考进行为期9天的访问交流。

盐都区文广新局党委书记、局长倪自祥,盐城市淮剧团团长张正余,盐都区人民政府办公室秘书储启军等,率领12位来自盐城幼儿高等专科学校盐淮班学员代表赴德访问。他们与茨维考学校的青少年进行了体育、书法、饮食烹饪等方面的交流,同时,还举行了"精彩盐都"文艺演出,给茨维考青少年送去了精彩的淮剧传统戏《杜十娘》《白蛇传·游湖》《梁祝·十八相送》《秦香莲·送夫》等剧目。

据了解,在2013年8月24日下午,盐城市盐都区与德国茨维考市正式签约缔结为友好城市。根据协议,双方遵循平等互利的原则,在经济、贸易、科

技、文化、教育、体育、卫生等方面开展多种形式的交流与合作，促进双方繁荣发展。双方共同努力，为对方举行的招商、投资、项目推介、经贸洽谈等活动提供平台，并指定专门机构负责两地间的联络、合作与交流事宜。

此次，盐都区青少年文化代表团出访，是对茨维考青少年代表团访问盐都的一次回访，也是盐淮班学员首次出国交流，对促进两个城市的相互了解，增进彼此友谊，起到极大的推动作用。

八、《王红专曲艺作品集》首发式在盐都区图书馆举行

2019年6月1日，由江苏省曲艺家协会快板艺术委员会、盐城市曲艺家协会主办，盐都区文化馆、盐都区图书馆承办的《王红专曲艺作品集》（第三集）首发式暨收徒仪式在盐都区图书馆举行。著名快板书表演艺术家张志宽，著名相声作家、相声表演艺术家孙晨，江苏省曲艺家协会驻会秘书长孙志兵，江苏省曲艺家协会相声艺术委员会主任、著名相声表演艺术家吕少明，江苏省曲艺家协会快板艺术委员会副秘书长郑燕青及盐城市文联、盐都区文旅局有关负责人参加了此次活动。

在《王红专曲艺作品集》（第三集）首发式座谈会上，来自北京、天津、南京及盐城的艺术家们对王红专的辛勤笔耕给予了高度评价，大家都认为，王红专的曲艺作品接地气，贴近生活和时代。特别是他年近70岁，还喜收新徒，进一步印证了他对快板艺术的钟爱和无私奉献的精神。王红专在致辞中表示，将继承恩师的传道授业精神和精髓，努力把自己多年来积累的快板创作和表演经验毫无保留地传给年轻人，为传承发展快板艺术做出力所能及的贡献。

收徒仪式上，著名快板书表演艺术家张志宽勉励王红专新收的6位徒弟要以高度的敬业精神、坚定的艺术信念，在王红专的教导下，把快板艺术发扬光大。

当天还举行了"情系盐都"著名快板书表演艺术家张志宽携李氏快板传人专场惠民演出。

九、盐城大纵湖三官民俗文化节好戏连台

极具水乡特色的渔民婚礼、脂满膏丰、肉质鲜美的大闸蟹、惟妙惟肖的龙舞表演、传统的鱼鹰捕鱼……10月3日，2019盐城·大纵湖三官"民俗文化节"好戏连台，让游客们近距离感受了水乡民俗文化的魅力。

活动在舞蹈《祖国颂》中拉开了序幕。据了解，活动共分为三个篇章，分别是颂·祖国、美·生活、畅·明天。除了精彩的歌舞外，还有朗诵、笛子独

奏、武术表演和书法展示。

在民俗和土特产展演环节，8位身材高挑的模特着婚礼旗袍在舞台走秀，表演的是《丰收季节看三官新娘》。大纵湖地区湖荡相连，渔民以水为田园，以船为家，祖祖辈辈生活在船上，迎亲办喜事当然离不开船了。渔民的婚礼习俗极具水乡特色，在我国的民间婚俗中也别具一格。三官新娘的集体亮相，正是继承和发掘里下河地区的传统婚俗文化魅力。

大纵湖镇是远近闻名的"鱼米之乡"，是中国民间文化艺术之乡。这里，风景秀丽、水网密布、物产丰富，有国家地理标志产品的大纵湖大闸蟹；这里，有以婚庆展示演绎为主的民俗水乡文化；这里，有以龙舞表演为主的龙舞文化；这里，有以鱼鹰捕鱼为主的渔耕文化。大纵湖镇的民俗风情展演无疑是活动最大的亮点，大纵湖镇镇长刘宁表示，蕴含丰富的里下河特色文化生态文旅高地正不断夯实。

作为江苏省首批五星级乡村旅游区，大纵湖三官"民俗文化节"是"畅游盐都金秋行"系列活动的重头戏。三官农庄经过几年的建设与发展，已形成集休闲娱乐、农事体验、水乡美食等于一体的发展格局，成为盐都乡村旅游的热点项目。

十、《黄氏宗谱》捐赠会在盐都区图书馆举办

2019年12月28日上午，盐城龙冈黄家巷黄氏宗谱捐赠仪式在盐都区图书馆举行。在此，黄氏后人将《黄氏宗谱》一套五卷分别捐赠给盐城市图书馆、盐城市博物馆、盐都区图书馆、盐都区博物馆、亭湖区图书馆收藏。

据了解，这套《黄氏宗谱》是黄家第四次修缮，它继承前三次修谱的积极成果，正本清源，理顺支脉，体现了与时俱进、男女平等的新社会、新思想。修谱原则体现尊重历史，遵循古谱，注重谱系传承与演变，做到求同存异。

盐都区图书馆副研究馆员王登佐表示："《黄氏宗谱》有较高的历史价值、文化价值、民俗价值、社会学价值，该家谱有利于丰富盐都区图书馆地方文献资源，有利于挖掘盐城的谱牒文化，有利于盐城名人文化资源的开发、保护和利用，对增强盐城文化软实力和综合竞争力，起到添砖加瓦的作用。"

十一、盐都区图书馆开展"我们的节日"系列活动

为了弘扬盐城地域文化，践行社会主义核心价值观，盐都区图书馆营造快乐读书的氛围，拓宽视野，丰富读者业余文化生活。2019年，盐都区图书馆紧紧围绕过大年、元宵节、二月二、清明节、立夏节、端午节、天贶节、七夕节、

中元节、祭张王、中秋节、重阳节、十月朝、下元节、过大冬、腊八节等传统节日，紧扣"静、动、研、新、宣、恒"六字诀，灵活多样地开展阅读分享、课题研究、参考咨询、展览、展演、讲座、研讨会、演讲、征文、知识竞赛、故事会、猜谜、文创产品开发、网上专题等线上线下"我们的节日"系列活动100多场（次）。深入贯彻习近平新时代中国特色社会主义思想，推动中华优秀传统文化创造性转化、创新性发展，促进盐都区阅读推广工作向纵深推进。盐都区及周边地区受益群众10多万人。盐都区图书馆主持的多个省市级社科课题立项结项获奖。学习强国、中国新闻网、中国图书馆学会网、盐阜大众报业集团等数十家媒体报道100多次。

十二、深化文旅融合发展 打造生态文旅高地

2019年7月31日上午，全市文化广电和旅游局长座谈会召开，全面贯彻落实市委七届八次全会精神，总结交流今年前一阶段工作，研究部署当前和下一阶段重点任务，推动全市文广旅各项工作高质量发展。盐都区文化广电和旅游局党委书记、局长倪自祥做了《深化文旅融合发展 打造生态文旅高地》的专题发言。

2019年上半年，盐都区文化广电和旅游工作在市局的正确指导下，紧紧围绕建设生态文旅高地这一目标，充分发挥文旅融合的优势，创新求实，奋发争先，各项工作取得了新发展，在文化精品打造方面成效尤为显著。

盐都区的文艺创作始终坚持以人民为中心的创作导向，牢牢把握"四个讴歌"的时代要求，坚持思想精深、艺术精湛、制作精良相统一，高质量、大力度推进文化艺术精品生产，用最大真诚抒写新的时代，奉献人民群众。2019年6月13日，由我区群艺馆和市文化馆合力打造的数来宝《爱我你就抱抱我》参加第十八届群星奖决赛，并荣获中国政府社会文化最高奖——"群星奖"，改写盐城曲艺走不出江苏的历史。大型现代淮剧《送你过江》获第七届中国戏剧奖曹禺剧本奖，并分别入选2019年度全国舞台艺术重点创作剧目名录（全国仅25部）、2019年度国家舞台艺术精品创作扶持工程重点扶持剧目（全国仅10部）及国家艺术基金2019年度滚动资助项目，近期将参加第四届江苏省文华奖评选暨惠民演出，同时该剧又接到入选第十四届中国戏剧节的通知。大型现代戏曲《望春风》荣获2018年江苏省戏剧文学剧本评选三等奖。盐城市淮剧团被江苏省文旅厅授予"2018年度全省艺术创作工作先进单位"称号。

2019年下半年，我们认真贯彻落实好这次会议精神，围绕盐都区委建设"一中心三高地"的战略部署，强化文化旅游理念融合、元素融合、职能融合，两手抓、两手硬，全力推进文旅融合发展。

1. 把建设"生态文旅高地"作为头版头条，集聚全部的智慧和力量，全力以赴加快推进全区旅游业发展

（1）聚力实施"425"工程

以重大项目的突破，着力构建"一个龙头带动、三条长廊贯通、全域旅游覆盖"的大生态文旅格局。一是提速推进大纵湖旅游度假区、蟒蛇河风光带、龙冈桃花园、草房子乐园四项工程建设。二是精心打造三胡故里、郝氏故里，形成特色人文旅游景区。三是扮靓做美杨侍农业生态园、台湾农民创业园、泾口湿地风情园、仰徐乡村乐园、三官农庄。

（2）提升旅游产业发展品质

一是全力创建星级景区。大纵湖旅游度假区要列入国家级旅游度假区创建名录，将大马沟生态公园、吾悦城市广场创成 AAA 级景区。二是重点打造活动品牌。继续策划做好第五届"畅游盐都金秋行"活动，持续提升各景区景点的知名度和盐都全域旅游的美誉度。

（3）加快旅游产业项目招引

大纵湖旅游度假区围绕创建国家级旅游度假区这一目标，加快招引星级酒店类、高档民宿类项目。龙冈桃花园、草房子乐园加快招引满足不同消费者档次和不同消费者偏好的住宿类项目。围绕打造完整产业链，加快精品民宿、农家乐、采摘园、农耕体验 DIY 等项目招引。

2. 把文化软实力提升作为目标追求，调动方方面面资源要素，繁荣群众文化、多出精品力作

（1）建立健全公共文化服务网络

持续推进阵地建设，郭猛、张庄、盐龙、尚庄等镇级文化站，要全部建成投入使用；村居（社区）文化服务中心，要按照"八个一"标准要求，全面达标。不断丰富群众文化活动，组织好全区第二届群众文艺汇演，持续打造"欢歌笑语走基层"惠民演出活动品牌，保质保量完成 500 场次的送戏任务。

（2）加强文艺精品的创作生产和展演

进一步打磨提升《送你过江》，冲刺江苏省文华奖，并以最好的艺术呈现参加文旅部全国基层院团会演和第十六届中国戏剧节演出，传播红色文化，展示盐都形象。争取接轨上海，创作一台大戏，增进两地的文化互动、互融和互通。组织好第二届盐都区政府文艺奖的评选工作。

（3）强化优秀传统文化的传承与保护

积极组织非遗展示展览活动，办好盐都区"十佳"乡土大师评选活动、非遗保护成果展览。扎实开展八桅立式大风车制作技艺等申报国家级、省级非遗保护项目工作。

第四章 探索县域民俗文化建设新路径

第一节　县域民俗文化保护探索

民俗文化是中华文明的文化基因，具有增强民族认同，强化民族精神，塑造民族品格的功能，是社会发展进步的不竭动力。现代信息技术的迅猛发展和社会环境的变化，给县级图书馆保护县域民俗文化提出了新的任务和要求，可以说是挑战与机遇并存，县级图书馆应积极参与县域民俗文化保护和开发，充分发挥县级图书馆的职能作用。

一、县域民俗文化保护工作的现状堪忧

（一）县域民俗文化的生存环境恶化

县域依存于特定时空，以口传心授方式传承的各种生产劳动民俗、社会组织民俗、日常生活民俗、岁时节日民俗、人生礼俗、游艺民俗、民间观念、民间文学等民俗文化正在不断演变或消失。一些作为传统文化载体的独特的语言、文字、资料也正在消失。如今，社会转型所带来的人们生产、生活方式及文化生态环境的变化，使得原生态的传统民俗文化正在走向衰落，或走向变异。以岁时节日民俗为例，盐都区传统民俗，正月十五炸麻虫、二月二女儿回娘家、三月三踏青、七月七姑娘乞巧、七月十五放河灯、八月十五敬月神、腊月二十四和除夕送灶与接灶等民俗正逐渐淡去。而外来的风俗则悄然兴起，如情人节、圣诞节、父亲节、母亲节等。随着电视、互联网的普及，传统民俗对人们的吸引力大大减弱。盐都区的大量农民纷纷走出村落进城打工、经商，致使农村许多结合农事或者在农闲时进行的民俗文化活动逐渐消失。农业生产方式改变，盐都区西部水乡的踏车号子、牛号子已经基本没人会唱了。过去居民的住房多采用木质结构，木匠选择良辰吉日上梁时，要举行仪式并伴以喊好。现在的建筑普遍采用钢筋水泥结构，相关传统仪式逐步淡出人们的视野。民间原生态的民俗文化越来越少，而流传至今的民俗文化又是以口头讲述和行为传承等动态

方式存活，始终与变化着的社会环境和文化语境相适应，表达着当下传承主体的鲜活情感，这为我们坚持民俗文化保护的本真性原则带来了许多困难。当然我们应该清醒地认识到，民俗文化演变是有规律的，是无法阻止的。这就需要民俗文化工作者进行扬弃，优秀的民俗文化要弘扬保护，民俗文化中的糟粕应让它们自然消失。

（二）县域民俗文化保护意识淡薄

县域对民俗文化保护的重要性认识不足，民俗文化得不到科学有效的保护。有的人认为民俗文化应该自然淘汰、适者生存，不必刻意为之；有的人认为抢救传统文化是复古，现代生活不需要那些老掉牙的旧习俗。甚至有的县（区）领导视民俗文化保护为包袱，为经济建设障碍，不能充分认识到民俗文化是祖先留给我们宝贵的精神财富，是千百年来形成的历史文化遗产。民俗文化资源不仅是县（区）进行爱国主义和传统教育的好素材，而且可直接或间接地为县（区）经济建设服务。有的文化部门也存在重申报、轻保护、重开发、轻管理的现象。

（三）县域民俗文化保护机制亟待建立

由于民俗文化保护形势严峻，2003年10月17日联合国教科文组织颁布了《保护非物质文化遗产公约》。2005年3月，国务院办公厅下发了《关于加强我国非物质文化遗产保护工作的意见》，并在北京召开了全国非物质文化遗产保护工作会议。2006年5月20日，国务院确立了每年6月的第二个星期六为"中国文化遗产日"。2007年12月29日，全国人大公布了新的《中华人民共和国文物保护法》。2011年2月25日，全国人大公布了《中华人民共和国非物质文化遗产法》，各省、市、自治区也跟着制定出台了本省、市、自治区非遗保护条例、法规，并逐级落实保护实施方案。国家虽然十分重视民俗文化保护工作，但现实是有大量历史、文化价值的珍贵民俗实物与资料不断被毁弃，县域民俗文化破坏尤其严重，建立县级民俗文化保护机制迫在眉睫。保护标准、目标管理、收集、整理、调查、记录、建档、展示、开发利用、资金、编制、人才等一系列问题亟待解决。

二、民俗文化保护工作离不开县级图书馆

（一）保护民俗文化是县级图书馆的基本职能

联合国教科文组织认为图书馆有四项职能，保存人类文化遗产位居第一；国务院《关于我国非物质文化遗产保护工作的意见》中要求充分发挥各级图书

馆、文化馆、科技馆等公共文化机构的作用，有条件的地方可设立专题图书馆或展示中心，各级图书馆、文化馆、科技馆等公共文化机构要积极开展对非物质文化遗产的传播和展示。县级图书馆是公共文化服务体系中的重要组成部分，积极参与民俗文化保护工作，可以说是政府交给县级图书馆的任务，是县级图书馆的责任。民俗不论具有怎样特殊的内在规律性与外部形态，它的本质即文化。县级图书馆的文化职能在于保存人类记忆、积累人类知识、传承人类文明，这种文化职能是县级图书馆最基本的职能，贯穿于县级图书馆所有的工作环节，是县级图书馆生存定义与持续发展的本质。因此，保护以文化为本义的民俗文化是县级图书馆不可推卸的职责。

（二）县级图书馆拥有保护民俗文化的独特优势

1. 拥有大量的文献资源

县级图书馆拥有丰富的与民俗文化保护相关的文献资源。尤其是县级图书馆地方文献中就有大量的民俗文化资料，如神话、传说、民间故事、童话谚语、绕口令、民间歌谣等口传文学；家族制度、社会制度、婚丧祭祀等仪式庆典；宗教、妖怪、占卜、巫术、民俗疗法等信仰寄托；民间美术、民间饮食、民间服饰、民间建筑等民间日常生活民俗文化；等等，这对参与民俗文化的发掘、保护及进一步研究是不可缺少的。

2. 拥有必要的场地设备资源

县级图书馆是公益性的基层文化教育场所，它设有外借部、阅览室、报告厅、展览厅、县级文化信息资源共享工程支中心等现代化的设施和设备。可为民俗文化保护和开发提供必要的场地；提供信息存储载体、信息加工设备、信息利用界面等，提供现代化的设备。

3. 拥有专业的人才资源

县级图书馆拥有各种人才，在民俗文化资源抢救工作和后续的资料整理、数字化、保护、开发等方面，具有独特的优势。民俗文化的传播方式主要是通过口传心授来传播，具有叙事场景重现和传播个体的零散性、多样性、模糊性等特点。县级图书馆可利用人才优势，对它们进行图、文、声、像相结合的立体方式的记录，以笔录、摄影、录音、录像等形式真实记录下现场考察成果，并将其转化为光盘、磁带，进而数字化，永久保存，使得这些民俗文化以生动鲜活的方式保存。

三、积极探索民俗文化保护新路子

（一）加大宣传力度，营造良好的氛围

县级图书馆作为信息的集散地，可以利用报告厅、会展厅、共享工程支中心等服务设施场所为民俗文化提供展示服务，也可以利用节日活动、展览、论坛、讲座、民俗文化研讨等形式，加强宣传，加深公众对民俗文化的了解和认识，提高公众对民俗文化保护重要性的认识，增强全社会的文化遗产保护意识，形成保护文化遗产的良好氛围。为了营造浓烈的宣传氛围，动员社会各界关心、支持并参与民俗文化的保护工作，盐都区图书馆自2006年5月起，先后在《盐都报道》、盐都电视台开辟专栏，宣传《中华人民共和国文物保护法》《中华人民共和国非物质文化遗产法》《保护非物质文化遗产公约》《中华人民共和国民族民间传统文化保护法草案》《关于加强文化遗产保护工作的通知》《关于加强我国非物质文化遗产保护工作的意见》等法律法规。利用橱窗、横幅、宣传手册、举办专题展览、讲座等形式，向社会公众宣传什么是民俗文化，为什么要保护民俗文化，保护民俗文化我们能够做些什么，宣传民俗文化普查的范围、方法和步骤等。宣传社会公众能够认识到民俗文化是民族民间传统文化的珍贵记忆，是滋润人类心灵世界、值得倍加珍惜的精神家园。抢救和保护处于困境中的民俗文化，是时代赋予我们的非常紧迫的历史使命，从而调动了全社会参与民俗文化保护的主动性、积极性。

（二）要培养保护、开发民俗文化的专门人才

县级图书馆必须有一支相对稳定、有信息意识、善于发现和捕捉县域民俗文化信息，并能进行理论研究和实践操作的专门人才。能从大量的本县（区）政治、经济、文化、历史等方面的地方文献中将有关民俗文化的资料信息进行发掘整理，并从多角度查找有关民俗文化的材料用以佐证。盐都区图书馆拥有一支文化功底深厚、能吃苦耐劳的民俗文化保护开发队伍。他们参与了全区民俗文化普查工作，奔赴全区18个镇（区、街道），280多个行政村（居）进行地毯式、拉网式排查，坚持做到"四不漏"：即不漏种类、不漏线索、不漏艺人、不漏村组。搜集线索1462条，共涉及17个门类，100余个种类，205个民俗文化项目，初步摸清了全区民俗文化的种类、数量和分布状况。运用文字、录音、录像、照片等多种手段，进行全方位、立体式记录，如实反映原貌。具体做到"一查"：以区直和镇（区、街道）为普查单位，对全区的民俗文化进行系统的大普查；"二清"：弄清全区民俗文化的种类、数量、分布、现状、传承情况；"三展示"：展示调研活动的重要过程，体现抢救民俗文化资源的紧迫性和现实意义,展示民俗文化的真实原貌,以及抢救、保护和传承情形,展示民俗文化调研活动的成果,对调研活动收获和民俗文化保护成果进行全方位陈列展示、宣传。

(三)成立县(区)民俗文化学会

县级图书馆应积极组织开展民俗文化研究活动,要牵头成立县(区)民俗文化学会,聘请民俗文化研究专家、学者当顾问,聘请文化、广电、教育、旅游、科技、卫生、宗教、工商、公安、邮政、通信、物流、金融、商会等各界领导、学者为研究会理事,吸引有一定学识技艺或研究能力的民间人士到研究会来。会员一边开展民俗文化研究工作,一边协助图书馆采集、整理民俗文化文献,实施研究与整理资料相结合。会员应深入农村、社区,到民间艺人家里去、到那些不易发现而又可能蕴藏着民俗文化资源的地方去,做好相关的采集工作。对于当地专门的研究人员,应主动与之联系,借此获取更多民俗文化的信息资料。除了挖掘民间文学、音乐、舞蹈、史诗、传统戏剧、曲艺、杂技与竞技、神话、传说、故事、谚语、手工艺制作等作品及其制作过程、背景知识、文化空间外,对那些维系着族群的思想史、生存史、迁徙状况、民情习俗、语言交流沟通等传统力量的文本,如民间典礼、祭祀仪式、宗教信仰、谱牒及其衍生实物也应该兼收并蓄,不要轻易放过。县(区)民俗学会应对县域内历史与当代的民俗事象,进行调查、搜集、整理、描述、分析和论证,探求它的本质结构与社会功能,揭示其发生、发展、传承、演变、消失的规律,为县域的社会文化事业发展做贡献。

(四)建立县(区)级民俗文化资源数据库

在政府的统筹规划下统一标准、互联互通、分工协作、资源共享。县(区)民俗文化资源数据库工作必须在县(区)政府的总体规划和宏观调控下进行,作为文献收藏的有关单位,如图书馆、文化馆、科技馆、方志办、档案馆等均可根据自身的特点和已有的基础,发掘自身的潜力和优势,分别去承担有关方面的民俗文化文献资源的收集整理、加工与建库等工作。在分工进行的基础上,互通有无,互为弥补,协作互助,统一组织管理,统一软件联网系统,互联互通,资源共享。切忌互相封锁,自成体系的重复劳动,不仅给地方财力、资源造成浪费,更会给民俗文化资源数据库建设带来危害。民俗文化处于一种活态的文化环境中,它的表现形式与文化场所(文化空间)密切相关,这种特殊性决定了自身难以长期保存的特性。县级图书馆拥有专门人才、较先进的现代化设备,在资料抢救工作和后续的资料整理、数字化保存、保护等方面具有自身优势。应联合其他文化事业机构共同开发民俗文化资源数据库,通过网络、数字化等新技术，构建具有实践意义和服务价值的资源共享服务平台。

（五）争取多渠道投入，加大民俗文化保护开发力度

民俗文化保护离开资金支持，必将是举步维艰，县级图书馆要争取将民俗文化保护资金列入财政预算，并随着县（区）财政收入的增长而增长，根据本地民俗文化保护工作需要，加大经费投入力度，保障重点民俗文化保护项目经费投入。制定出台鼓励和支持民俗文化保护的优惠经济政策，进一步探索建立民俗文化保护基金及管理制度，鼓励社会力量参与保护工作。盐都区图书馆争取区财政每年拨出 10 万元专项民俗文化保护资金，并通过多渠道筹措资金，开展了民俗文化普查与保护成果展示活动，让人们了解盐都历史，了解民俗文化保护利用价值。先后组织参加第二届深圳国际文化产业博览会、第三届南京国际文化产业博览会、盐城市首届文化产业推介会、5·18 盐城经贸洽谈会、中国·盐城汽车文化节开幕式、盐城水街开街仪式暨盐城海盐文化节开幕式、风韵之都·盐都文化艺术节开幕式等大中型文化活动，宣传、推介盐都民俗文化保护项目，扩大了盐都民俗文化保护项目的知名度和影响力。与此同时，区图书馆《和悦讲坛》推出了民俗文化专题讲座，组织全区民间艺人现场制作绝活并展示、民间美术作品展及民俗文化大型图片展、农民歌会等活动。开展民俗文化进校园活动，在北龙港小学推广剪纸、布艺、舞龙等；在秦南中学推广舞狮；在楼王小学推广莲湘；在尚庄小学推广腰鼓；在龙冈小学推广柳编……这些活动的开展有力地促进了民俗文化的保护和传承。发行盐都区首批非物质文化遗产保护项目个性化邮票，出版《盐都民俗》《盐都区非物质文化遗产资料汇编》等学术著作，从而使该区民俗文化保护工作不断向纵深推进。

（六）建立民俗文化保护长效机制

县级图书馆要牵头制定县级民俗文化保护规划，积极推动民俗文化的传承、创新与发展，探索弘扬优秀传统文化的有效措施，制定阶段性保护任务和长远的保护目标。盐都区以非物质文化遗产保护工程为抓手，带动民俗文化保护工作的整体开展，已逐步建立起比较完备的民俗文化保护制度和保护体系。目前，该区已有 1 项民俗文化列入国家级非遗保护名录，有 4 项民俗文化列入省级非遗保护名录，有 10 项民俗文化列入市级非遗保护名录，有 23 项民俗文化列入区级保护名录。该区建立了民俗文化资料数据库，对盐都区内具有历史、文学、艺术、科学价值的民俗文化采取记录、建档、展示、传承等措施予以保护。在区图书馆设立水乡民俗文物陈列厅展示、弘扬、传承盐都优秀的民俗文化。积极组织专家对民俗文化进行研究，对各种民俗文化进行科学认定，制订保护方案，通过多种方式对民俗文化进行保护、开发。建立健全民俗文化实物资料征

集和保管制度，防止珍贵民俗文化实物与资料遭到毁弃和流失；建立了以人为核心、科学有效的传承机制，并积极开展创建民间传统文化之乡等活动。该区由于民俗文化保护工作成绩斐然，2009年12月，被江苏省文化厅表彰为省非遗保护先进集体；2010年6月，苏万才被江苏省文化厅表彰为省非遗保护先进个人。

县域民俗文化保护工作是一项系统工程，涉及面广，有关职能部门要各司其职，齐心协力共同做好民俗文化保护工作，县级图书馆更应积极主动参与其中，发挥自身优势，使县级图书馆的民俗文化保护职能得以深化，同时也能促进县域文化大繁荣大发展。

第二节 县域文化遗产保护开发

新农村建设，对县域文化遗产保护工作提出了新的任务和要求，可以说是挑战与机遇并存。现就新农村建设中县域文化遗产保护工作谈点粗浅认识。

一、县域文化遗产保护工作现状堪忧

1. 县级文物保护机构不健全

县级文物保护机构对农村的文物保护工作负有不可推卸的责任，但是受经费、人员、交通工具等条件的限制，目前正处于一种无能为力的状况。在不少地区有的县（区）由社会文化科的同志负责文博工作，有的县（区）由文化馆的同志代管县（区）的文博工作，无编制、无人员、无经费。因此，从目前的情况来看，县（区）的文化遗产保护工作现状堪忧。

2. 县级文化遗产保护经费严重不足

在如火如荼的新农村建设中，县（区）文化遗产保护经费增长远远落后于新农村建设的需要，主要表现在三个方面：（1）新农村建设对文化遗产保护工作带来前所未有的冲击，保护文物比任何时候都严峻，抢救任务更加繁重，保护成本大大增加；（2）文物底子薄，历史欠账多，特别是经济欠发达县（区），连最基本的人员和工作经费都难以保障，文物经费更无从谈起；（3）文物事业在新农村建设中作用越来越大，对社会的贡献越来越明显。不少文物单位在达到自身保值增值的同时，还可以产生极大的经济效益。与其效益相比较，投入还远远不够。总体来说，县（区）对文物保护的投入与实际需求之间存在较大的差距。

3. 新农村建设对县级文化遗产保护造成威胁

随着新农村建设和城市化进程推进，县（区）城乡面貌日新月异，原有的老城、老街、老房子都已渐渐地成为历史的回忆，就连一些重要的历史名城，原有的历史风貌也发生了彻底的变化，各级文物保护单位很难被完整保留下来。随着大规模基础建设和大型工程的启动，不但地上遗迹处境恶劣，地下遗存更是难得安宁，老祖宗遗留下来的地下遗存恐毁于旦夕。近年来强劲的城市化进程对文化遗产造成的冲击，难以估量。当然，除了建设性破坏之外，因一些片面认识、错误观念及管理不当所造成的保护性破坏，也为数不少。毋庸讳言，县（区）范围内丰富多彩的历史文化遗产资源，正在以前所未有的速度和规模消失，这已引起了全社会广泛的关注和反思。

4. 民间文物大量流失，田野文物保护力度不够

民间文物流失严重。近几年来，随着媒体相继开设鉴宝和艺术品投资等栏目，收藏热不断升温。农村条件差，农民的文化素质低，对文物价值认识不足，农村成了文物贩子"捡漏"的广阔天地。田野文物的保护，县（区）文物保护部门鞭长莫及。由于近几年来对文物保护的宣传力度不够，群众的保护意识十分淡薄，本应是群防群治地保护环境，而今在许多县（区）却出现了一些群众参与盗墓的怪现象。据有关资料表明，从2000年以来，发生在全国县（区）的盗挖古墓有10多万起，被毁古墓20余万座。即便是一些体积庞大的地上文物也未能幸免。来自中国海关的资料显示，近十多年，仅深圳海关就查扣走私文物近3万起。而这仅仅是海关在对于出境货物5%的抽查中发现的。县（区）文物的流失，已经形成国际化一条龙"经营"，从盗掘到走私，直至出现在海外交易市场，很快就能完成。

二、县域文化遗产保护工作存在问题剖析

1. 对文物价值认识不足

县（区）有些领导视文物保护为包袱，为经济建设和城市现代化建设的障碍，往往从眼前的经济利益出发衡量文物的价值。如古建筑保护与新农村建设的关系，有人认为与当前形势不符，不能充分认识到文物是祖先留给我们宝贵的精神财富，是千百年来形成的历史文化遗产。文物资源不仅是县（区）进行爱国主义和革命传统教育的好素材，而且可直接或间接地为县（区）经济建设服务，是新农村建设中不可再生的宝贵财富。

2. 文物保护意识不足

在广大农村之所以屡屡发生破坏文物现象，原因之一是文物保护的前沿阵

地名存实亡。乡镇干部对文物保护的重要性认识不足，不能树立正确的政绩观，在处理文物保护与新农村建设关系的问题上出现认识偏颇，看不到二者之间的辩证关系。对保护也是建设，且是长久的可持续发展的建设没有足够的认识，往往是置文物保护于不顾，热衷于搞开发、上项目。原因之二就是广大群众保护意识淡薄。这种现象应该说与宣传工作不到位有着直接关系。因此，要想迅速改变这种情况，必须把宣传工作放到重要位置。加大宣传力度，广泛宣传文物的价值和可持续发展，宣传法律、法规和文物保护的重要性，促使当地政府重视，促进社会关注，增强社会各界的文物保护意识和法律意识。

3. 文物执法力度不足

文物保护是一项极困难又复杂的工作，而很多县（区）文物部门既缺编制又缺人，更缺乏经费，无力实施文物保护。文物保护虽然有《中华人民共和国文物保护法》可依，但文物、工商、公安、规划等部门之间的关系难以协调，县（区）文物执法部门权威不够，所以导致文物被破坏时，往往得不到有效遏制或处理，出了问题互相推诿。

三、积极探索县域文化遗产保护工作新路子

1. 制定科学的文化遗产保护工作规划

根据盐都区实际情况完善各级文保单位"四有"保护措施；根据文物资源状况，制定文物保护总体规划，将其纳入区经济社会发展计划、城乡建设规划，并与环境保护、基础设施改造、旅游发展等规划相衔接。同时，严格按照规划实施，禁止过度开发和不合理利用。

2. 加强县级博物馆建设

大力发展博物馆事业，重点抓好县级博物馆的建设。鼓励具备条件的镇、企业按区域特点、行业特性设立专题博物馆；加强民俗类博物馆建设，抢救、保护民间文化遗产；充实、丰富、创新展览内容，强化精品意识，不断推出适应社会要求的陈列展览；提高县（区）博物馆的服务水平，强调公益性，免费向公众开放；充分发挥县（区）博物馆在加强未成年人思想道德建设中的作用；强化馆藏文物保护和管理，根据各县（区）馆藏文物状况，建设设施完善、达到国家安全技术防范标准的库房，提高馆藏文物保管条件；规范馆藏文物保护和管理，建立和完善保管制度，落实文物安全责任制；建立县级博物馆文物信息数据库，制定和完善保护措施；积极推广新科学技术在馆藏文物研究、保护、展示等方面的应用，提高馆藏文物保护、利用的科技含量。

3. 加强民间收藏队伍管理，藏宝于民

新农村建设和人们生活水平的提高，为收藏活动创造了良好的条件，民间

的收藏热悄然兴起，收藏成了人们投资理财、怡情益智的最佳选择。盐都区收藏协会自 2006 年 5 月起，策划举办了连续性的民间藏品进农村展览、收藏博览会等系列活动，已经举办 100 多次，20 多万农民在村头品尝到了民间收藏精品大餐。该协会不但把活动搞得有声有色，学术研究也硕果累累，会员连续出版四本收藏专著，会员在《中国文物报》《收藏》等报刊发表文章 500 余篇；会员还向区博物馆捐赠了文房用具，区博物馆专门设立了以捐赠者命名的文房用具陈列厅；会员还陆续创办了老报纸、钱币、玉器、古瓷器、珍品邮票等民间收藏馆。由此可见，加强民间收藏队伍管理，可以有效地促进民间文物保护。

4. 加强非物质文化遗产保护力度

县（区）文物部门，要制定非物质文化遗产保护规划，积极推动非物质文化遗产的传承、创新与发展，探索弘扬传统文化的有效措施，制定长远的保护目标和阶段性保护任务。盐都区以民族民间文化保护工程为抓手，带动非物质文化遗产保护工作的整体开展，已逐步建立起比较完备的非物质文化遗产保护制度和保护体系。该区已建立非物质文化遗产档案和数据库，将在区博物馆设立非物质文化遗产陈列厅，并积极组织专家对非物质文化遗产进行研究，对各种非物质文化遗产进行科学认定，制订保护方案，通过多种方式对非物质文化遗产进行保存。建立健全实物资料征集和保管制度，防止珍贵实物与资料遭到毁弃和流失；建立以人为核心、科学有效的传承机制，并积极开展创建民间传统文化之乡等活动，使非物质文化遗产代表作的传承后继有人。

5. 强化政府主导，利用一切力量，开创文化遗产保护工作新局面

（1）县（区）要强化政府行为，把文化遗产保护工作纳入经济和发展计划，纳入城乡建设规划，引入各级领导责任制。盐都区为切实加强对文化遗产保护工作的领导，成立了区文化遗产保护工作管理委员会，由区分管领导任管委会主任，区有关部门分管领导为管委会成员，制订了文化遗产保护工作的近期、中远期目标；定期研究文化遗产保护工作中遇到的新情况、新问题，统一协调文化遗产保护工作。各镇也成立了相应的协调机构，切实把文化遗产保护的各项措施落到实处。

（2）齐抓共管，共同做好文化遗产保护工作。县级文化遗产保护工作涉及面广，有关部门要各司其职，齐心协力支持文化遗产保护工作。文物部门要切实承担起对县级文化遗产保护的主导职责，落实文化遗产保护工作的各项政策。建设、规划、交通、水利、国土等部门，在制订城乡建设规划和审批建设工程时，必须征求文物部门的意见，涉及文物保护时应依法征得文物部门的同意。公安、工商等部门要加强对文物安全的综合治理，加大打击文物犯罪活动的力度。旅游、宗教等部门要依法、合理、有效地利用文物资源，确保不对文物造成损害。教育部门要将优秀文化遗产保护知识纳入教学计划,编进乡土教材。新闻媒体要加大宣传文化遗产保护的力度,发挥舆论监督作用。真正形成"保护文物、人人有责"的浓厚氛围,变县(区)文物部门的"孤军作战"为"全民参战",彻底改变文物保护的社会环境和文物自身的生存环境。

(3)加大投入力度,建立文化遗产保护多元投入机制。县(区)要将文化遗产保护经费纳入财政预算,随着财政收入的增长而增加,并根据本地文化遗产保护工作需要,加大经费投入力度,保障重点文化遗产保护经费投入。制订出台鼓励和支持文化遗产保护的优惠经济政策,进一步探索建立文化遗产保护基金及管理制度,鼓励社会力量参与文化遗产保护工作。

(4)加强文化遗产保护法制建设,加大责任追究力度。县(区)要建立和完善文化遗产保护的各项制度,要加大文化遗产保护执法力度,建立健全文化遗产保护责任制和责任追究制度,对因执法不力造成文化遗产受到破坏的将依法追究有关执法机关和有关责任人的责任;对因决策失误、玩忽职守,造成文化遗产破坏、被盗或流失的责任人,要依法追究法律责任。

第三节 县域民间收藏保护开发

近年来,由于很多藏品大幅升值,爱好收藏的人越来越多,形成了前所未有的收藏高潮。毋庸讳言的是,在这股收藏热潮中,县域民间收藏存在巨大隐患。

一、县域收藏现状堪忧

(一)法律规定与现实存在严重冲突

我国现行的文物法律法规虽然确立了民间文物收藏的合法地位,但民间收藏者合法取得文物藏品的途径过于狭窄。《中华人民共和国文物保护法》第五十条规定文物收藏单位以外的公民、法人和其他组织可以收藏通过下列方式取得的文物:1.依法继承或者接受赠予;2.从文物商店购买;3.从经营文物拍卖的拍卖企业购买;4.公民个人合法所有的文物相互交换或者依法转让;5.国家规定的其他合法方式。2012年7月31日,国家文物局、公安部、海关总署、工商总局《关于进一步加强文物经营活动管理工作的通知》(文物博发〔2012〕8号)文件第二条第一项规定:文物行政部门依照相关法律法规确立的文物商店审批条件和程序,对古玩旧货市场中经营文物的商户进行审批。这就意味着民间收藏者如果要合法购买文物,只能到文物商店、经营文物拍卖的企业和经过文物行政部门审批的古玩市场。事实上,县域自发形成的古玩市场星罗棋布,各地每月 1~2 天固定的民间古玩地摊市场相当火爆。而以现行的法律法规来看,以上市场购买文物的行为都是非法的,法律法规与县域文物市场现状存在严重冲突。如果依法严厉打击,将会严重抑制县域民间收藏活动,如果不采取措施,法律的尊严何在?

(二)准备不足,盲目入市

民间收藏充满了神奇,机会总是眷顾有准备的人。而有些人既不具备起码的收藏知识和修养,又不去了解收藏市场的最新行情,妄图一夜暴富,捡到大漏。捡漏最能体现藏家的成就感,同时也能麻痹藏家。它最容易撩动心的浮躁,让人产生以最小付出获取最大利益的奢望,在物欲面前迷失自我。有的人不去学习相关收藏知识,就头脑发热杀进收藏市场,这样做很可能不知不觉间当了冤大头,有的赔得血本无归,倾家荡产,甚至走上不归路。

(三)收藏定位不切实际

有的收藏爱好者常常不顾自身经济、文化、地域等条件,只想收藏精品、珍品,对那些本地区有条件买到亦有收藏价值的文物不屑一顾。这种不切实际的定位,客观上拉大了与取得文物投资收藏成就的距离,容易导致与真正的珍品失之交臂。其实,很多有成就的收藏家都是从专题、特色入手,不断充实自己的藏品。我们强调"一珍抵百普",但倘若缺乏坚实的基础,不从普通器物做起,又何来珍品、精品的收藏缘分?收藏是一种积累,好比春蚕吐丝成茧、春燕衔泥筑巢,日积月累,方能集腋成裘。收藏不能毕其功于一役,需要长期坚持,不能急功近利,要耐得住寂寞,一定要有"不到黄河不死心"的韧劲,得数年、数十年,甚至一辈子耐心收集,方能藏有所成。

(四)投入不量力而行

搞收藏,必须要有资金。这个问题处理得好不好,不仅关系收藏能否持久,而且关系家庭和社会的和谐。因此,收藏资金的投入,要量力而行,不能举债收藏,更不能变卖家产收藏。只有将收藏资金解决好,才能够得到家庭的支持,才能保证收藏经常化,否则,便是一句空话。在收藏资金不足的情况下,要多渠道收集藏品,主要渠道:一是祖传,长辈传下来的;二是馈赠,亲朋好友赠送的;三是交换,以自己的藏品交换别人的藏品;四是购买。这样,收藏之路才能走得更好、更远。

二、县域弘扬收藏文化的战略意义

（一）从政治角度讲，是巩固执政之基的需要

随着县域经济的发展，民间收藏迅猛发展。据中国收藏家协会统计，目前国内有 7 000 多万民间收藏大军。满足这个群体的收藏需求，对提高党的执政能力和巩固党的执政基础意义重大，这关系政权的稳固，关系党和国家的长治久安。县级文物行政管理部门，要抓住这个机遇，管好民间文物市场，为民间收藏爱好者保驾护航，利用民间藏品资源，为构建县域新农村公共服务体系提供新的平台，为维护县域稳定做出应有的贡献。

（二）从社会角度讲，是构建和谐社会的战略措施

目前，我国城乡之间的文化权益不公平现象十分突出：城里人的文化生活丰富多彩，享受着各种高水准的文化消费；农民群众的文化生活却较贫乏，一部分低收入农民家庭、困难家庭几乎与文化生活无缘，相当一部分进城务工的农民仍然处在除了干活就是睡觉的状态，享受不到基本的文化权益。这种城乡公民之间的文化权益不公平现象导致了农民心理的严重失衡，往往成为影响社会稳定，引发政治事件的源头，成为和谐社会的障碍。弘扬县域收藏文化，如民间藏品展的研讨交流、民办博物馆的设立、民间收藏衍生产品的开发等，是实现和保障农民群众基本文化权益，促进和谐社会的战略措施。

（三）从经济角度讲，促进文化产业发展

民间收藏活动不仅丰富了国民的业余文化生活，而且成为县域发展源泉和新的经济增长点。美国文化产业占到整个GDP的27%，日本达到20%，我国仅占2%。差距意味着落后，同时也蕴藏着巨大的增长空间。随着社会主义市场经济的发展，现代化水平的逐步提高，文化产业的功能与作用日益显现出其强大的社会效益。通过民间收藏活动，可以为县域经济发展开辟新的投资项目和市场空间，这也是落实科学发展观的体现。县域民间收藏活动向纵深推进，为县域文化产业迈上了一个新的台阶。

三、盐都历史悠久，收藏资源丰富

盐都区由盐城县演变而来，据考，境内有新石器时代遗址。区境在商周时为"淮夷地"。周时属青州，春秋时属吴，后属越。战国时属楚，秦代属东海郡。汉初时为射阳侯刘缠（即项伯）封地。汉武帝元狩四年（前119）因盐置盐渎县，东晋义熙七年（441）改名盐城县。盐城历史上盐、渔、农业较为发

达,尤以产淮盐著名。先秦时期开始零星煮盐,从西汉至清代中叶,淮盐一直是国家的主要财源之一。在唐代,盐城还是我国主要出海口之一。在中国革命现代史上,盐城是革命老根据地之一,有着重要的历史地位。皖南事变后,新四军在盐城重建军部,陈毅为代军长,刘少奇为政治委员。从此,盐城成了苏北和华中抗日根据地的心脏。盐城在历史上,是淮东的盐政中心,东南沿海重要的出口和通商口岸,东南国防的要地;在近现代,是老革命根据地之一,新四军曾在此重建军部。盐都区物产丰富,素有"鱼米之乡"的美称,名人荟萃,文化灿烂,有悠久的历史和深厚的底蕴,有富有魅力的人文景观和自然景观,有许多出土和传世的珍贵文物。所有这些,都为盛世收藏提供了有利条件。目前盐都区拥有大批收藏爱好者,他们的藏品具有较高文物价值、史料价值、艺术价值、观赏价值、研究价值、收藏价值、传承价值等。

四、试探县域弘扬收藏文化新路子

(一)成立各类民间收藏组织

县域要建立和健全各级各类收藏组织,正常开展活动,就要制定行业的职业道德规范,加强行业管理和行业自律,加强对会员的遵规守法教育和培训,努力提高民间收藏活动的品位,扩大协会的影响,充分发挥行业协会的作用,使其真正成为沟通政府部门与民间文物收藏者之间联系的桥梁和纽带。同时,县级文物行政主管部门要加强对收藏组织的联系和指导,共同配合,把民间文物收藏活动逐步引上规范的轨道。以盐都区为例,1987年3月,区农民集邮协会成立;1992年8月,区直机关集邮协会成立;同年,区钱币学会成立;2004年12月,区收藏协会成立。

(二)建立和完善县域鉴定服务体系

民间收藏首先要过鉴定关,不具备鉴定能力或没有人掌眼,要搞好收藏是一句空话。因此,随着县域民间收藏事业的飞速发展,对收藏品的鉴定成为一项极为重要的服务项目。县级文物行政管理部门要成立鉴定机构,培养一支德才兼备的鉴定人才队伍;县域各收藏组织要管理好自己的鉴定机构和鉴定队伍,强化自己的鉴定力量;广大收藏爱好者要有耐心,逐步提高自己的鉴赏能力,许多成功的诀窍都极简单,甚至是公开的,有人能成功,有人却失败,关键在于能否长久坚持;积极创造条件,为民间收藏品的鉴定、传承建立必要的档案资料。

(三) 开展内容丰富，形式多样的活动

1. 举办民间藏品进农村等系列展览

县域各类收藏组织要结合重大政治和节日等，举办各种展览。盐都区收藏协会推出了系列展览，年年成系列，次次有新样，如收藏博览会、民间精品展、盐都名人展、非遗展、节日民俗展、董加耕事迹展等，采取阵地展、巡回展，进农村、学校、工地、军营展览、网络展等方式，自2006年4月起，由盐都区文化广电和旅游局主办、盐都区图书馆承办的民间藏品进农村展览影响较大，迄今已举办了100多次，20多万农民在村头欣赏了民间收藏精品大餐。民间收藏是群众文化的重要组成部分，民间藏品来自民间，通过展览又回到了民间。民间藏品进农村，不仅让更多人了解了收藏，也扩大了协会的社会影响力，同时大大提高了会员的积极性。会员们也十分乐于将藏品通过展览的形式奉献给社会，而不计较个人得失。这项活动已成了盐都区的品牌和特色，《人民政协报》《中国文物报》《中国收藏拍卖导报》《中国文物科学研究》等20多家媒体反复进行了报道。

2. 编印会刊，促进交流

《盐都收藏》自2005年创刊后，每年出刊4期，会刊承担起传达协会部署，反映收藏动态，传达收藏信息，交流收藏经验，指导收藏工作的重要职责。重点宣传有关收藏的法律、法规和道德风尚，宣传会员的收藏成果和经验，宣传热爱收藏事业、刻苦钻研藏品的优秀会员，宣传收藏知识，介绍国内外收藏组织在收藏工作中的好方法、好经验。《盐都收藏》成了广大会员的知音，收藏活动的指南，展示盐都收藏风貌的阵地，与兄弟收藏组织联系的窗口，促进收藏事业共同发展的桥梁，为繁荣盐都民间收藏事业，建设文化盐都做出了积极的贡献。《盐都收藏》创办后与全国200家收藏组织及收藏家长期进行交流，交流了藏品，增进了友谊，促进了县域收藏家与艺术家之间的交流。通过交流沟通，促进盐都艺术家们创作更多更美更好的艺术精品。

3. 积极开展研究活动

收藏是一项充满传奇的活动，一面铜镜，照一段颠沛岁月；一块美玉，锁一段啼笑姻缘；一幅书法，抒一场人生感慨；一堆瓷片，寄一则奋进箴言；一张条案，诉几多人生无奈；两枚大钱，讲一桩捡漏奇谈；得一只犀角杯，三生有幸；丢一只黄釉盘，错失百万。拍案叫绝，是一段笑谈；挥手抹去，是一曲辛酸。要想捡漏，要想有好战绩，必须有好眼力。收藏者为了提高眼力，多去博物馆参观应是首选，博物馆内陈列的器物绝大多数是各时代的标准器物。只有把这些标准特征印在脑海里，形成"一杆秤"，再用它去衡量每一件经手的

器物，经过不断的积累和总结，才能逐渐掌握鉴定要领。目前，市场上的艺术品很多，良莠不齐。作为初学者，在没有具备"免疫力"的时候，就在商海里"游泳"，很容易"喝水"。到图书馆里学习文物、考古、民俗、美术、历史、地理、科技等与收藏相关的知识，提高文物断代、研究、鉴赏的能力，同时要提高文学素养和道德修养；腿要勤，多跑建筑工地、文物商店、拍卖市场、古玩市场、画廊等，增加感性认识，把书本上的知识转化为鲜活的形象；要虚心求教，能者为师，文物专家、古玩商、藏友等都是交流对象。火候到了，你会觉得遍地是黄金。收藏的意义不仅限于经济价值的考量，而且应该将更多的注意力放在藏品的历史价值和所蕴藏的文化内涵上。通过对藏品的研究，可以守望文化，领略人类文明的博大精深；可以了解传统，把握民族精神的发展脉络；可以细品历史，拂去岁月的尘埃，激活很多史籍所未记载的故事与细节。盐都区收藏协会的收藏家们注重理论联系实际，学术研究硕果累累，会员连续出版专著4本，在《中国文物报》《中国收藏拍卖导报》《中国文物科学研究》《收藏》《收藏界》等报刊发表文章600多篇。2011年，有两个市级课题获奖；2012年，有两个省级课题立项，一个市级课题立项。

4. 举办各类培训活动

培训工作一要选好专家，选择那些品德好、学识水平高，既有丰富的实践经验，又在某一收藏领域中有较高理论水平的文博专家。二要抓好重点人才的培训，收藏品鉴定人才、修复人才和经纪人才的专业培训工作十分重要。三要确定教学培训内容，除侧重面不同的专业知识和技能及讲授保管不同收藏品的科学技术与技能以外，还应讲授有关职业道德、法律意识方面的内容。四要倡导快乐收藏，不要把收藏单纯作为投资，而要在收藏之中了解文化，在把玩中陶冶情操。藏家在购买藏品之前应慎重考虑，在购买之后，要抱有一种买过就算的心态，不要太在意是否物有所值，即使买了赝品也可当交了学费，保持愉快的心情。

（四）为民间收藏家提供长期展示平台

民间收藏家除了参加各级各类临时展览外，还有长期展示及藏品安全的需求。县域要出台扶持民间博物馆发展的政策与经济措施，要制定行业的职业道德规范，加强行业管理和行业自律，加强对会员的遵法守规教育和培训，努力提高民间收藏活动的品位，扩大协会的影响，充分发挥行业协会的作用，使其真正成为沟通政府部门与民间文物收藏者之间的桥梁和纽带。同时，县级文物行政管理部门要加强对收藏家协会的工作联系和指导，把民间收藏活动逐步引上规范的轨道，鼓励他们把民间藏品捐赠给国办博物馆，或者帮助他们成立民办博物馆。县级文物行政主管部门要把民办博物馆真正纳入自己的服务和管理范围，主动指导他们的工作，关心他们的运营，鼓励县级博物馆开办民办博物馆分馆或设立民间藏品的展览平台，采取切实有效的措施，引导、扶持民间文物收藏朝着健康有序的方向发展，为建立布局合理、富有县域特色的博物馆网络做出贡献。盐都区扶持民间收藏家金一平创办古钱币馆、王杰锋创办疾风聚报斋、马正春创办本土观音展览馆、刘桂林创办艺术打火机馆、彭文高创办冠军风采博物馆、夏天德创办雷锋藏品馆、仇养东创办艺术扑克藏品馆、鲁曾保创办邮品馆等。在区博物馆设立民间藏品厅，采取轮换制，全方位展示该区民间收藏家的藏品，并为民间收藏家藏品提供保管服务及指导。

（五）加大文物市场执法力度

要制定县域文物行政管理与执法工作标准，建立县域文物安全与执法巡查制度及文物执法监督制度。健全文物、公安、工商等多部门联合执法机制，严厉打击文物违法犯罪行为，重点预防和打击盗掘古墓葬、古遗址、盗窃国家文物等行为，加大文物市场管理力度，建立文物鉴定准入和资格管理制度，依法规范文物经营行为。对因执法不力造成文化遗产受到破坏的，要依法追究执法机关和有关责任人的责任。加大对典型案件的查处力度，不仅要查处违法者，更要查清违法案件背后的原因，让失职渎职者承担责任。对案件查办情况要及时宣传，在县域形成人人敬畏文化遗产、人人保护文化遗产的良好氛围。只有这样，法律的权威才能树立，政府的形象才能体现，民间收藏才有和谐健康的生存空间，民间收藏者的合法权益才能真正得到保障。

民间收藏是一项利国利民，内涵丰富、品味高雅、生命力极强的活动。笔者呼吁，文物政策要前进，不要后退，文物市场不要陷入一放就乱，一管就死的怪圈。期望《中华人民共和国文物保护法》再放宽一些，转换观念，大力扶持民间收藏，藏宝于民，形成政府与民间共同保护文物的新局面。

第四节 县域书法艺术保护开发

中国书法艺术历史悠久，源远流长，博大精深，是世界艺术的奇葩。弘扬书法艺术，有利于传承中华文化，有利于提高民众素质，有利于民众身心健康。县域书法艺术现状堪忧，县级图书馆要积极开展书法艺术推广工作，构建县镇村三级服务网络，提升服务能力，开展内容丰富、形式多样的活动，整合社会资源，拓展服务空间，为中华艺术传承尽绵薄之力。

一、县域书法艺术现状堪忧

（一）县域书写现状惨不忍睹

随着现代信息技术的发展，县域内的民众普遍存在写不好、不想写、不会写汉字的状况。学校课堂上播放的是PPT课件，学生手里拿的是平板电脑、手机等移动设备，写不好汉字的现象比比皆是。翻开一些学生的作业本、课堂笔记，大多是信手乱涂，潦草难辨，书写丑陋，错别字层出不穷。有的连基本的汉字结构、笔画笔顺也不清楚，能给人以美的享受的作品寥寥无几。

（二）县域学校书法艺术推广现状堪忧

2013年2月，教育部颁布的《中小学书法教育指导纲要》将书法纳入中小学教育体系，规定中小学生必须分阶段、分年龄练习硬笔和毛笔书法。一时间，教育界、书法界一片叫好之声。然而现实是不少学校的书法课只是描描红或者随便找一本字帖让学生自己练，没有合格的师资，没有明确的教学大纲，没有规范的书法教材。由于书法没有列入升学加分项目，有的学校的书法课被随意占用或放任自流，可以说，县域学校书法艺术推广现状堪忧。

（三）县域书法艺术培训班鱼龙混杂

受利益驱动，社会上办书法艺术培训班的机构和个人很多。有的如少年宫等，具备办学资质，有足够的师资、办学场地、教学大纲和书法教材等。而有的单位和个人没有足够的师资、没有办学场地、没有教学大纲、没有正规的书法教材，随便找个"书法教师"，找一间教室，就敢开办书法培训班，这样不但起不到好的效果，反而会误人子弟。

二、弘扬书法艺术的意义

（一）有利于传承中华文化

书法艺术是中国文化的核心，它的发展贯穿于整个中国文明史，以其独特的审美内涵享誉世界。2009年9月30日，联合国教科文组织保护非物质文化遗产政府间委员会第四次会议正式批准将中国书法列入《人类非物质文化遗产代表作名录》。国民通过书法学习，了解并掌握书法艺术的基本技法，学习古文字、古汉语及中国历史知识，培养艺术鉴赏能力。学校应以书法教育为突破口，着眼于学生素质的提升和文化的传承，为每一个受教育的孩子奠定终身学习中华文化的基础，让书法教育真正成为开启学生学习传统文化的第一课。

(二) 有利于提高民众素质

书法艺术对提高民众的文化素养有重要作用，长期认真地习字，可以陶冶情操，形成审美意识，养成良好的习惯，开发潜能，提高自身的文化素养。书法艺术对提高民众的观察能力、想象能力、审美能力、思维能力、记忆能力、动手实践能力和创造能力等都能起到积极作用，对人今后的学习、工作和生活都能产生不可估量的影响。小而言之，可以为自己赢得别人的尊重；大而言之，可以提升国家整体民众的素质。

(三) 有利于民众的身心健康

书法艺术是一项高雅的活动，它有助于提高民众的文化艺术修养和审美情趣，陶冶情操、净化灵魂。学习书法艺术时必须悬腕、头正、身直、臂开、足安，宁静专注，懂得运气行气，这样有助于民众的身心健康。写好字是件不容易的事，效果也不是立竿见影的。在这个过程中，会经历练习的枯燥和失败的磨炼，练习的过程同时也是修身的过程，有利于培养民众的毅力、恒心、意志、韧性。

三、探索县级图书馆弘扬书法艺术新路径

(一) 健全服务网络，开展书法艺术推广工作

1. 健全县镇村三级图书馆服务网络

在县域应构建一个以县级馆为中心，以乡镇馆为支柱，以村级馆为服务点的县级图书服务网络。县级馆是服务网络龙头，乡镇级馆是服务网络的纽带，联系着县馆和村级馆。盐都区建成以区馆为龙头，以镇级馆为骨干，以村级馆为服务点的多层次、多渠道、多领域的三级图书馆服务网络，为县域书法艺术推广工作奠定坚实的基础。盐都区图书馆服务网络根据自身的师资、场地、设备等开办毛笔字、钢笔字、铅笔字、素描、国画、漫画、儿童画、卡通画、手工制作等培训班，对县域书画艺术推广工作起到积极作用。

2. 利用现代信息技术开展书法艺术教育

中国书法艺术虽然简约朴素，只是点画线条的组合，但它确能表达多种多样的美。因此，县级图书馆在书法艺术推广中应尽量使用现代信息技术，利用县级图书馆支中心、网站等。在进行在线教育时，在欣赏一幅书法作品时，既可欣赏章法构成的整体意境，又可关注单行行气的流畅，还可通过特写玩味一个字结构的趣味。直观生动，使人们在感受画面的同时，获得丰富的知识和艺术鉴赏能力。应用在线教育能改善人们认识事物过程的途径和方法，在线教育

技术优势是传统教育无法比拟的。

3. 利用环境进行艺术熏陶

县级图书馆要注重艺术的沉淀与积累，让每一个建筑、每一面墙都能说话，利用环境进行艺术熏陶。盐都区图书馆的馆名、各厅室标牌等均聘请国内知名书法家题写，大楼走廊悬挂了知名书画家的作品，展厅悬挂了读者的优秀书画作品。走进盐都区图书馆，一种安静祥和、翰墨飘香的人文情境得到了自然的体现，给读者带来一股清新气息，使其感受到艺术魅力。

（二）激发兴趣，培养书道

1. 激发书法艺术学习兴趣

兴趣是最好的老师，能促使你迷上书法艺术。兴趣不是与生俱来的，和环境的影响有很大的关系。可以多欣赏历代书法名人碑帖，向书法家求教，与书法爱好者切磋交流；参观书法展览，观摩书法表演，听书法讲座，欣赏名家名作，游览名胜古迹，细心揣摩各种风格的碑刻艺术，开阔视野，提高鉴赏能力。从大自然、生活中汲取艺术创作的灵感，不知不觉中，就会激发你学习书法艺术的兴趣，从而走上书法艺术之路。

2. 做好书法艺术学前准备

要学好书法艺术，必须掌握汉字的正确写法，不能随心所欲地编字造字。学习书法必须提高自己的理论水平，以理论来指导实践，如此才能迅速提高自己的艺术水平。在学习前，应该首先对书法艺术的有关理论进行研究，学习艺术鉴赏，了解书法艺术的发展史。根据自己的爱好，选择自己准备学习的字体，了解书法艺术的基本特征。了解文房四宝的种类、基本性能、选择使用及保养的方法等。学好书法艺术，要了解并掌握书法艺术的基本技法，如写字的姿势、怎样执笔、怎样运笔、怎样用锋等。这些技法是古人积累起来的经验，在练习书法以前，了解这些知识，可以事半功倍。

3. 培养走上正确书法艺术道路

对初学者来说，一开始必须先从碑帖学起，认真学习古人的经验，然后才能有所创新。学习碑帖，首先要选好碑帖。在临帖时，要注意认真读帖，待比较成熟后，便可进入背临和空临阶段。

以楷书为例。正楷，又称"正书""真书"，从笔画的痕迹看，是脱胎于隶书的方正、章草的简便。它经历了汉代的酝酿，魏晋时代的创造，到唐代趋于成熟。写楷书要宗法唐楷，其代表书法家：初唐有欧（阳询）、虞（世南）、褚（遂良），盛唐中期有李（邕）、颜（真卿），晚唐有柳（公权），以上诸家各有千秋，他们的代表作供后世效法版本，千百年来盛行不衰。楷书练习两年左右，接着根据个人的喜好练习隶、篆、行、草书，然后练习章法布局，学习篆刻、国画、古诗词等。要想成为书法艺术家必须诗书画印样样精通，当然这需要你一辈子去追求。作为初学者，不必强求，根据兴趣顺其自然，说不定无心插柳柳成行。

四、利用社会资源，拓展书法艺术推广空间

1. 与媒体协作营造浓烈氛围

县级图书馆要充分利用媒体宣传造势，发挥媒体舆论的导向和激励作用，因势利导，加大宣传力度，积极争取社会各界人士投身书法艺术的推广工作，营造全社会关注的浓烈氛围。盐都区镇村三级图书馆携手区广播电视台等媒体策划推广专题栏目，做到电视有声音，报刊有文字，网络有图像，广播有宣传，搭建社会参与平台，营造浓烈的书法艺术氛围。

2. 与教育部门协作提升服务规模

2012年秋季起，书法教育开始走进中小学课堂，这件被呼吁多年的好事终于开始落到实处，引起社会的广泛关注和普遍认可。然而书法并不易学，书法也不与考试、升学等功利目标挂钩，书法进课堂这近一年来，如何使中小学生对书法学习产生兴趣，如何保证他们学习书法的时间和精力，如何保证师资力量、配备合理教材、提高书法课的教学质量等都是亟须解决的新问题。县级图书馆应与教育部门携手合作破解难题。盐都区图书馆与区教育局合作，举办全区中小学师生书法美术摄影大赛，在区图书馆展厅展出获奖师生作品，举办全区中小学书法师资培训班、讲座等，组织国家省区市书法家协会会员进校园举办展览、笔会、交流等内容丰富、形式多样的活动，极大提高了师生学习书法艺术的兴趣，全区师生的书法艺术水平逐年提高，国家省市区级书法家协会会员逐年增加，师生作品在国家省市区级书法大赛中屡获大奖。

3. 与企业协作提升服务规模

提升县级图书馆服务规模，必须有经济支撑。盐都区图书馆积极与企业联姻，开展笔会、展览、讲座、送春联进社区等活动，企业搭台、文化唱戏。以赞助冠名合作主办的方式吸引企业介入资金，极大地拓展了县级图书馆书法艺术推广的空间。

书法艺术推广工作是一项系统工程，是一项只有起点没有终点的长期工作。有关职能部门要通力协作，形成长效机制。县级图书馆要充分发挥主观能动性，让更多的国民爱书法，学书法，懂书法，让书法艺术发扬光大。

第五节　县域地方剧种保护开发

随着现代信息技术的迅猛发展和社会环境的变化，艺术门类更趋多元化，人们审美需求不断拓展，地方剧种这个受地域空间限制、辐射面相对窄小的艺术品种，势必受到严峻的挑战。据调查，20世纪50年代我国曾有地方剧种360多个，到了今天，全国仅有约80个剧种的生存状态尚可，其他多数剧种已实际消亡或濒临消亡。如山西省20世纪80年代有地方剧种52个，现在仅剩28个。面对这一严峻形势，县级图书馆应积极参与县域地方剧种保护和开发工作，地方剧种保护和开发的过程也是县级图书馆发展壮大的过程。

一、县域地方剧种生存状况堪忧

1. 地方剧种生存环境恶化

随着时代的改变，地方剧种的生存环境逐年恶化。地方剧种最根本的艺术基础是方言和有地域特色的山歌、民歌曲调、旋律。随着社会的发展，方言土语被融汇，大部分地方剧种勉强维持或终将消亡。以江南滩簧戏而言，原有的剧种杭剧（又称武林班或武林戏）、丹剧（丹阳啷当剧）、湖剧（湖州滩簧、浙北滩簧）、苏剧（苏州滩簧）已消亡，姚剧（余姚滩簧）也濒危。沪剧（申滩）、锡剧（常州、无锡滩簧）、甬剧（宁波滩簧）生存状态虽然较正常，政府支持力度也大。但由于这三个剧种处于现代化程度较高的长三角地区，这个地区的各地方言面临生存危机，因而这些滩簧戏的日子本身也很不好过。如果没有高水平的演出剧目，就很难走出本地区，如甬剧只能在浙东和上海拥有固定观众；锡剧只能在苏南演出，连上海的地盘也逐渐丢掉了；沪剧则已退回上海，失去了苏南的地盘。曾经辉煌的盐城淮剧城市观众逐年减少，农村市场一票难求的景象已难重现。

2. 县域地方剧种保护意识淡薄

许多人对地方剧种的重要性认识不足，地方剧种得不到科学有效的保护。同时不能充分认识到地方剧种是祖先留给我们宝贵的精神财富，是千百年来形成的历史文化遗产。它不仅是进行爱国主义和传统教育的好素材，而且可直接或间接地为地方经济建设服务。地方剧种的价值，不仅体现在观众产生的观赏价值上，而且它本身就是一个文化宝库。例如，地方戏曲中的大量方言、土语、俚语，就是语言科学的组成部分，研究语言的变化、发展，地方剧种中的舞台语言就是很重要的资料。又如地方剧种中的服饰、段子，便是某个地区服饰文化、生活习俗文化的反映；地方剧种中的唱腔曲调，就是一部民族音乐的百科宝库。享誉世界的小提琴协奏曲《梁祝》就来自越剧。今天，民族音乐的发展很艰难，大量学院派的民乐家，也很少有人肯下功夫去挖掘地方戏曲音乐这个宝库，不屑于吸取其营养来进行民乐演奏曲的创作，这是极大的损失，甚至连民乐专业的老师、学生都不爱看戏曲演出。

3. 县域地方剧种保护机制亟待建立

近年来，由于地方剧种演出市场日益萎缩，很多地方剧团生存困难，山西、河南、陕西是地方剧种大省，群众爱看戏，地方剧种多，但经济欠发达，地方财政给剧团的拨款非常少。山西忻州县级剧团80%已解散，余下的发展也困难重重。剧团不景气，导致很多地方剧种人才流失、断层现象非常严重。旧有的传统剧目引不起现代观众、特别是青年观众思想感情上的共鸣，地方剧种原有的表现手段跟不上时代的发展，艺术技巧不能满足反映现代生活的需要等导致地方剧种生存危机。很多地方剧种加工整理传统剧目，排演新戏，以获奖为目的，不从观众需求出发，在舞台上久演不衰的很少。于是老戏老演，老演老戏，演出质量下降，观众锐减，成为很多县级剧团、剧种的普遍现象。随着县级剧团转企改制推进，一批经营管理不善的剧团即将倒闭，县域内有的地方剧种将更难生存。建立县域地方剧种保护机制迫在眉睫，保护标准、目标管理、收集、整理、调查、记录、建档、展示、开发利用、资金、编制、人才等一系列问题亟待解决。

二、县域地方剧种的保护离不开县级图书馆

（一）保护地方剧种是县级图书馆的基本职能

联合国教科文组织认为图书馆有四项职能，保存人类文化遗产位居第一，《中华人民共和国非物质文化遗产法》第三十五条规定："图书馆、文化馆、博物馆、科技馆等公共文化机构和非物质文化遗产学术研究机构、保护机构以及利用财政性资金举办的文艺表演团体、演出场所经营单位等，应当根据各自业务范围，开展非物质文化遗产的整理、研究、学术交流和非物质文化遗产代表项目的宣传、展示。"地方剧种是非物质文化遗产的重要组成部分，县级图书馆是公共文化服务体系中的重要一环。因此，保护地方剧种是县级图书馆不可推卸的职责。

(二) 县级图书馆拥有保护县域地方剧种的独特优势

1. 拥有大量的文献资源

县级图书馆拥有丰富的与地方剧种保护相关的文献资源。尤其是县级图书馆地方文献中就有大量的地方剧种资料，如反映地方剧种的起源和历史沿革；地方剧种的艺术特色与特点；曾经活跃在地方上的演出团体、著名演员及其他地方剧种史料等。这对参与地方剧种的发掘、保护及进一步研究是不可缺少的。

2. 拥有必要的场地设备资源

县级图书馆是公益性的基层文化教育场所，它设有外借部、阅览室、学术报告厅（一般都有小型舞台）、展览厅、文化信息资源共享工程支中心等现代化的设施和场所，可为地方剧种的保护和开发提供必要的排练场地，提供灯光、音响，提供信息存储载体、信息加工设备等现代化的设备。

3. 拥有专业的人才资源

县级图书馆拥有各种人才，在地方剧种抢救工作和后续的资料整理、数字化、保护、开发等方面，具有独特的优势。地方剧种的传播方式主要是口传心授，具有叙事场景重现和传播个体的零散性、多样性、模糊性等特点，县级图书馆可利用人才优势，对它们进行图、文、声、像相结合的立体方式的记录，以笔录、摄影、录音、录像等现场记录方式，将其转化为光盘、磁带，进而数字化，把它们物化为文献存档进行永久保存，使得地方剧种以生动鲜活的方式保存。

三、试探县域地方剧种保护新路子

（一）强化政府行为，构建县（区）镇村三级图书服务网络

一项工作成功与否与政府态度密切相关，地方剧种保护工作要积极争取政府支持，把地方剧种保护纳入经济和社会发展计划，纳入城乡建设规划，纳入财政预算，纳入体制改革，纳入各级领导责任制，创新管理体制机制，把地方剧种保护的责任进一步具体化。为加强地方剧种保护，在县域应构建一个以县级馆为中心，以乡镇馆为支柱，以村级馆为服务点的县级图书服务网络。县级馆是服务网络龙头，乡镇级馆是服务网络的纽带，联系着县馆和村级馆。盐都区建成以区馆为龙头，以乡镇级馆为骨干，以村级馆为服务点的多层次、多渠道、多领域的三级图书馆服务网络，为县域盐城淮剧保护打下了坚实的基础。盐都区、镇、村三级图书馆积极为本行政区域内国有、民间剧团和淮剧票友提供排练、演出场所。

(二) 加大宣传力度，营造良好氛围

县级图书馆要坚持舆论先行，重在引导、全面发动、大造声势，开展全方位、高密度、立体式、大容量的宣传教育，将宣传的触角延伸到县域的每个角落，形成人人关注县域地方剧种、个个为保护县域地方剧种出力的良好局面。盐都区、镇、村三级图书馆抓住盐城淮剧入选国家级非物质文化遗产名录的宝贵机遇，进行宣传。携手盐都电视台、盐都报社、盐都网等媒体开设专栏，做到报刊上有文字，广播里有声音，电视上有图像，网络里有宣传，营造浓烈的氛围。利用学校、社区、企业等的宣传板报、画廊、橱窗进行宣传，在交通要道、大街小巷悬挂标语横幅，带领志愿者利用世界读书日、图书馆服务宣传周、文化遗产日等在广场、居民小区设点宣传，做到宣传随处可见，形成人人关注县域地方剧种的浓烈氛围。

(三) 培养保护地方剧种的专门人才

县级图书馆要积极参与培养县域地方剧种管理人才、市场营销人才、理论研究人才，尤其是要培养剧目创作人才。长期以来，地方剧种剧目创作水平上不去，只能移植大剧种、大剧团的剧目，而自己编出来的剧目水准太低，有时一出戏甚至连剧情都编不圆，这样的戏谁看？剧目创作站不住，演员再好，舞台再怎大制作，还是免不了滑坡。濒危的地方剧种，归根到底是要在新剧目创作上下功夫，创排出高水平、高质量的新戏。20世纪50年代昆曲濒危时，一出《十五贯》救活了一个剧种，而沪剧、越剧、锡剧当年的辉煌，也是靠了一大批优秀剧目。剧本若站不住，导演再好，演员再好也白搭。剧场的舞美再好，能玩得过电影的特技？其实地方剧种的兴衰就是剧本创作的兴衰，可惜这个道理现在许多人都忘了，编剧在趾高气扬的大导演、表演艺术家面前，已经成为打工仔，关汉卿、汤显祖、田汉、曹禺等大师若生在当代，也难以出头。若一个剧种编不出或选不到好剧本，给再多的钱也挽救不了剧种的消亡。

(四) 做好地方剧种史料抢救工作

1. 收集地方剧种资料

优秀的民间戏曲艺术是发展地方剧种的基石，而我们目前所掌握的有关戏曲的资料，特别是民间戏曲的资料较少，许多珍贵的资料在民间、在老艺人的身上。如不及时抢救保护，就会造成不可挽救的损失。对濒危的地方剧种，县级图书馆应该赶快做艺术史料的抢救式记录，把地方剧种的原有保留剧目、唱腔、行当、表演等艺术通过录音、录像或文字记述的方式记录下来，使它进入艺术历史的记忆中。已消亡了的地方剧种，剧团虽没了，但只要老人还在，还可以进行艺术资料的抢救记录，将来这些都是民族的宝贵文化财富。要广泛发

动群众，向剧团、演职人员和老艺人征集、收购演出抄本和音乐资料，或请老艺人口述记录传统剧目和音乐曲牌，或把老艺人的表演通过录像制作成光盘保存下来，并按照档案资料的管理办法，妥善保管，专人负责。

2. 建立县域地方剧种资源数据库

在县级政府的统筹规划下统一标准、互联互通、分工协作、资源共享，作为地方剧种收藏的有关单位，如图书馆、文化馆、科技馆、方志办、博物馆、档案馆等均可根据自身的特点和已有的基础，发掘自身的潜力和优势，分别去承担有关方面的地方剧种文献资源的收集整理、加工与建库等工作。在分工进行的基础上，互通有无，互为弥补，协作互助，统一组织管理，统一软件联网系统，互联互通，资源共享，切忌互相封锁。自成体系的重复劳动，不仅给地方财力、资源造成浪费，更会给地方剧种资源数据库建设带来危害。地方剧种处于一种活态的文化环境中，它的表现形式与文化场所（文化空间）密切相关，这种特殊性决定了自身难以长期保存的特性。县级图书馆服务网络拥有专门人才、较先进的现代化设备，在资料抢救工作和后续的资料整理、数字化、保存、保护等方面具有自身优势。应联合其他文化事业机构共同开发地方剧种资源数据库，通过网络、数字化等技术，构建具有实践意义和服务价值的资源共享服务平台。

（五）争取多渠道投入，加大地方剧种保护开发力度

地方剧种的保护离开资金支持，必将是举步维艰，县级图书馆要争取将地方剧种的保护资金列入财政预算，并随着县级财政收入的增长而增长，并根据地方剧种保护工作需要，加大经费投入力度，保障重点地方剧种保护项目经费投入。制定出台鼓励和支持地方剧种保护的优惠经济政策，进一步探索建立地方剧种保护基金及管理制度，鼓励社会力量参与保护工作。盐都区图书馆服务网络通过多渠道筹措资金，开展了县域地方剧种——盐城淮剧普查与保护成果展示活动，让人们了解盐城淮剧历史，了解盐城淮剧的保护利用价值。盐都区图书馆的《和悦讲坛》推出了盐城淮剧专题讲座，长期无偿提供场地给盐城市淮剧团排练，为该团获得国家文化部文华新剧目奖等国家省市奖项提供后勤保障。组织全区民间淮剧票友演唱，发行盐城淮剧等盐都区首批非物质文化遗产保护项目个性化邮票，出版了《盐都区非物质文化遗产资料汇编》，从而使该区盐城淮剧保护工作不断向纵深推进。

（六）建立地方剧种保护长效机制

县级图书馆要牵头制定县域地方剧种保护规划，积极推动地方剧种的传承、创新与发展，探索弘扬地方剧种的新路径，制定长远的保护目标和阶段性保任务。地方剧种在县域人民的文化生活中占有非常重要的地位，但在国民教育中却没有应有的地位。从小学、中学到大学的课程中有关地方剧种的知识涉及很少。国家和地方要立法，把地方剧种纳入基础教育中，以提高国民的民族文化意识。这样才能从根本上解决地方剧种观众断代的危机问题。保护和发展地方剧种，要根据各地方剧种的发展历史、艺术价值、文化价值，给予恰当的定位，制定出切合实际的政策，为地方剧种保护立法；为进一步激活艺术生产力，应建立新型的地方剧团管理机制；加大对剧场、排练场等文化设施的建设力度，改善剧团的工作环境和演出条件；需要加大地方剧种后备人才的培养，给戏校、艺校招生出台优惠政策，减免学生的学杂费；加强对民间职业剧团的管理，对演出市场进行宏观调控，满足人民群众对地方剧种的欣赏需求；利用现代科技手段，尽快抢救和保护地方剧种，加大对地方剧种理论研究的投入；对于那些有文化艺术价值的古老剧种，能够列入联合国和各级政府非物质文化遗产保护名录的应尽快筹建地方剧种博物馆。对于多数地方剧种来说，要把工作的重点放在发展上，不断创作出优秀剧目，满足广大群众的精神文化需求，逐步建立健全地方剧种保护长效机制。

地方剧种保护工作是一项系统工程，涉及面广，有关职能部门要各司其职，齐心协力做好地方剧种保护工作。县级图书馆服务网络更应积极主动参与，发挥自身优势，突破延伸服务瓶颈，地方剧种保护开发的过程，也是县级图书馆服务网络发展壮大的过程。

第六节　盐城地方语言保护开发

盐城方言承载着地方的文化基因，是艺术创作不竭的源泉，可以促进人与人之间的沟通，是盐城文化自信和软实力的体现。现代信息技术的迅猛发展和社会环境的变化，普通话的推广，人员流动的加快，给盐城方言保护提出了新的任务和要求，可以说是挑战与机遇并存。相关部门要适应新形势，变被动为主动，积极拓展盐城方言保护传承新路径。

一、盐城方言研究现状

盐城历史悠久，境内有新石器时代遗址。最早见诸史料记载的盐城方言可以追溯到秦汉时期，汉初，这里已"煮海利兴，穿渠通运"，有不少居民居住于此，操吴扬江淮语。目前能看到的跟盐城方言研究有关的较早著述是《徐氏类音字汇》，1927 年在上海深柳书屋出版，此后，《江苏省和上海市方言概况》（1960）、盐城市郊区地方志编纂委员会编写的《盐城县志》（1993）、盐城市地方志编纂委员会编写的《盐城市志》（1998）、江苏省地方志编纂委员会调查编写的《江苏省志·方言志》（1998）中都有关于盐城方言的调查记录，还有蔡华祥的著作《盐城方言研究》（2011）等。研究盐城方言的学术论文较为重要的有《〈类音字汇〉与盐城方言》（鲍明炜 1979）、《盐城语音与北京语音的比较》《江苏省盐城方言的语音》《论盐城方言咸山两摄舒声韵与阴声韵的关系》《江苏盐城话的"了"》《江苏盐城话的疑问语气词》等。盐城方言的调查和研究已经取得了一定的成果，以语音、语法的研究居多，词汇的专题研究不多，盐城方言保护的研究还很少见。

二、盐城方言保护现状不容乐观

1. 盐城方言生存环境发生变化

目前普通话得到大力推广，根据国家语委统计调查，2010 年我省普通话普及率达到了 70.67%，比 2000 年的 55.33% 上升了 15.34 个百分点。讲普通话从娃娃抓起这是好事，但导致说盐城方言的人越来越少。随着交通的便捷，民众的迁徙变得更加容易，人们告别了故土，离开城市，离开盐城，出市出省甚至出国，自觉不自觉地放弃了盐城方言，讲起了普通话或者外语，这就加速了盐城方言的萎缩。

2. 盐城方言保护意识不强

当今盐城话成为凝聚海内外盐城人的文化纽带，在盐城市的持续发展中发挥着越来越重要的作用。当前盐城方言的保护和研究工作尚未得到应有的重视。对盐城方言进行保护的重要性认识不够到位，甚至存在一定认识误区。有的人认为现在升学、求职、做生意的都需要说普通话，所以盐城方言会阻碍对外交流，影响人与人之间的沟通。甚至有个别学校不允许学生说方言，形成了普通话与方言的绝对对立。他们忽略了盐城方言对文化传承的重要意义，认识不到盐城方言是盐城文化自信和软实力的体现，对盐城方言持排斥态度。这些现象对盐城方言的保护传承极为不利。

3. 盐城方言保护机制亟待建立

由于方言等非物质文化遗产保护形势严峻，2003 年 10 月 17 日，联合国教科文组织颁布了《保护非物质文化遗产公约》；2011 年 2 月 25 日，全国人大公布了《中华人民共和国非物质文化遗产法》；各省、市、自治区非遗保护条例、法规颁布，并逐级落实保护实施方案。2013 年 9 月，盐城市区被江苏省语委确定为中国语言资源有声数据库建设第四批调查地区，开展了盐城方言发音人评选活动，筹建盐城方言有声资源数据库，通过广播、电视等来传播盐城方言等。虽然政府采取了一系列措施保护盐城方言，但这些活动有局限性，忽视了普及性。有的停留在娱乐、欣赏的层面，保护传承的目的尚不够明确；有的"养在深闺"，无人问津，远不能实现保护、传承盐城方言的目的。盐城方言保护现状不容乐观，建立盐城方言保护机制迫在眉睫。保护机构、标准、目标管理、收集、整理、调查、记录、建档、展示、开发利用、资金、编制、人才等一系列问题亟待解决。

三、盐城方言保护的意义

1. 盐城方言承载着地方的文化基因

盐城方言承载着地方的文化基因，是地域文化的典型标志。莫言在小说《檀香刑》等作品中，运用了许多他老家山东高密的方言，这非但没有让人感觉到土，反而使故事整体显得很厚重，反映出一个地方文化的根。传承地方文化，是一种社会责任，不一定要求所有的人都说盐城话，但盐城方言是地方文化的重要载体。盐城人在讲好普通话的同时，也应该说好盐城话，这是盐城这座城市文化自信和软实力的体现。地方戏剧、曲艺等民间艺术的传承、发展都必须依赖方言，民歌也依赖方言。方言的衰败、萎缩乃至消亡，必然会使丰富的地方文化出现萎缩、衰败乃至消亡。比如淮剧只有用盐城方言才能真正唱出苏北里下河地区那种语境和韵味来，如果用普通话唱那还叫淮剧吗？

2. 盐城方言是艺术创作不竭的源泉

方言自古就具有滋养与传播地方文化的作用，地方戏曲、地方文艺和地方文学等都带有浓重的方言印记。施耐庵著的《水浒传》所采用的盐城方言达30多条（不含重复出现的）。如盐城一带指睡觉时不要熟睡以防意外叫"省睡"（省，读 xǐng），施耐庵将这个词用到了《水浒传》中，如第五十七回，酒保怕桃花山强人打劫，对客官说："相公夜间需要小心省睡。"盐城人把损人利己的行为称作"促掐"，《水浒传》中也多处引用，如黄文烨背后骂黄文炳道："又做这短命的促掐事！与你无干，何故定要害他？"（第四十一回）等。通过这些盐城方言的运用，施耐庵将鲜活的生活世界图景展现给读者，从而给人带来极大的艺术享受和无穷的回味。借助独特的地域文化土壤和文化生态培植的盐城淮剧、董永传说等国家级非遗，都是以盐城方言为文化基底的中华传统文化瑰宝，是地道的草根文化，显示出勃勃的生机和活力。盐城方言是方言小戏、小品、快板、歌曲等创作不竭的源泉。

3. 盐城方言可以促进人与人之间的沟通

在许多人的经验中,一屋子人聚会,如果你除了说上一口流利的普通话之外,还能说上点方言,那将是人群中的亮点。天南海北,人与人往往借助方言而遇故知。"越是民族的就越是世界的",现在方言时来运转,最乡土的就是最时尚的。在日常生活中,用盐城方言交流要比普通话自然流畅,会产生很强的认同感和亲近感,可以拉近双方的距离,更好地沟通。

四、探索盐城方言保护新路径

1. 建立盐城方言保护经费多元投入机制

各级政府要将盐城方言保护经费纳入财政预算,并随着财政收入的增长而增长,同时根据盐城方言保护工作需要,加大经费投入力度。制定出台鼓励和支持盐城方言保护的优惠经济政策,进一步探索建立盐城方言保护基金及管理制度,以减税免税,授予荣誉等,运用投资控股、金融信贷、资本市场融资等手段,鼓励社会力量参与盐城方言的保护开发。我国政府陆续制定有关用于调控的诸如税收、信贷政策,激励与引导个人、团体向公益事业进行捐助。1999年,全国人大常委会通过的《中华人民共和国公益事业捐赠法》将社会捐赠纳入法制轨道。2004年颁布实施的《基金会管理条例》广泛动员社会力量参与公益事业,明确了税收优惠政策,加大了税收支持和监管力度。

2. 加大人才队伍引进培养力度

要紧紧围绕盐城方言的需求,落实培训人才队伍、提高人才队伍素质的战略。以提高培训质量为主线,以创新机制为重点,努力形成多层次、多渠道、大规模的教育培训工作新局面,大力培养盐城方言保护人才、理论研究人才、市场营销人才等,为盐城方言保护提供智力支持和人才保证。根据盐城方言保护工作实际定岗定编,做好市、县、镇、村四级盐城方言保护网络专兼职人员培训,建立一支较为稳定的多学科专业技术人才队伍,使盐城方言保护向纵深推进,让盐城方言成为城市一张靓丽的名片。

3. 加强盐城方言学术研究力度

盐城方言学术研究水平的提高,需要各级政府大力支持,提供充足的资金与研究力量,聘请国内外专家、学者、教授等。深挖盐城方言的内涵,延伸研究领域,丰富研究内容,撰写高质量的学术论文,在国内外学术界产生一定的影响;成立盐城方言研究会,充实本地研究力量。创办高水平的学术期刊,提高整体业务水平,创办盐城方言网站。定期召开盐城方言学术研讨会、高层学术论坛,吸引国内外专家、学者、民间爱好者热情参与,促进学术交流,分享同行新成果、新技术,突破学术研究瓶颈,争取在社会各界的共同努力下,使盐城方言研究水平进一步提高。

4. 盐城方言保护从学生抓起

学校、家庭应重视盐城方言的教育,积极鼓励青少年学习盐城方言这种民间文化载体。学生时代是学习语言的最佳时期,如果在这个阶段不系统地学习盐城方言,那么对盐城方言的生存来说,无疑是釜底抽薪。笔者建议在盐城市语委下设"盐城方言及地方口头文化保护研究中心",研究、保护、传承盐城方言及地方口头文化,科学保护盐城方言,在人、财、物方面给予足够的支持。充分利用学校的教学资源,允许在非语言课程的教学过程中适当使用盐城方言。文化部门要协助学校收集盐城方言小戏、小品、故事、快板、童谣等,协助出版校本课程。创造更多机会让学生接触盐城方言,提倡课堂外的生活语言尽量使用盐城话,扩大其使用范围,让保护工作落到实处。

5. 进行盐城方言普查,筹建盐城方言博物馆

盐城图书馆服务网络拥有一支相对稳定的、有信息意识、善于调查盐城地方特色文化,并能进行理论研究和实际操作的专门人才,他们对盐城方言进行了普查。盐城方言总的说来属于江淮官话区,有许多方言介于中原官话及北方官话与吴语之间,大致分为三个方言区:滨阜方言区,包括响水、滨海、阜宁3县和射阳县的黄沙港以北地区;建盐方言区,包括建湖县、盐都区、亭湖区、射阳县的黄沙港以南和大丰市的斗龙港以北地区;台丰方言区,包括东台市和大丰市的斗龙港以南地区。前两者属于江淮官话洪巢片,后者属于江淮官话通泰片。作为盐城方言保护的相关部门,如各级语言文字委员会、图书馆、文化馆、科技馆、方志办、博物馆、档案馆等,均可根据自身的特点和已有的基础,发掘自身的潜力和优势,分别去承担有关方面的盐城方言文献资源的收集整理、加工与建库等工作,在分工进行的基础上,互通有无,互相弥补,协作互助,统一组织管理,统一软件联网系统,互联互通,资源共享。盐城图书馆服务网络拥有专门人才、较先进的现代化设备,在资料抢救工作和后续的资料整理、数字化、保存、保护等方面具有自身优势。应联合教育文化事业等机构共同开发盐城方言资源数据库,通过网络、数字化等新技术,构建具有实践意义和服务价值的资源共享服务平台。市文化广电新闻出版部门要多宣传盐城方言保护的意义,制作播出一定比例的盐城方言节目,打造盐城方言精品栏目;文物部门要通过史料实物等征集,筹建盐城方言博物馆。

6. 利用社会力量保护盐城方言

盐城方言保护要坚持舆论先行,重在引导,全面发动,大造声势,开展全方位、高密度、立体式、大容量的宣传教育,将宣传的触角延伸到社会的每个角落,形成人人关注盐城方言保护、个个为之出力的良好局面。在媒体开设专栏,做到报刊上有文字,广播里有声音,电视上有图像,网络上有宣传,营造浓烈的氛围。利用学校、社区、企业等的宣传板报、画廊、橱窗进行宣传,在交通要道、大街小巷悬挂标语横幅,带领志愿者利用节假日等在广场、居民小区设点宣传,做到宣传随处可见,增强人们自觉参与盐城方言保护的意识。突出盐城方言保护的主体地位,方言小戏、小品、快板、歌曲等是盐城方言传播的重要载体。盐都区开展的淮剧大家唱活动,盐城小伙子制作的首部淮剧动漫长剧"打金枝"等,这些活动对传承以方言为载体的淮剧有重要意义。

第七节 盐城海盐文化生态保护

随着经济社会发展和城市化进程的加快,盐城海盐文化生态环境发生急剧变化,绵延数千年的盐城海盐文化遗产面临着传承发展的严峻挑战。对盐城海盐文化实施生态保护,将盐城海盐文化遗产与其依存的环境进行整体性保护,维护海盐文化生态系统的平衡和完整,可延续盐城文脉,打造盐城城市文化品牌,为盐城城市发展提供强大的动力。

一、设立省级盐城海盐文化生态保护实验区的可行性分析

(一)盐城发展史就是一部海盐发展史

从某种意义上说,盐城发展史就是一部中国海盐发展史,盐城海盐文化则是中国海盐文化的一个缩影。盐城位于苏北沿海中心,在北纬$32.85°\sim34.2°$和东经$119.57°\sim120.45°$之间,沿海北起灌河入海口,南抵东台南坝港,全长582千米。淮河在其北端入海,属于北亚热带向暖温带过渡型气候。这一带是不断淤长的泥沙型海岸,海拔高度一般在$0\sim5$米。纵横交错的沟渎、平坦的滩涂、广阔的水域和茂盛的芦苇、茅草丛林构成基本地貌,是进行海盐生产得天独厚的地区。考古发现,距今5000多年前,有先民来此开发,他们以捕鱼、狩猎为生,因海浸又迁徙他乡。周代,海岸线逐步稳定,便有先民来此搭灶煮盐。初为淮夷地,春秋战国时期先后属吴、越、楚。汉武帝时期元狩四年(前119)便因盐而置盐渎县,东晋义熙七年(411)改名盐城县。唐代在盐城专设"盐监"。宋时盐城境内有盐场9个,朝廷在境内西溪专设盐仓,名相晏殊、吕夷简、范仲淹先后任盐官于此,明代境内盐场发展到13个,明清随着海岸东移,当地盐产日广;到清乾隆时期,淮盐的行销进入了黄金时代,当初的盐场、

盐仓逐渐成为当地的城市、集镇,这也是成就扬州繁华的主要支撑。虽然清末民初,海岸线东扩,海水渐淡,产量不稳,张謇为发展新兴产业在这里发动了"废灶兴垦",开发土地种植棉花,盐城海盐产业主导地位逐渐让位于农业。但海盐产业仍是当地重要产业,抗日战争、解放战争时期为革命根据地的建设和夺取全国政权做出了重要贡献,盐城至今仍是江苏最重要的海盐产地。

(二)盐城海盐物质文化遗产折射出盐城悠久辉煌的海盐史

几千年来,进行海盐的生产、运销一直是盐城人民生活的主体,15 000多平方千米的土地浸透了盐卤,各种历史文化遗存无不打上海盐文化的烙印。

1. 古墓葬

盐城已发现60多处(群)古墓葬,其中宋元以前的古墓葬主要集中于古代沿海一线,汉代墓葬有30多处(群),北起阜宁羊寨,南到大丰刘庄。这一带仅有零星石器时代晚期和周代遗址,到了汉代出现众多汉墓,直观地反映出战国以后盐城地区借海盐之利迅速发展起来的历史。仅盐城周围就有5处较大规模的汉墓群。其中三羊墩的1号汉墓不但陪葬物较丰,而且墓中出土2件漆盘,标有"上林""大官"字样。此应为汉代宫廷御用,墓主可能是一盐官,显示其与朝廷皇室有着亲密交往的特殊关系。汉代以后的古墓葬也都直接或间接地反映了因盐业生产兴盛发展的历史,特别是位于建湖庆丰的元新兴场典史崔彬墓,从其墓志可以看出,崔彬年轻时即进入新兴场担任官吏,先后在新兴、伍佑、刘庄三场任职30多年。墓葬为石、砖、木三层套椁墓室,随葬品丰厚、精美,体现了当时场署管理人员富有的生活状况,为研究当地盐场的历史留下了宝贵的实物佐证。

2. 古建筑、古遗址

昔日海盐产销中心留下了大量古建筑、古遗址。

(1)古海口栈道。古海口栈道位于东台西溪镇。西起镇犁木街东端,东止老海道桥(旧时海大口子),全长1600多米(俗称"三里路")。史载,古海口栈道始建于西溪镇期间,距今已有2000多年历史。当时盐民、渔民下海作业,肩扛担挑,运盐送草,在滩涂沼泽地带行走十分困难。于是建造了这条西溪集镇通往海口的人造土栈道,这条栈道是海盐生产史的重要见证。

(2)范公堤。范仲淹在天圣六年(1028),筑成海堤,北起刘庄场(现大丰市境内),南至栟茶场(今如东县),底宽9.2米,顶宽3.1米,高4.6米,全长90500米。从刘庄场向北至庙湾场(今阜宁县),后人陆续修筑防海大堤总长230000多米,统称"范公堤"。现草堰境内一段,约2000米还保留着古堤的原貌。

（3）桥闸。在西溪、丁溪、草堰、庙湾等处许多建于宋、明、清代的桥闸，主要为了抵御海潮，排泄积水以利海盐生产的需要。另一方面，这些不同时期桥闸的建筑的风格，也反映出受到不同地区文化的影响。大丰草堰石闸（又称"鸳鸯闸"）是范公堤上十八闸中遗留下来的珍品。草堰正闸与丁溪闸、越闸等构成草堰独特的闸文化。这座石闸建在北宋天圣五年（1027），闸身坚固，闸底用杉木密密打桩，上覆石板，闸身均用巨石垒砌闸孔，两侧的闸垛上凿有石槽。该闸是苏北里下河地区古代用于泄洪排卤、抵挡海潮、控制水位、调节水系的重要水利设施，也是兴化水入海的咽喉之处。石闸以鸳鸯造型组合，更见古代先民治水的智慧，是江苏省级文物保护单位。

古庆丰桥。建于南宋淳熙年间，明崇祯时名士杨大成募修，清乾隆年间重修，道光九年（1829）再修。桥上砖石混砌，并列无锁石，为单曲拱桥，桥身连同桥坡纯弧形巨石构架支撑拱门。是盐城市级文物保护单位。

古永宁桥。河东两处正面踏坡通古街，南通河东沿岸茶馆、酒肆、八鲜粮行；河西三处正面踏坡直通西方庵，南北通向夹河沿岸商店林立的繁华地带。是盐城市级文物保护单位。

（4）北极殿。古镇草堰有一座古刹北极殿，始建于何年已无法考证。此殿规模宏大，山门前为飞檐琉璃瓦照壁，山门上嵌有白玉石横额，上镌"北极天枢"4个贴金大字，前殿内供有四大金刚塑像。穿过天井是正殿，中间供奉北极真武大帝，东厢供雷祖，西厢为僧房，殿后为上、下两层藏经楼。北极殿不仅年代久远，而且是吴王张士诚的起义之地，因而声名远播。张士诚死后，北极殿成了人们祭拜"地藏王"（实为"祭张王"）的地方。北极殿附近还有一座王姑墓，是张士诚之妹张士英之墓。

（5）泰山护国禅寺。随着海盐业的发展，唐宋以来，西溪的宗教盛行，寺庙遍布，香火旺盛。在面积不太大的古镇上，寺庙庵堂竟然有几十处。坐落在西溪晏溪河南、通圣桥下，始建于南宋嘉定年间的泰山护国禅寺迄今已近800年，是中国佛教协会公布的江苏省名寺之一，东台市重点文物保护单位。寺内藏有隋唐古兵器等众多文物。

（6）海春轩塔。东台西溪处的海春轩塔，建于北宋。时西溪为当地海盐仓储中心，此塔重要功能之一就是海盐运输的指航标志。

（7）古民居。在富安、安丰、东台、草堰、白驹等历史上的重要盐场有着10多处（群）明清古代民居，其建筑风格以江南和徽式建筑为多，是明清时期江南、安徽等地盐商，为顺应盐政改革而来到海盐生产经销前沿，建造的民宅、商店、钱庄等。它们都是反映海盐之利带动当地经济繁荣及促进文化交流的实物见证。

（8）避潮墩。昔日沿海滩涂上曾有近百处避潮墩，现仅存10多处，是盐民为躲避海潮救生的特殊建造物，显示了海盐生产的艰辛、危险和盐民们团结、冒险的精神。

3. 反映海盐生产历史的工具

盐城出土了大量历代海盐生产工具，其中有唐宋时期的盘铁、宋元时期的切块盘铁、明清时期的切块盘铁和清末民初的锅丿及其配套的工具。同时盐城文博工作者陆续征集到了板晒、池晒、滩晒用的板框、竹管、石碾、翻耙、翻板、风车等。这些文物可以比较全面地反映出海盐生产技术演变过程，为盐城独有。

4. 古河道

盐城水网密布，是著名的百河之城。串场河是盐城古河道的重要代表，该河是古代以盐城为中心的苏北沿海中部劳动人民共同创造的文化产物。串场河北起阜宁城畔的射阳河，南达南通市海安境内的通扬运河，全长170多千米，串联着近20个历史悠久的城市、集镇。在这片广袤的滩涂上，自春秋战国，从"海中之洲"上星星点点的煮盐亭灶，到一个个煮盐集镇的形成，都与串场河相关联。串场河及其沿线的文化遗存，无一不是海盐文化的产物，串场河更是它们重要的形象代表。

（三）盐城海盐非物质文化遗产资源丰富、价值高

盐城历代民情风俗、文艺作品反映了海盐文化对当地人民生产生活广泛而深刻的影响。在中华人民共和国成立以来盐城进行的多次民间文艺调查和非物质文化调查的成果中，涉及海盐生产、运销、盐民生活内容的占到相当大的比例，不少海盐非遗项目列入国家、省、市、县四级名录。

1. 奇特的海盐生产技术

盐城境内先后发现有唐代烧盐盘铁、宋代新兴场烧盐遗存、宋元时期切块盘铁、清末熬盐锅丿、灌东盐场晒盐八卦滩等一批从唐代到民国初期的海盐生产工具、遗迹、遗址。明代《天工开物》及盐城县志均有记载，勾画出了中国海盐生产技术从传说中的"煮海为盐"到"淋卤煎盐"，再到"晒海成盐"的独特历史演变过程。中华人民共和国成立后，原煎盐亭灶皆废，盐场引进了许多现代生产工具，并不断地革新技术，海盐生产已走上了现代化的轨道。灌东盐场，每年产盐20多万吨，庞大的吞吐量在灌河码头进进出出。射阳盐场、新滩盐场等盐场规模也相当可观，至今盐城仍然是海盐生产的重要基地。

2. 奇妙的地名文化

几千年的海盐生产、运销历史，在盐城境内留下了许多独特的地理名称和

建筑，它们间接地反映出海盐生产工具、方式、组织形式、运销及特殊需要等方面的特色。据不完全统计，盐城境内有700多个显示海盐文化特色的地名。

场。指盐场，是古代设立的一种产盐的专门机构，以海盐生产组织为名称，始设于汉高祖十二年（前195），如新兴场、伍佑场、东台场、何垛场、丁溪场、小海场、草堰场等10个盐场，即历史上著名的"淮南中十场"。后因场署周围居住的人多了而形成了村庄，场名便成了地名，如当今的富安、安丰、梁垛、东台、何垛等，所不同的是在原盐场名称后面去掉了"场"字。因当时各盐场是沿范公堤而建的，所以，由"盐场"而得名之地均分布在原范公堤沿线。

亭。《旧唐书·食货志》载：煎盐处为"亭场"，即取卤制盐的地点为亭场。由于东台为重要盐区，至宋代已亭场林立，故东台又在一些文人的笔下有了"东亭"这个名称。

团。自汉代，煎盐工具使用的是巨大"盘铁"，一副盘铁分四角，每角又分数块，分户保管，使用时再用铁栓拼成一盘，彼此牵制严防盐民私煎、私贩。到了唐代，废盘铁，改用又高又大的铁锅，铁锅虽比盘铁有所改进，但仍比较笨重。所以，这一时期的盐灶都比较大，每灶都有亭户数家，轮流共煎，亦称"团煎""团煮"。直至明万历年间，官府改造煎具，制造统一轻便的小型铁锅丿，推行小灶制，从此，传统的"团煎"改为"散煎"。但带"团煎"之意的地名仍沿用至今，如大丰市的新团、西团、大团，东台的正团、中心团、杨家团、新团、南垛团、西海团等。由于"团煎"之时，境内盐灶分布在范公堤沿岸及其以东附近，所以带"团"字的地名大多分布在今东台市、大丰市境内。

灶。特指旧时煮海水煎盐所用的盐灶，由土堡砌成，灶台圆形，四周开灶门，用以烧草，上置煎盐的锅丿煎具。北宋开宝七年（974），西溪设盐仓监管盐场后，各场煎盐均为官盐制，为防盐民私煎，曾规定每场设盐灶10座，每座有灶民20户，按场造册，划3~5灶为1甲，每甲设1名甲头，专门监视盐灶起火、停火，督催灶民纳盐归仓。于是，每座盐灶便有了各自不同的名称。后来，有些盐灶周围住房多了，发展成村庄，灶名便成了地名。一般以灶户的姓氏、称谓或绰号而命名者居多，如沈灶、包灶、朱灶、陈家灶、张家灶、孟家灶、刘家灶、袁三灶、练七灶、李四灶、野花灶等。另一种是以灶所处的东西南北中的方位命名，如南张家灶、北张家灶、中张家灶、东顾家灶、西柳家灶等。再有一种是以灶排列的顺序号命名，一是单纯顺序号，如头灶、一灶、三灶、六灶，最多编号为十六灶；二是顺序号前加姓氏，如朱家一灶、丁家五灶、何家十灶；三是顺序号前加方位，如东七灶、西八灶。也有以事物命名的，如福灶，相传宋开宝年间，虽累遭水灾，该灶却丝毫无损，有福兴旺盛之兆，故得名。安丰原有座盐灶，被海水冲毁后重建，因而取名"新灶"。"货郎灶"则因邻户是一家挑货郎担做生意的而得名。灶名起用于宋代，至明代，因盐区东移至范公堤以东附近，所以，带"灶"字的地名也随盐区的逐步东移而由范公堤逐渐东移至今头灶、六灶、南沈灶一带。

丿。这是煎盐用的一种敞口的铁丿锅，直径1米，深7厘米。兴用于明万历年间，当时废大灶改小灶，统一推行轻便的锅丿煎具，灶台置前丿后锅，一灶一锅两丿或三丿，锅预热盐卤，然后再将热卤入丿，经猛火直烧，结晶成盐。至清代，盐区再度东移至今黄海公路附近，新增盐灶周围居住的人也日渐增多，形成了村庄，这些村庄便以姓氏加一个"丿"字命名，以示该姓氏的人曾在此烧过盐。如曹丿、华丿、潘家丿、孙家丿等。

仓。这是贮存盐而命名的地方。指盐区积贮盐民所煎之盐的盐仓。西汉时吴王刘濞在今泰州设置海陵仓，用地积贮如皋蟪溪地区所煮海盐。唐开元二十二年（734），扬州设仓，堆存转输通、泰场盐。北宋建隆年间，泰州盐区（东台原属泰州）仅设仓一处。至明洪武元年（1368），泰州盐运分司下辖各盐场均建仓储盐。凡灶户所煎之盐一律经报数、过秤、登记、捆包、验收后入仓堆存，待转输运销。一时间，盐城境内设仓若干。至今仍带有"仓"字的地名有一仓、三仓、四仓、五仓、西仓、西溪仓、便仓等。

总。"荡为草源，草为盐母"，各盐场把沿海草荡划分为与海岸线垂直的若干长条块，高价出租给灶户煎盐，时称长条块为"总"，如头总、五总、八总、十总、十二总、十八总等。这些地名以当年茂草丛生的今许河、新街、唐洋等地居多。

垛。盐民煎盐灶烧火用的是柴草，每逢秋冬季节，盐民们将租得的海滩草荡里的柴草收割，堆成一个个巨大的草堆，又称"草垛"，以便来年煎盐用，一些地名便由"垛"而得名，如梁垛、何垛、园垛等。

坝。这是为防止偷运私盐而设立的关口。在东台市的安丰古街、大丰草堰镇古街都有"坝"的称谓。

墩。这是盐民为躲避海潮、海啸而堆砌起来的高墩。最初他们以沿海的土丘（经考古调查一般都为汉代墓葬）为基础加高而成，后来专门组织人工堆造，并在此基础上形成了一些人口聚居的村镇，如盐城市区的头墩、三羊墩，亭湖的青墩，射阳的鲍墩，阜宁的沟墩等。当年煎盐用的盘铁，点卤成盐用的皂角等均在地名中找到踪迹，如滨海有铁盘洋、天盘，响水有皂角村、皂角等自然村组的地名。民国时期沿海各场掀起废灶兴垦高潮，这个时期垦区新设的地名就有盐垦公司的印痕。大丰市的地名就是源于1917年张謇创办的名为草堰场大丰盐垦股份有限公司。裕华镇地名源于1922年陈仪创办的名为裕华垦殖公司。新丰、阜丰、德丰、成丰、广丰等地名均源于大丰盐垦公司各工区的名称。通商镇是从1919年张謇创办的通燧垦殖和1930年赵汉生创办的商记垦团两盐垦公司各集一字而得名。以上这些"咸"地名，作为地域文化中的"活化石"，如今已深深镌刻在盐阜大地上，成了一个别致而有趣的文化符号。诸如此类因烧盐而得名的地名像闪烁的繁星，随时空隧道有规律地分布在盐城境内的范公堤畔。

3. 奇异的集镇文化

随着海盐生产的发展，境内有了贯穿南北的范公堤、串场河，其间庙湾、新兴、伍佑、刘庄、白驹、草堰、小海、东台、安丰、梁垛、富安等十多个盐场，已逐步形成为今天的重要集镇或县城。这些集镇有着它们共同的特色，是海盐集散管理文化的集中反映。首先，在布局特色方面，串场河一般都从该镇西侧绕弯而过，镇中心有一夹河道一般是南北向，两边码头林立，其东侧一般都为临时仓储，西侧有巷道（设有坝，以验证据）通向串场河畔。所有产地来船，必须进入中心河道，由此北上淮安，南下扬州，现东台安丰、大丰草堰（包括丁溪场）都保持着原有格局样式。其次，在夹河两岸，则有长长的古街，或石板铺就，或青砖密砌，两边各时期的各具风格的苏式、徽式民房建筑与横跨夹河之上形式多样的桥梁，显现出由于海盐业的繁荣而带来的各地文化的交流与融合。

4. 独特的民间风俗

盐城自古以来就是盐业生产中心，境内以盐民为主，因而保存了大量的与盐民日常生活有关的谚语、俗语及民间文学，在《盐城民间文学集成》《江苏省盐业志》等书中有着相当的辑录。沿海居民还保留了一些特别的风俗，如海盐产区历来祭祀的有盐宗——传说中发明"煮海为盐"的夙沙氏，龙王——保佑风调雨顺，盐民无灾无难，获得丰收。在每年的农历腊月二十三开始"祭灶"而不是"送灶"，因为盐民煎盐是依靠灶火的，所以不同于普遍的"送灶"风俗；每年的正月初六为盐婆生日，是盐民们祭拜盐神的重要日子等。

5. 惊世的哲学思想

盐民哲学家王艮、朱恕的出现，是海盐文化对中国哲学思想的重要贡献。明代，出生于东台安丰的盐民王艮（1483—1541），通过对王阳明哲学思想的学习研究，结合自身的生活经历和长期的独立思考，提出"百姓日用即道"的哲学思想，在盐民中广为宣讲，当地的"东淘精舍"就是他的主要讲学场所。在淮南地区的大丰草堰有以朱恕为代表的弟子追随，成了盛极一时的盐民哲学家，其学说形成著名的"泰州（当时东台安丰属泰州）学派"，在中国哲学史上有着重要的地位。

6. 不朽的文学作品

以吴嘉纪为代表的盐民的诗作是中国诗坛上海盐文化的一朵奇葩。当地已搜集到反映海盐生产、盐民生活的各类文艺作品300多件（篇），以诗歌为多。其中既有民间歌谣如《盐丁叹》，也有文人墨客的诗作如孔尚任的《过西团》等。李汝珍在盐城草堰场留下了《镜花缘》，施耐庵在白驹留下了《水浒传》，与弟子罗贯中撰写了《三国演义》《三遂平妖传》等。

7. 闻名中外的名人传说

北宋年间先后出过西溪盐仓监的三任盐官，他们是晏殊、吕夷简、范仲淹。他们在西溪时都创下了政绩，先后入京为相，史称"西溪三宰相"。在同一个低层职位，陆续产生三位名相，这在古今中外都是罕见的，他们在盐城留下了大量传说。张士诚、沈拱山、施耐庵、卞元亨、陆秀夫、陈琳、西溪三将军等也留下了闻名中外的传说。

8. 传世的民间艺术

地方戏剧淮剧——表现海盐文化的典型剧种。淮剧原是江淮地区的一种傩戏，当地贫民（包括大批盐民）的困苦生活为其唱词的主要表现内容，唱腔多为带有悲剧色彩的哀怨的民间小曲，为"门叹词"和"香火戏"所吸引和应用。明代开始，由于海盐运销制度的变革，许多徽商来到盐城地区，作为京剧艺术的主要前身的徽剧也开始在盐城沿海一带流传。清代以来，徽剧与唱"门叹词""三可子"、香火戏的艺人同台演出称为"徽"夹"淮"，以后又逐步发展成江淮地方小戏，并在唱腔音乐、演出剧目和化装服饰等方面逐步丰富起来，为淮剧的形成和后期发展为完善的地方剧种做出了一定的贡献。名扬天下的盐城杂技——盐城十八团产生也与海盐文化密切相关。盐城民间的龙舞、荡湖船、花担子、河蚌舞、彩球舞、九狮图、花鼓、莲湘等也各具特色，多姿多彩。

9. 珍奇的民间工艺

盐城民间工艺品种类繁多，异彩纷呈。唐代以来即有发绣、木雕等稀世珍品；明清时东台曹氏木雕、唐氏羽扇、西团发绣、安丰木芙蓉织品，建湖周氏冶铁铸造、李氏花炮，滨海、阜宁的面彩塑都誉满江淮，有的还作为贡品为皇家御用。新的时代推动了民间工艺新一轮的创新和发展，如今，盐都老虎鞋，东台的发绣、葫芦画、射阳的农民画、刺绣，建湖的花炮，阜宁的玻璃工艺品、面塑，滨海、盐都的柳编，盐都、大丰、射阳的长毛绒玩具，滨海的红木雕刻，大丰的麦秆画等，不仅成为地方的特色文化品牌，而且不少已形成一定规模的产业，一些民间精品还走出国门远销外国。

（四）政府保护措施得力 民众主动参与保护

盐城市政府高度重视保护海盐文化遗产，2001年，大丰草堰古盐运集散地保护区被省政府批准为省级历史文化保护区后，2005年省政府又批准了该保护区的规划方案；盐城市现有全国重点文物保护单位和历史文化名镇各1处，省级文物保护单位16处，省级历史文化保护区1处，市县级文物保护单位129处。2008年中国·盐城海盐博物馆的建成开放，连续五届海盐文化节的成功举办等，让海盐文化引起了社会各界的广泛关注和认同。如今，全国各地来海盐馆参观的人络绎不绝，交口称赞。盐城市以中国海盐博物馆、海盐历史文化风貌区、大丰草堰古盐运集散地、东台西溪、富安、安丰等海盐文化保护区、射阳盐垦文化区等为平台，加强与高等院校、科研机构和盐业企业的合作，与有关部门密切联系，积极组织做好海盐文物、资料的调查、征集工作。进一步深入开展海盐文化的研究，继续举办海盐文化节、海盐文化研讨会等相关活动，努力开发范公堤、串场河沿线海盐历史文化资源，加大宣传、保护、利用力度，不断丰富海盐文化内涵，打造盐城海盐文化名片。由于盐城市各级政府对盐城海盐非遗保护措施得力，民众主动参与保护，盐城市以民族民间文化保护工程为抓手，带动盐城海盐非遗保护工作的整体开展，已逐步建立起比较完备的盐城海盐非遗保护制度和保护体系。盐城已编辑出版普查资料汇编10册，汇编项目802个，排查非遗线索14 427条，基本查清了全市海盐非物质文化遗产资源的种类、数量、分布状况、生存环境和传承现状。市、县两级非遗第一批名录全部建立，建湖县、亭湖区还公布了县（区）级第二批名录。目前，全市共有国家级海盐非遗项目3个，省级31个，县级128个。

二、试探盐城海盐文化生态保护实验区建设新路子

（一）科学规划，整体保护

1. 科学制定盐城海盐文化保护实验区规划纲要

盐城海盐文化生态保护区建设是一项新事物、新课题，是新时期文化建设的一项开拓性工作，编制出科学规范、切实可行的《盐城海盐文化生态保护规划纲要》（简称《规划纲要》）是深入推进盐城海盐文化生态保护实验区建设，确保取得实效的关键。盐城市政府要高度重视《规划纲要》的编制工作，通过政府公开招标，确定具有古建资质和文化遗址保护规划成功经验的单位，开展《规划纲要》的编制工作。《规划纲要》的编制工作，应以《省级文化生态保护实验区规划纲要编制依据》及《省级文化生态保护实验区规划纲要文本内容纲要》为指导。以《中华人民共和国非物质文化遗产法》（2011）、《中华人民共和国文物保护法》（2002）、《中华人民共和国城乡规划法》（2007）、《中华人民共和国环境法》（2002）、《江苏省非物质文化遗产保护条例》（2006）、《江

苏省历史文化名城名镇保护条例》（2001）为主要法律依据。以《国务院关于加强文化遗产保护的通知》（2005）、《国务院办公厅关于加强我国非物质文化遗产保护工作的意见》（2005）、《文化部关于加强国家级文化生态保护区建设的指导意见》（2010）、《历史文化名城保护规划规范》（2005）、国家及文化部"十二五"文化发展规划、国家级文化生态保护区所在地区经济社会发展规划、《省政府关于加强文化遗产保护工作的意见》（2006）、《江苏省文化厅关于省级文化生态保护实验区建设的指导意见》（2011）、江苏省国民经济和社会发展第十三个五年规划纲要、江苏省"十三五"文化发展规划为主要文件依据，参照盐城地方法规、文件。《规划纲要》应以保护盐城海盐非物质文化遗产为核心，坚持"保护为主、抢救第一、合理利用、传承发展"的方针，以促进盐城海盐非物质文化遗产传承和营造良好气氛、维护海盐文化生态平衡的整体性为重点。《规划纲要》的框架结构和条目内容应符合规划设计要求，翔实具体，体现民族特色、地方特色，应将文字、图片与示意性内容有机结合，用词准确、规范。《规划纲要》的期限一般为15年，规划期内可根据要求分为近期、中期、远期。近期规划一般不超过5年，应优先解决当前盐城海盐文化生态保护存在的主要问题，安排亟待实施的保护项目。《规划纲要》应纳入盐城市国民经济和社会发展规划、城乡建设、文化发展规划，应与相关的生态保护、环境治理、土地利用、旅游开发、新农村建设、城乡一体化、公共文化服务、文化遗产保护、文化产业发展等各类专门性规划相衔接。

2. 确定核心区域进行整体保护

《中华人民共和国非物质文化遗产法》第二十六条规定："确定对非物质文化遗产实行区域性整体保护，应当尊重当地居民的意愿，并保护属于非物质文化遗产组成部分的实物和场所，避免遭受破坏。实行区域性整体保护涉及非物质文化遗产集中地村镇或者街区空间规划的，应当由当地城乡规划主管部门依据相关法规制定专项保护规划。"根据盐城海盐非遗项目的分布情况和文化生态环境，划出保护区的核心区域、传播区域，盐城海盐文化生态保护实验区应将串场河沿线的盐城海盐历史文化风貌区、大丰草堰古盐运集散地、东台西溪、富安、安丰等海盐文化保护区、射阳盐垦文化保护区、灌东盐场、射阳盐场、新滩盐场生产区等列为核心区域，其余为传播区域；立足于独特的生态优势和丰富的海盐文化遗产资源，倡导整体保护的理念；通过深入调查区域内的文化与自然遗产资源，按照整体保护和科学发展的原则，确立生态文化和文化生态并重的思路，注重保护人类赖以生存的田地、湖海、滩涂及其生态环境，保护村落的居住环境，保护社区的文化记忆，保持族群的发展基础和动力，保护地域文化的全部内容，保护人类及环境中所有有价值的信息，实现自然与文化、

"静态"与"动态",物质与非物质、历史与当代的整体保护。通过构建盐城海盐文化生态保护实验区,体现农村社区及当地民众所拥有的多样的生存智慧,展示人类与自然和谐相处的生活方式,突出鲜明的海盐文化特色,所涉及内容不仅包括当地文物古迹、民居建筑、文物文献、民俗风情、传统技艺、乡土知识等,还包括海盐文化赖以孕育和发展的自然生态环境。

3. 核心区域实施原状保护

明确和坚持盐城海盐文化生态保护实验区的使命、宗旨、功能、任务和阶段性目标,充分体现盐城海盐文化生态保护实验区建设和与当地文化繁荣、经济发展、环境改善、社会进步和公众生活水平提高的良性互动,形成追寻历史、陶冶情操、融入自然的可持续发展的文化景观,有效保护传承当地文化、自然遗产和优良乡风文明,改善生产生活的环境氛围和景观品质,从而使盐城海盐文化深深地根植于肥沃的生活土壤之中,得以生机勃勃地发展与延续,满足今天和未来的需要。盐城海盐文化生态保护实验区建设是把海盐文化保留在文化的原生地,从而表现盐城海盐文化遗产的真正文化含义,折射出人类和自然之间的内在联系和良好互动关系。

4. 核心区域实施动态保护

盐城海盐文化生态保护实验区将是展示海盐文化魅力的窗口。它展示了历史发展进程中留下的珍贵文化财富,成为不同文化之间相互理解、相互尊重的重要渠道。鉴于盐城海盐文化是在长期历史发展过程中形成的,并仍然在继续发展和不断变化,它向人们展示的是当地独特的人文活动、鲜活的生产和动态生活,以及与之相关的自然环境、山水风光、生产劳动、建筑风格、风俗习惯等诸多因素构成的当地整体特色,进而吸引人们走入其中,观赏、体验,参与当地文化生活。以盐城海盐文化生态保护实验区建设为契机,发展当地文化产业和旅游事业,并提升盐城的社会影响力和知名度,以此带动其他的经济社会活动。

(二)加强保护区内盐城海盐非物质文化遗产保护

1. 加强盐城海盐非物质文化遗产名录项目保护

要根据各级海盐非物质文化遗产名录项目,特别是国家级和省级名录项目的不同类别特点,因地制宜、因类制宜地采取针对性措施加以保护、保存。对传统表演艺术类项目,要注重传统剧(节)目及资料的挖掘和整理,及时抢救、记录、保存老艺人及其代表剧(节)目;对传统技艺类项目,要注重代表性传承人的技艺传承及原材料保护,征集传承人的代表性作品,鼓励探索生产性方式保护;对民俗类项目,要注重在相关乡镇、社区的宣传、教育和民俗活动的开展，激励群体传承。对濒危的项目，要优先抢救保护，要建立盐城海盐非物质文化遗产档案和数据库。

2. 加强盐城海盐非物质文化遗产代表性传承人保护

要对盐城海盐文化生态保护实验区内各级盐城海盐非物质文化遗产名录项目的代表性传承人进行认定和命名，为其开展传习活动提供必要的场所，资助其授徒传艺、教学、交流等活动，对高龄和无固定经济来源的代表性传承人，可发放一定的生活补贴；向对传承工作有突出贡献的代表性传承人给予表彰、奖励；对学艺者采取助学、奖学等方式，鼓励其学习、掌握盐城海盐非物质文化遗产，成为后继人才。

3. 加强盐城海盐非物质文化遗产基础设施建设

要在统筹规划的基础上，至少建设一个综合性海盐非物质文化遗产展示馆，多个海盐非物质文化遗产专题馆，每个国家级和省级海盐非物质文化遗产名录项目都要设立传习所。鼓励个人、企事业单位等社会力量建设多种形式的盐城海盐非物质文化遗产专题展示馆和传习所。要注重盐城海盐非物质文化遗产珍贵实物资料和传承人代表性作品的征集，并进行科学陈列展示，充分发挥盐城海盐非物质文化遗产基础设施在保护、保存、传承、展示和宣传盐城海盐非物质文化遗产等方面的作用。

4. 加强盐城海盐非物质文化遗产的教育传承

要整合盐城海盐文化生态保护实验区内文化、教育等多种资源，将盐城海盐非物质文化遗产知识纳入当地教育体系，积极推进盐城海盐非物质文化遗产进教材、进课堂、进校园，通过组织代表性传承人开展授课辅导活动，编发盐城海盐非物质文化遗产辅导读本，在中小学开设盐城海盐非物质文化遗产项目选修课程，在职业学校和高等院校设立盐城海盐非物质文化遗产相关专业等方式，使盐城海盐非物质文化遗产成为对青少年进行传统文化教育和爱国主义教育的重要内容，培养新的传承群体，探索多样化的传承方式。

5. 建立盐城海盐非物质文化遗产专题数据库

盐城海盐非遗资源数据库工作必须在各级政府的总体规划和宏观调控下进行，作为文献收藏的有关单位，如图书馆、文化馆、科技馆、方志办、博物馆、档案馆等均可根据自身的特点和已有的基础，发掘潜力和优势，分别去承担有关方面的盐城海盐非遗文献资源的收集整理、加工与建库等工作，在分工进行的基础上，统一组织管理，统一软件联网系统，互联互通，资源共享，切忌互相封锁。自成体系的重复劳动，不仅给地方财力、资源造成浪费，更会给盐城海盐非遗资源数据库建设带来危害。盐城海盐非遗处于一种活态的文化环境中，它的表现形式与文化场所（文化空间）密切相关，这种特殊性决定了自身难以长期保存的特性。盐城图书馆服务网络拥有专门人才、较先进的现代化设备，在资料抢救工作和后续的资料整理、数字化、保存、保护等方面具有自身优势；应联合相关单位共同开发盐城海盐非遗资源数据库，利用全国文化信息共享工程平台，服务新农村，服务新农民。

（三）完善盐城海盐文化生态保护实验区建设工作机制

1. 强化政府行为，构建保护网络

（1）构建市、县（区）、镇（街道）、村（居）四级保护网络

一项工作成功与否与政府态度密切相关，盐城海盐文化生态保护工作要积极争取政府支持，把海盐文化生态保护纳入经济和社会发展计划，纳入城乡建设规划，纳入财政预算，纳入体制改革，纳入各级领导责任制，创新管理体制机制，把海盐文化生态保护的责任进一步具体化。积极构建盐城市海盐文化生态保护工作委员会——县（区）海盐文化生态保护工作委员会——镇（街道）海盐文化生态保护领导小组——村（居）海盐文化生态保护小队四级海盐文化遗产保护网络，切实把海盐文化遗产保护工作落到实处。

（2）保护群众基本文化权益，突出社会公众的文化主体地位

保障群众基本文化权益，激发民间力量参与盐城海盐文化生态保护，要切实把保障人民群众基本文化权益，摆在盐城海盐文化生态保护工作的首要位置，体现盐城海盐文化生态保护工作的公益性、基本性、均等性、便利性。加大投入力度，向人民群众提供更多公共文化服务。关注民生、改善民生、保障民生，无论是在考古发掘和保护修缮中，还是在历史文化街区和村镇保护建设中，都要保护群众根本利益，着力改善群众居住和生活条件。激发群众参与海盐文化遗产保护的积极性、主动性、创造性，发挥民间收藏组织、民间文化遗产保护志愿者组织的作用，利用民间力量保护海盐文化遗产。加强群防群治，营造盐城海盐文化生态保护人人有责，盐城海盐文化保护成果人人共享的社会环境，实现盐城海盐文化生态保护领域民有、民治、民享，突出社会公众的文化主体地位。广大人民群众自觉参与保护盐城海盐非物质文化遗产的工作，是衡量盐城海盐文化生态保护实验区建设成效的关键因素。要充分理解和尊重社会公众的意愿，鼓励和支持他们积极参与盐城海盐非物质文化遗产保护行动和民俗节庆活动，调动他们共同参与盐城海盐文化生态保护实验区建设的主动性。

（3）齐抓共管，共同做好保护工作

盐城海盐文化生态保护涉及面广，各有关部门要各司其职，齐心协力做好海盐文化生态保护工作。文化部门要切实承担起对海盐文化生态保护的主导职责，落实海盐文化生态保护的各项政策制度。建设、规划、交通、水利、国土

资源等部门，在制定城乡建设规划和审批建设工程时，必须征求文物部门的意见，涉及海盐文化生态保护时应依法征得文物部门的同意；公安、工商、海关等部门要加强海盐文化生态安全的综合治理，加大打击涉及海盐文化遗产文物犯罪活动的力度；旅游、宗教等部门要依法、合理、有效地利用海盐文化遗产资源，确保不对海盐文化遗产造成损害；教育部门要将海盐文化生态保护知识纳入教学计划，编进教材。科研部门要利用新技术对海盐文化遗产进行科学保护、合理利用；新闻媒体要加大宣传海盐文化生态保护的力度，发挥舆论监督作用。真正形成"保护海盐文化遗产，人人有责"的浓郁氛围，变文物部门的"孤军作战"为"全民参战"，彻底改变海盐文化生态保护的社会环境和海盐文化遗产自身的生存环境。

（4）建立专家咨询制度

要成立盐城文化生态保护实验区建设专家咨询机构，吸引国内外海盐文化研究专家学者积极参与，充分发挥专家的工作指导、咨询、参谋作用，结合工作实际开展理论研究，为文化生态保护实验区建设提供智力支持。

2. 建立盐城海盐文化生态补偿机制

建立盐城海盐文化生态补偿机制，对盐城海盐文化生态保护区因保护而付出或牺牲的经济利益，进行有效补偿，这是盐城海盐文化生态保护区可持续发展的重要保障。盐城海盐文化生态补偿机制包括：第一，建立和完善财政转移支付制度，由各级政府设立国家和省级盐城海盐文化保护补偿专项基金，并动员社会捐助，建立民间保护基金；第二，彻底转变盐城海盐文化生态保护区所在地区的经济发展方式，改变盐城海盐文化生态保护区所在地政府单纯以GDP为经济考核指标的现象，增加对盐城海盐文化生态保护区及其非物质文化遗产项目保护的考核指标等。倘若能够真正建立起有法可依的海盐文化生态补偿机制，这对盐城海盐文化生态保护区的保护与建设，将是一个永恒的物质保障。它必将促进盐城海盐文化生态保护区保护与建设步入良性健康的发展轨道。要将盐城海盐文化生态保护区建设作为本地区公共文化服务体系建设的重要内容，加大资金投入，所需经费列入本级财政预算；要积极引导和鼓励个人、企业和社会组织对盐城海盐文化生态保护实验区建设予以资助，多渠道吸纳社会资金投入。

3. 加强执法力度，加大责任追究制度

要进一步加大海盐文化遗产保护执法力度，建立健全海盐文化遗产保护责任制和责任追究制度。对因执法不力造成海盐文化遗产受到破坏的，将依法追究有关执法机关和有关责任人的责任；对因决策失误、玩忽职守造成文化遗产破坏、被盗或流失的责任人，要依法追究法律责任。加大典型案件的查处力度，不仅要查处违法行为的具体实施人,更要查清违法案件背后的原因,让失职、渎职者承担责任。对案件查办的情况要及时宣传,在全社会形成人人敬畏海盐文化遗产、人人保护海盐文化遗产的氛围。只有这样,法律的威严才能树立,政府的形象才能塑造,海盐文化遗产才有和谐健康的生存空间。

4. 加大人才培养力度

要紧紧围绕盐城海盐文化生态保护的需求,落实培训人才队伍、提高人才队伍素质的战略,以提高培训质量为主线,以创新机制为重点,努力形成多层次、多渠道、大规模的教育培训工作新局面,为盐城海盐文化生态保护提供智力支持和人才保证。根据盐城海盐文化生态保护工作实际定岗定编,大力引进专业技术人才,做好市、县、镇、村四级海盐文化生态保护网络专兼职人员培训,建立一支较为稳定的多学科专业技术人才队伍,使盐城海盐文化生态研究向纵深推进,让海盐文化成为盐城一张靓丽的名片。

盐城海盐文化生态保护实验区建设是一项系统工程,涉及面广,是一项长期工作,要稳步推进,有关职能部门要各司其职,齐心协力做好盐城海盐文化生态保护工作,让人与自然和谐发展,促进盐城文化大发展,大繁荣。

参考文献

［1］中共中央宣传部. 习近平新时代中国特色社会主义思想三十讲［M］. 北京：学习出版社，2018.

［2］许安标，钱锋，杨志今. 中华人民共和国公共图书馆法释义［M］. 北京：中国民主法制出版社，2018.

［3］钟敬文. 中国民间文学讲演集［M］. 北京：北京师范大学出版社，1999.

［4］钟敬文. 民俗学概论［M］. 北京：高等教育出版社，2010.

［5］乌丙安. 中国民俗学［M］. 长春：长春出版社，2014.

［6］乌丙安. 民俗学原理［M］. 长春：长春出版社，2014.

［7］费孝通. 乡土中国［M］. 北京：北京大学出版社，2012.

［8］陈红红. 盐城海盐文化［M］. 南京：南京大学出版社，2015.

［9］施建石. 盐城印记［M］. 南京：江苏人民出版社，2007.

［10］陈勤建. 中国民俗学［M］. 上海：上海人民出版社，2017.

［11］柯玲. 中国民俗文化［M］. 北京：北京大学出版社，2011.

［12］王娟. 民俗学概论［M］. 北京：北京大学出版社，2011.

［13］龚蛟腾. 城镇化进程中基层公共图书馆建设研究［M］. 北京：知识产权出版社，2016.

［14］季德荣. 文韵盐城民风民俗卷［M］. 南京：江苏人民出版社，2016.

［15］黄兴港. 跬步文集［M］. 南京：江苏人民出版社，2012.

［16］王登佐. 新时代县域阅读推广路径研究［M］. 苏州：苏州大学出版社，2019.

［17］周玉奇. 盐城民俗［M］. 南京：南京大学出版社，2004.

［18］丁睿. 中华民族传统节日文化读本［M］. 北京：中国书籍出版社，2013.

［19］盐城市政协学习文史委员会，盐城市文化广电新闻出版局. 遗韵风

华：盐城市非物质文化遗产集萃［M］．北京：中国文史出版社，2017．

［20］王以俭，廖晓飞．地方文献与阅读推广［M］．北京：朝华出版社，2020．

［21］［明］杨瑞云修，夏应星纂．万历盐城县志［M］．扬州：广陵书社，2019．

［22］蔡华祥．盐城方言研究［M］．北京：中华书局，2011．

［23］王登佐．探索盐城海盐文化生态保护实验区建设新路径［J］．盐城工学院学报（社会科学版），2013（2）：10-15．

［24］王登佐．关于县级图书馆保护县域民俗文化的几点思考［J］．河南图书馆学刊，2012（1）：14-16．

［25］王登佐．公共文化服务体系构建背景下县域全民阅读推广研究——以盐城市盐都区为例［J］．新世纪图书馆，2017（10）：56-58．

［26］周志容．试论地方高校图书馆参与非物质文化遗产保护工作［J］．图书情报工作，2010（21）：93-96．

［27］袁军．高校图书馆参与地方非物质文化遗产保护的实践——以河南省高校图书馆为例［J］．晋图学刊，2016（3）：51-55．

［28］刘伟华，许静华．图书馆非物质文化遗产保护研究［J］．图书馆工作与研究，2016（7）：27-30．

［29］包鑫．地方高校图书馆非物质文化遗产特色数据库建设——以黑龙江省西部少数民族地区为例［J］．图书馆学刊，2017（1）：58-61．

［30］叶福军．高校图书馆参与地方非遗保护的实践——以浙江传媒学院为例［J］．河南图书馆学刊，2017（1）：54-55．

［31］布莉华，孙玲玲，姜新．基于产教融合的高校图书馆非物质文化遗产创客空间设计与实现［J］．图书馆研究，2017（6）：1-5．

［32］张鑫．疗愈视角下的图书馆非物质文化遗产阅读推广——以湖北民间故事为例［J］．图书馆研究与工作，2018（2）：56-59．

［33］王永胜，吴利群，严云．高校图书馆"非遗"翻转式阅读推广探析［J］．图书馆建设，2019（2）：134-141．

［34］李青，孙静．非遗文化融入高校图书馆阅读推广建设实践与探索——以临沂大学图书馆为例［J］．山东图书馆学刊，2019（2）：70-75．

［35］沈梅丽，黄景春．五路财神宝卷的文本系统及财富观念［J］．民俗研究，2019（5）：32-40．

［36］曹爱生．盐城市文化建设应凸显海盐文化的特色［J］．盐城工学院学报，2012（1）：1-5．

[37] 夏春晖. 海盐文化论 [J]. 盐城工学院学报, 2006 (1): 1-5.

[38] 坚持正确政治方向弘扬优秀传统文化 [N]. 人民日报, 2019-09-10 (1).

[39] 中国民俗学网. 民俗与民俗学 [EB/OL]. [2019-11-27] https://www.chinesefolklore.org.cn/web/index.php?ChannelID=93

后 记

　　民俗，即民间风俗，指一个国家或民族中广大民众所创造、享用和传承的生活文化。民俗起源于人类社会群体生活的需要，在特定的民族、时代和地域中不断形成、扩展和演变，为民众的日常生活服务。民俗一旦形成，就成为规范人们的行为、语言和心理的一种基本力量，同时也是民众习得、传承和积累文化创造成果的一种重要方式。民俗有时代性、地域性、传承性、变异性等特征，又有凝聚、规约、教育、调节等功能。本专著以盐都区图书馆为切入口，对盐城县域民俗文化建设进行探索和实践，传承民间习俗，展示盐渎风韵，彰显城市个性，弘扬传统文化，践行核心价值。

　　2019年9月8日，习近平总书记在给国家图书馆8位老专家回信时指出，图书馆是国家文化发展水平的重要标志，是滋养民族心灵、培育文化自信的重要场所。希望国家图书馆坚持正确政治方向，弘扬优秀传统文化，创新服务方式，推动全民阅读，更好地满足人民精神文化需求，为建设社会主义文化强国再立新功。这是习近平总书记首次就图书馆事业专门做出的重要论述，其中，特别指出图书馆要弘扬优秀传统文化，充分体现了以习近平同志为核心的党中央对图书馆事业和弘扬优秀传统文化的高度重视，也为新时代我国图书馆事业和弘扬优秀传统文化提供了理论指导和行动指南。民俗文化是中华优秀传统文化的重要组成部分，民俗文化建设可以推动中华优秀传统文化创造性转化、创新性发展。县域民俗文化建设有利于高举中国特色社会主义伟大旗帜，以习近平新时代中国特色社会主义思想为指导，增强"四个意识"，坚定"四个自信"，做到"两个维护"，大力弘扬以爱国主义为核心的伟大民族精神，讲好中国故事，讲好中国共产党故事，讲好新时代中国特色社会主义故事，促进中华民族伟大复兴的中国梦早日实现。

　　盐城县域民俗文化是历代盐城人智慧的结晶，盐城县域民俗文化建设不仅在于丰富盐城城市的文化底蕴，而且促进盐城文化和旅游融合发展，可以成为盐城城市发展源泉和新的经济增长点。随着新时代迈进，我国社会主义市场经济的发展，以及现代化水平的逐步提高，文化产业的功能与作用日益显现出其强大的社会效益。通过盐城县域民俗文化开发，可以为盐城县域经济发展开辟新的投资项目和市场空间。这些文化产业项目带来经济效益的同时，促使盐城县域民俗文化影响力不断增强，对盐城县域经济发展产生促进作用，为盐城城市发展做出贡献，盐城县域民俗文化成为盐城县域对外交流的一张靓丽名片。用盐城民俗文化资源更好地支撑盐城作为长三角中心区城市大建设，对延续盐城文脉，打造盐城城市文化品牌，提升盐城城市竞争力，增强盐城城市魅力，促进盐城城市发展意义重大。

　　学术研究是艰辛的，看着即将付梓的书稿，又是快乐的。在本书撰写过程中，感谢中国图书馆学会、江苏省文化和旅游厅、省社科联、南京图书馆、省图书馆学会、盐城市委宣传部、市文化广电和旅游局、市社科联、区文化广电和旅游局、市图书馆的领导、专家和学者的关爱和支持，是你们让我坚持下来。感谢盐城市图书馆馆长、研究馆员黄兴港在百忙之中为本书作序。笔者囿于学识经历，谬误之处敬请方家不吝赐正。

王登佐
庚子仲夏写于和悦轩